医系小論文

入試頻出17テーマ

これからの医療をめぐる論点

奥村清次
河田喜博
橋立誉史
松本孝子

共編著

駿台文庫

はじめに

　「医系小論文」というタイトルに目をとめて本書を手にしてくれたであろう皆さん。はじめまして、こんにちは。直接にお目にかかってはいませんが、きっと皆さんの多くは、受験科目として「医系小論文」の学習を必要としている受験生の方だと思います。試験科目として「小論文」があるのだけれど、一体、何をどう対策すればいいのかわからないなぁと、そんな気持ちで書棚を眺めていたのかも知れませんね。この本を見てくれてありがとう。そう、この本はタイトル通り「医系小論文」の学習参考書です。

　ただでさえ学科試験の勉強が忙しいところへ加えて、「小論文」だのとよく分からない科目があって、困ったなぁというところが皆さんの本音でしょうか。

　せっかくですから少しお話にお付き合いください。この本で言う「医系」とは、医師をはじめとして看護師、薬剤師など広く医学・医療にかかわるスペシャリストを養成する学部・学科を指しています。それらの学部・学科を志望している皆さんは、だから、受験生であると同時に、将来の医療従事者でもあるわけですね。皆さんも知っている通り、現在、医療従事者の置かれている状況は、大変困難なものであると言えます。そしてこの状況は今後ますます厳しさを増していくことでしょう。そういう現実があるなかで、それでも皆さんは、将来、自分は医療従事者として社会貢献するんだという気持ちをもっている。世の中にたくさん仕事があるなかで、医療従事者として活躍することを選ぼうとしている。そんな皆さんは、きっと、人の命に向き合うことの重みを、そのやりがいと共に予感しているのではないでしょうか。人の命に向き合う以上、医学・医療系の学部・学科は、他の学部・学科と異なる適性・資質が求められます。また、医療従事者になるための長くて険しい道を歩み続けるには、強い熱意・意欲も必要となります。そういう適性・資質や熱意・意欲が皆さんにあるかどうかが試されるのが「医系小論文」という科目なのです。

確かに、学習すべき科目が増えるのは大変なことです。けれども、皆さんが目指す仕事の尊さを考えれば、この程度の苦労はなんでもないことです。本書では、医学・医療だけでなく、倫理学や社会学・科学史・衛生学など多岐に渡る分野の専門家・専門グループの方々の文章を紹介しています。難解で重い内容の文章もありますが、それらをじっくりと読み、皆さん一人一人が考え悩む、その思索によって、将来の医療従事者としての適性・資質を高め、さらに、熱意・意欲を育んでいって欲しいと思います。

　最後になりましたが、本書の性格を汲んでいただき、著書の抜粋を快諾していただいた著者の方々へ。皆様のご協力なくして本書がなることはありえませんでした。ここに深く感謝いたします。

編者一同

【本書の構成】

　本書は、医系小論文の入試対策用の参考書である。医系小論文に頻出のテーマを17に分けて取上げ、そのそれぞれについて、課題文をa・b二つ選定し、課題文をふまえて論点整理としてテーマの解説をし、それにポイントとなるキーワードを付けた。

課題文　専門家による書籍を中心に、各テーマについて関連部分を抜粋して、課題文a・bとして二つ収録している部分である。

論点整理　各テーマについて、課題文もふまえ、基礎的知識を解説しつつ論点を整理している部分である。

キーワード　各テーマについて、押さえておきたいキーワードを整理している部分である。

課題文の要旨要約（別冊）　各テーマの課題文の要旨要約について200～250字を目安にまとめた。

　併せて、医系小論文に関係するいくつかの項目を収録している。

FAQ　医系小論文について、学生からよくたずねられる質問とそれへの回答をまとめた。

小論文の書き方　小論文についてのごく一般的な前提をまとめた。

医療医学関連重要宣言集　医系小論文に関連する主要な宣言を収録した。

【本書の使用法】

　本書は、最初から通読すると最も読みやすいと思われるが、受験生各自のニーズに合わせて利用してもらえればよい。いくつかの活用例を述べておく。

医系小論文の対策がはじめての人

　医系小論文の入門として、FAQに目を通してみよう。入試科目としての医系小論文の全体像がイメージできる。その後で、各テーマに取り組んでみるとよいだろう。（まずは自分にとってなじみがあったり、興味関心の高かったりするテーマからはじめてみるのもよい。）

　はじめから課題文を読むのは難しいと感じるようならば、先に論

点整理やキーワードに目を通すとよい。論点整理やキーワードでそれぞれのテーマについての前提的な理解をしておけば、課題文はずいぶんと読みやすくなるだろう。

課題文の要旨要約

課題文を読んだら、課題文の要旨要約をしてみるとよい。課題文（資料文）が与えられたうえで自分の考えを述べるというのが最も標準的な医系小論文の出題形式である。それゆえ、課題文（資料文）の要旨要約は入試小論文の対策の第一歩と言える。要旨要約の例は別冊で示してあるので参考にしてほしい。

キーワードの活用

キーワードは、各テーマのポイントになる用語である。知らない言葉があるならば、まずは知ることからはじめよう。次に、それぞれのキーワードが説明できるようになろう。そうすれば自分の答案でもキーワードを活かした論述ができる。さらには、キーワードを関連付けてみよう。それぞれのキーワードが示す内容がどのように関連するのか考えて、頭の中にネットワークができれば、試験中、考察するタイミングで多角的に広い視野で問題に対応する手がかりとなる。（キーワードやテーマの間にある関連については、特に参照してほしいものについて文中に ▶○（参照テーマ）、 ▶p●（参照ページ）と示してある。ただ、示されている関連がすべてではないので、各自で関連づけを積極的に意識して、有機的な知識の獲得やテーマの理解に役立ててほしい。）

小論文の書き方

小論文答案の書き方について、前提的・初歩的な部分が整理されている。実際に自分で答案を書く前に、確認の意味でも目を通しておくとよい。

医療医学関連重要宣言集の活用

巻末に参考資料として収録した医療医学関連重要宣言集については、特にWMAによるものを中心に、各自で十分に読み込んでもらいたい。現場第一線で活躍する世界中の医師と問題意識を共有することは、医系小論文の核ともいえる。各テーマについての理解が進めば、それにともなって重要宣言の主旨の理解も深まっていく。

補足

収録している課題文は抜粋であるから、興味関心の高いテーマや自分の進路に関係の深いテーマについては実際の書籍に挑戦してみるとよい。面接でも自信をもってアピールできるだろう。

目　次

医系小論文 FAQ （Frequently Asked Questions）

医系小論文とはどのような科目ですか？

➡医系小論文は、端的に言って、医療従事者としての適性・資質や熱意・意欲を、小論文の形式でみようとする科目です。将来、医療に従事することを志望する受験生に対して、医療従事者としての適性・資質が備わっているかどうか、また、医療従事者になるという熱意・意欲があるかどうかをみようとする試験科目です。ですから、文章についての読解力・表現力があるかどうかを試す国語や、生命現象などについての知識・思考力をみようとする生物などの通常の学科試験とは異なる科目であると言えます。（だからと言って、読解力・表現力や生物学の基礎的学力が要らないということでもありません。読解力・表現力や学科の基礎的学力は必要だが、それよりももっと大切なものとして医療従事者としての適性・資質や熱意・意欲があるということです。）

医系小論文にはどのような出題形式がありますか？

➡形式的に分類すればいくつかのタイプがあると言えます。最も標準的な出題形式は、与えられた資料文を読解した上で、テーマについて受験生自身の考えを論述するというタイプです。他にも、まとまった量の資料文の代わりにテーマだけが与えられるというタイプや、文章資料ではなくグラフや図表などの視覚資料が与えられるというタイプ（そして、それらが複合しているタイプ）などがあります。資料文については、日本語だけでなく英語のものもあります。

　　ただし、小論文という試験科目名であっても、中身は総合的な学科試験という場合があります。その場合は学科試験として対応する（国語や英語や数学や理科などの学科能力を問う問題として解答する）ことになりますが、もし、小問の中に受験生自身の考えを述べさせるもの（例えば、「傍線部について、あなたの考えを100字以内で述べなさい。」など）があれば、たとえ量的にはわずかな設問だとしても医系小論文の発想で対応することになります。

志望理由書・自己推薦書とは違うのですか？

➡ もちろん、違います。それは、志望理由書や自己推薦書が事前に準備して提出する書類であるのに対して、医系小論文はあくまで試験科目として課されていることから考えても分かることです。しかし、医系小論文の学習で得た知識や考え方は、志望理由書や自己推薦書を書くときにも役に立つはずです。志望理由書や自己推薦書にどんな内容をどう書くか推敲して練り上げていくとき、誰でも必ず医療従事者としての適性・資質や熱意・意欲について考えるはずだからです。

作文や感想文のようなものですか？

➡ 医系小論文は、小ぶりでも論文であることを意識してください。論文である以上は、説得力のある明確な論拠をもとに構成されなければいけません。受験生の個人的な経験やそれに付随する主観（自分の思いや心情）などは、設問で「あなたの経験を書きなさい」と指示されていないかぎり、小論文の論拠にはなりません。「すばらしい」「悲しい」などの心情の類は、作文や感想文ではよしとされるかもしれませんが、小論文に書くべき内容とは考えられません。だからこそ、小論文として何をどう書くかという対策が必要であり、医系小論文を学習する意味があるといえます。

面接とはどう違うのですか？

➡ 口頭で答えるのか、記述するのかの違いはありますが、中身は重なる部分も多いと言えます。面接にしろ、小論文にしろ、受験生の適性・資質や熱意・意欲をみようとしている点で共通するからです。ある程度考える時間が確保できる小論文試験に対して、その場で即答しなければいけないという厳しさをもっている面接試験の方がむしろ難しいとも言えます。医系小論文の学習の中で身に付けた知識や考え方をもとにすれば、面接官の問いかけに応答しやすくなるという意味では、医系小論文の学習は面接対策にも通ずる側面があると言えるでしょう。

医学部とそれ以外の医療系の学部・学科で試験内容に違いはありますか?

➡確かに、「医療従事者と患者との関係がテーマになりやすい」、「研究者としての倫理がきかれやすい」など、学部や学科によって、さらには大学によっても多少の違いはあるでしょう。しかし、医学・医療系の学部である以上は多くの部分で共通しています。それは、どの学部であろうと医学・医療にかかわる以上、人間の命と向き合うという点をゆるがせにできないからです。そもそも「自分の専門範囲はここまでなので、その他の分野には関わりません」という閉鎖的な態度は、医療従事者に求められる態度ではありません。それは例えばチーム医療という言葉の意味を考えただけでも分かることでしょう。受験生としても「このテーマだけやっておけばよい」などという偏った学習に陥らないようにしなければなりません。

決まった書き方はありますか?

➡原稿用紙の使い方などの形式的なルールはあります(▶p16 参照)が、最も基本になるのは、設問に十分に対応した論述をすることです。設問で、例えば、「筆者の主張に賛成か反対かを示した上で自分の考えを述べなさい」と指示された場合には、賛成か反対かを書くことになります。しかし、そうでない場合は、単純に賛成・反対という受験生の意見を述べたとしてもそれで十分に課題をとらえたことにはなりません。「小論文はテーマに関して賛成か反対かという意見を示すものだ」などという勝手な思い込みは禁物です。

知識は必要ですか?

➡何かについて考えるときに、そのテーマについて何も知識がないようでは、そもそも考えることなどできるはずがありません。医療系のテーマであれば、そのテーマを論じる場合の基本的な知識や論点について知っておく必要があります。この参考書を活用して、必要な知識を覚え、論点を理解し(=インプット)てください。それをもとに、考える。そして、考えたことを文章化する(=アウトプット)の訓練をすることが大切です。

字数が多ければよいのですか？

➡制限字数があるのですから、字数の8割以上は書くべきだというのは一般的な留意点ではあります。しかし、8割以上書いたからといって十分な答案である、などということはありません。その場での思いつきをだらだら書きならべた結果として字数を埋めることができたとしても、それは医系小論文として評価される答案ではありません。答案は、突然、書き始めるのではなく、何をどんなふうに書くかの構成メモを作り、そのメモの内容を説明できるかどうか確認し、だいたいの字数を想定して、それから実際に書いてみると効果的でしょう。（入試までに日にちがある場合は、構成メモを複数つくって、それを相互に検討してみることが考えを深めることにつながります。）

いつから、どのように勉強すればよいですか？

➡この時期から勉強しなければならないという時点があるわけではありませんが、できるだけ早い段階から継続的に勉強すればより効果的であると言えます。すでに述べたように、医系小論文は、医療従事者の適性・資質や熱意・意欲をみようとする試験ですが、適性・資質や熱意・意欲などは短期間でどうこうできるものではなく、時間をかけて磨き上げていくべきものだからです。（さらに言うならば、大学に入った後も、卒業して現場に立ってからも研鑽は続いていくはずです。）

　勉強方法についても決まったものがあると言い切ることはできませんが、それでも、まずは「知ること」から始めるべきだ、とは言えます。この参考書を活用して、医療従事者としての適性・資質とは何かを「知る」、また、医学・医療の分野で必要な入門的知識を「知る」、さらに医学・医療の分野で問題となっている現実やそれに対する論点を「知る」。そうすれば医系論文に対する準備はできたと言えるでしょう。そこから、自分の考えを構築し、考えたことを文章化するステップに移ります。

　形式的なことをおさえるのも大切ですが、それ以上に内容がなければ文章など書けるわけがないのですから、「知って理解を深める」ということを学習のスタートにして下さい。

「小論文」の書き方

　「論文」とは、巧みなレトリックで読む人を感動させる随想のような文章ではなく、論理で読む人を説得するための文章である。高い評価を得られる合格答案を書くために、こだわるべきなのは表現や構成に工夫を凝らす「書き方」ではない。**大切なのは「内容」である**。自分の答案「内容」をいかに充実させるかに努力を傾けよう。

〈 論文とは？ 〉
論文とは、「主題」「論拠」「結論」から成り立つ文章である。
- →自分の感想（印象や心情）を述べるのは感想文であって、論文ではない。
- →論文の三要素（主題・論拠・結論）が、論文の構成（序論・本論・結論）に相当する。
- →「起承転結」は論文の構成ではなく、漢詩（絶句）や物語の構成法である。

〈 論文の三要素 〉
① 主題
- →自説のテーマであり、「何について」論じられているのかをふまえて、課題に即していることが絶対条件である。
② 論拠
- →論拠は結論の正しさを裏づける根拠となるもので、論拠のない文章は論文とは呼べない。客観的な妥当性をもつ内容で、説得力を高めるものがふさわしいものである。
- →論拠は自分の主観（印象や心情）であってはならない。「主観」はあくまでその個人の感想であって、普遍性も説得力もない。
- →医系論文では、医療従事者が共有すべき理念である「医療倫理」が論拠となる。
- →論拠の内容に受験生自身の考え方や姿勢が表れるので、論拠が適正評価の対象の中心である。つまり、医療従事者に共有されるべき理念を身につけておくことが必要である。

③ 結論

→結論は主題に対する自分の答えとなるもので、自分なりの視点から、自分なりの考察によって導かれたものである。

→主題から結論へと展開する「論理の一貫性」を意識して、答案の全体構想を練ろう。

→結論は課題に対する直接的な応答文となっている必要がある。課題に対して無関係な結論文、結論文が存在しない答案は、論文試験では評価に値しない。

→医系論文では、医療倫理の論拠から必然的に導かれる内容が結論になる。

〈 出題形式別の注意点 〉

① 要約・自説一体型：「次の文章を読んで、○○○についてあなたの考えを述べよ。」

→構成は「要約（第1段落）→自説（第2段落以降）」となる。

→要約は答案全体の2割〜3割の字数内にとどめよう。

→要約と自説を区別する「引用の断り書き」を、要約の前か後に付けよう。

・要約の前：「資料文では、〜」「資料文によると、〜」など

・要約の後：「以上が筆者の主張である。」「以上が資料文の要旨である。」など

② 要約・自説分離型：「第1問・要約」「第2問・自説」など

→第2問の答案には「要約」は不要である。自説のみでかまわない。

〈 資料の扱い方 〉

→与えられた資料（文章・図表）は必ずふまえよう。資料は自説を考える際のふまえるべき前提条件である。不要な資料などない。

→資料は課題に関する問題を提起する役割をするものであるから、資料の内容から問題点や論点を見つけよう。

→複数資料の場合、個々の資料の内容だけでなく、資料同士の比較をして関係性・共通点や相違点などを意識してまとめよう。資料の羅列に終わらないように気をつけよう。

〈 資料文の要約の仕方 〉

1 課題に関連する重要箇所を拾ってまとめよう。

2 重要箇所は具体例の前後の抽象論の中から見つけよう。

3 具体例や重複する部分、細かい説明箇所はカットしよう。

4 対比など全体の構成に注意してまとめよう。

5 キーセンテンスの目印となる表現（「要するに」「つまり」「とは」「こそ」「まさしく」など）に着目しよう。

〈 書き方のルール 〉

1 論理的文章にふさわしい、意味のはっきり定まった言葉の使い方をする。逆に言えば、言葉の定義もせずに「真の教育」「本当の自由」「望ましい福祉のあり方」などと簡単に書かないこと。

2 「です・ます」体（敬体）は原則として用いない。論文にふさわしくない。ただし、志望理由書や自己推薦書であれば、論文ではないから問題ない。

3 一人称は原則として、「私」を用いる。

4 比喩や思わせぶりな表現（体言止めや倒置法、反語など）、過剰な強調表現などを用いない。意味のない引用符（「 」）も多用しない。

5 「〜思う」「〜気がする」「〜感じる」など、根拠を述べず、感想文風に書かない。

6 論理的必然性もなく、「つまり」「したがって」「しかし」など、接続語を多用しない。指示内容のわかりにくい指示語も避けること。

7 一文は短めにする。主述を意識してから書く。

8 段落分けは、制限字数がおよそ400字以上の場合に、一段落200字平均で段落数を概算して、行えばよい。

9 禁則処理（行頭に句読点、閉じ括弧類を置かない）など、下記原稿用紙の使用法に従う。

10 資料文の要旨部分は原則、全体の2割〜4割の字数に抑える。

11 自説と資料内容とは明示的に区別する。

〈 原稿用紙の使用法 〉

1 段落分けする場合は、最初の1マスをあけて1行目から書き出す。（400字以内の要約は除外。1マス目からでもよい。）

日	本	は	、	世	界	に	先	駆	け	て	超	高	齢	社	会	に	直	面
し	て	い	る	。	持	続	可	能	な	社	会	保	障	制	度	の	確	保	や
健	康	寿	命	の	延	伸	と	い	う	課	題	に	取	り	組	む	必	要	が

2 段落が変われば必ず改行し、最初の1マスをあけて書き出す。

地	域	医	療	の	一	貫	と	し	て	地	域	包	括	ケ	ア	シ	ス	テ	ム
の	充	実	を	図	る	制	度	改	正	を	行	っ	た	。
	具	体	的	に	は	、	人	口	構	造	の	変	化	を	長	期	的	に	見
据	え	、	将	来	の	医	療	需	要	に	見	合	う	バ	ラ	ン	ス	の	と

3 句読点（。、）、カッコ（「　」（　）など）などの符号は1マス分
使う。ただし、次の場合は例外である。

＊句点（ 。 ）と閉じカッコ（ 」）など）は1マスの中に書く。

| 「 | 全 | て | は | 基 | 礎 | か | ら | 始 | ま | る | 。 | と | 北 | 里 | 柴 | 三 | 郎 | は | 述 |

＊句読点と閉じカッコ（ 」）は行頭に書かず、行末の文字と一緒
に1マスの中に書き込む。

| 在 | 宅 | 緩 | 和 | ケ | ア | を | サ | ポ | ー | ト | す | る | 医 | 師 | も | 存 | 在 | す | る。 |
| 多 | 様 | な | ケ | ア | を | 提 | 供 | す | る | た | め | に | 「 | 緩 | 和 | ケ | ア | 外 | 来」 |

4 数字──通常、**横書きの場合は算用数字（アラビア数字）**
を用いる。2ケタの数字は1マスに2字書く。一方、**縦書
きの場合は漢数字**を用いる。ただし、熟語表現に用いる漢
字（「一石二鳥」「千変万化」など）は漢字で書く。

| 1947 | 年 | 4 | 月 | 7 | 日 | に | 世 | 界 | 保 | 健 | 機 | 関 | が | 設 | 立 | さ | れ | た。 |

＊3ケタの数字を横書きで表記する場合

| ギ | リ | シ | ャ | の | 医 | 学 | 者 | で | あ | る | ガ | レ | ノ | ス | は | 、 | 200 | 年 |

一九四八年四月七日に

5 アルファベット──大文字は1マスに1字、小文字は1マスに2字書く。

| Q | O | L | を | 向 | 上 | さ | せ | る | こ | と | も | 医 | 療 | の | 役 | 割 | で | あ | る。 |

| 全 | 人 | 的 | な | 痛 | み | （ | total | pain | ） | の | 緩 | 和 | に | 向 | け | て |

医師として、医療に臨む基本姿勢とは？

1-a 医療倫理概論

　生命に関わる倫理学の領域として、歴史上もっとも古くから存在していたのは"医療倫理（medical ethics）"です。医療倫理の分野では、医師の職業倫理を示した『ヒポクラテスの誓い』が世界最古のものとして知られています。

　20世紀後半に医学・医療技術の進展とともに社会が変化し、医療倫理だけではカバーしきれない問題について考えるために、"生命倫理（bioethics）"という分野が米国で成立しました。米国の生命倫理のポイントは、生命に関わる問題について、医学や看護学という医療に関わる分野だけでなく哲学・倫理学、宗教学、神学、法学、経済学、社会学、心理学、人類学、そのほか、多分野の叡智を結集し、学際的に検討することです。

　生命倫理の源流の１つとなったのが、第二次世界大戦中のナチスドイツによる人体実験、大戦後に戦争犯罪を裁いたニュルンベルク裁判などに関連して巻き起こった、研究のあり方を問う動きです。研究は人に益をもたらす形で行わなければならない、残酷な方法で人を扱ってはならない、人の犠牲のうえに成立する研究はあってはならないという考え方が生命倫理の成立に貢献しました。ニュルンベルク綱領（1947年）には、"被験者の自発的な同意が不可欠"と明記されています。

　このような生命倫理の考え方は、医療現場における医師と患者さんの関係性にも変化をもたらしました。1970年代までは、ヒポクラテスの時代から受け継がれてきたパターナリズム（父権主義）の考え方が主流でした。すなわち「医師は医学の専門家であるから、意思決定は医師に任せて患者さんは養生に専念しなさい」という関係

性が当たり前だったのです。ところが1970年代の米国社会では、患者さんの意思を尊重し、自己決定の権利を確立するという考え方が現れました。これがパターナリズムを破る革命となったのです。今ではよく知られている"インフォームド・コンセント：IC（医療者から十分に説明を受けたうえで、治療やケアの選択に関して患者さんが医療者に与える同意）"という考え方もこの頃に定着し始めました。

　そこから時代が進み、新たな課題が浮き彫りになりました。というのも、自己決定の権利を前提にした結果、医師は説明する、患者さんは医師の説明を聞いて自分で決めるという意思決定上の役割分担が生まれたのですが、患者さんは病気やけがで心身共に弱っている状態において、自分だけで決めることが難しいことが分かってきたのです。そこで生まれたのが"シェアード・ディシジョン・メイキング（shared decision-making）：SDM（共同意思決定）"です。共同意思決定では、医療者は患者さんに説明するだけではなく、ご本人にとってよりよい意思決定ができるようサポートします。医療者側からは医学的な情報を患者さん側に伝え、患者さんは自分の価値観、人生観、死生観を含めた生活と人生の物語に関する情報を医療者に伝え、両者がコミュニケーションを取り、協力しながら意思決定プロセスをたどります。すなわち、ご本人の人生の物語の視点から適切な治療方針を選択するという考え方です。

　こうして一人ひとりの患者さんの意思決定支援に際して、医療・ケア従事者が直面する倫理的な課題について職種を超えて具体的に検討するために必要な学問が"臨床倫理（clinical ethics）"です。そこにはたとえば、がんと診断された人が標準治療である手術と化学療法を受けるのか、残りの時間を穏やかに過ごすために緩和ケアを中核とする選択をするのかなどの問題があります。このようなときに多職種は医療・ケアチームとして、患者さんと、その人が大切にしている家族にとって、よりよい方針はどのようなものかを一緒に考えることが求められます。

これまでご説明したように医療倫理、生命倫理、臨床倫理にはそれぞれの成り立ちがあります。いずれにせよ、医療という分野には倫理の視点や考え方は必要不可欠であり、倫理的な判断なしには医療・ケアを適切に行えない時代にあるといえると思います。

"医療倫理の四原則" とは

　医療倫理には、医療者が倫理的な問題に直面した際、どのように考えるべきかの道しるべとなる "原則" があります。ここでは、米国の哲学者トム・L・ビーチャム氏と宗教学者ジェイムズ・F・チルドレス氏が提唱し、世界的に知られる "医療倫理の四原則" および、岩手保健医療大学学長（東京大学大学院人文社会系研究科死生学・応用倫理センター上廣講座前特任教授）の清水哲郎氏が提唱している "人間尊重原則" を元にお話をしていきます。

自律尊重

　"自律尊重（respect for autonomy）" の原則には、自分の法律・ルールで生きていくという意味があります。本人の主体的な意向を尊重するもので、自己決定権の核となりました。しかし先ほどお話ししたように、人は病気やけがによって脆弱になるので、現在では言語化された意思だけではなく、その背景にある本人の思いや事情を理解したうえで医療・ケアにあたることが重要と考えられています。これは、日本の臨床倫理の第一人者である清水哲郎氏が打ち出した、"人間尊重原則" の考え方です。

　人間尊重原則には、自律尊重の考え方も含まれます。つまり、本人が自律的に考えて意思決定可能な場合はもちろんそれを尊重しますが、そもそも人間には弱さがあり、傷病を抱えたときにはいっそう脆弱になるので、医療・ケア従事者はその人を人間として尊重しつつ、ケア的な精神で対応するということです。たとえば、普段は冷静な人であっても「あなたは膵臓がんのステージ４（非常に進行した状態）です」と急に医師から告げられたら、いつもどおりの理性的な判断はできなくなりますよね。あるいは治療方法を選ぶとき、

高額なAと安価なBがあったとしたら、患者さんは家族の経済的な負担を考慮して、「B」と答えるかもしれない。そのようなときに医療者は患者さんの本当の思いを理解しようとして、何が懸念材料になっているのかを伺い、それを解決するために医療費の公的サポートを紹介するなどして本人の意思を叶えることを目指します。

与益と無危害

"与益（beneficence）"とは、本人にとって最善のことを促進するという意味の原則です。"善行"と訳されることが多いのですが、"医療者の視点からのよい行い"という意味に捉えられると、もっとも重視すべき患者さんの視点が見えにくくなるため、より適切と思われる"与益"を使っています。たとえば、医学的な標準治療であっても、それが患者さんの生活と人生の物語の視点からみて最善とは限りません。ですから本人にとってよい選択をする、つまり益をもたらすという意味の原則が必要なのです。

"与益"と合わせて考えるものとして、患者さんに危害を及ぼさないという"無危害（non-maleficence）"の原則があります。医療行為は、患者さんに益をもたらすと同時に害やリスクを伴うことも多いです。たとえば体に傷をつけて行う手術、重篤な副作用を伴う化学療法などは分かりやすい例の1つです。このように多少なりとも害やリスクを伴う医療を行うときには、それらを上回る益があること、そして本人が望んでいることが大前提となります。

仮に、AさんとBさんが医学的に同じような状態にあったとします。Aさんはできる限りの治療を受けたいと望んでいる、一方のBさんは痛みや苦しみなく穏やかに最期を過ごしたいと思い緩和ケアを選択する――。このようにその人が何を望み、大切にするかによって治療の選択肢は変わるということです。医療者には、治療によるメリットとデメリットをきちんと説明し、患者さんが全てを総合して判断したうえでよいと思うものを選べるようサポートする役目があります。

正義

　"正義（justice）"とは、患者さんに公平・公正に対応すること、また、限りある医療資源を適切に配分することなどに関わる原則です。物的・人的な医療資源は有限なので、どう配分すれば公平・公正なのかを考える必要があります。

　ただし、何を公平・公正とするかはその社会の基本的な思想に大きく左右されます。たとえば日本には国民皆保険制度があり、その原資は国民から集めたお金です。これが公の資金となり医療・ケアが提供されます。ですから、配分も公平・公正であることが求められます。一方、米国は基本的に自由主義であり、自己責任・自助努力が是とされているため、自費で保険商品を購入したり勤務先の企業などが民間保険に加入させてくれたりしなければ医療・ケアを受けられないこともあります。

会田薫子「医療・ケアに必要な"倫理"の視点―医療倫理の四原則とは」
引用元：慢性期ドットコム　運営元：株式会社メディカルノート　2021年より
（省略した箇所がある）

1−b 医療の目的

　健康については、まずWHO（世界保健機関）の定義を無視できない。WHOは、健康を「単に疾患がないとか虚弱でない状態ではなく、身体的・心理的・社会的に完全に良い状態」と定義している。健康のこの公式の定義は、WHOを設立する際に、1946年に国連が採択した世界保健機関憲章（1948年発効）の冒頭にある。当時これは広範で野心的な健康定義として歓迎されたが、その後、さまざまな批判にさらされた。改正の動きもあったが失敗し、結果的に70年以上たったいまも変わっていない。

　WHOの定義では、これからの医療・介護、それを支える地域包括ケアなどを実は展望できない。

　一例を示そう。WHOは2011年に「障害に関する世界報告書」という分厚い報告書をまとめた。世界の380名以上の専門家の協力を得て作成された史上初の世界規模のデータを含むものである。障害のある人々の生活を改善し、国連障害者権利条約（2008年5月発効）の実施を促進する政策やプログラムの根拠、そのための重要な資料として活用されることが期待されている。

　その第3章は「総合診療」である。冒頭には「健康とは"身体的・心理的・社会的に良い状態"と定義することができる」とある。そこの引用注はWHO憲章を指示している。しかし、WHO憲章の健康定義は、「身体的・心理的・社会的に完全に良い状態」であったはずである。「完全に」が抜けている。WHOは不注意から、自らの憲章を不正確に引用してしまったのであろうか。おそらくそうではない。WHOは自らの憲章を正確に引用できないことをわかっている。なぜなら、「身体的・心理的・社会的に完全に良い状態」を障害に対する医療の目標に設定したならば、障害に対する保健政策を語れなくなるからである。

　WHOのマーガレット・チャン事務局長（1947 ～）はこうスピーチした。

障害は人生の一部です。私たちのほぼ全員が、人生のある時点で、永続的にあるいは一時的に、障害を負うようになるでしょう。障害のある人々を差別し、多くの場合、社会の片隅に追いやってしまう障壁を打ち破るために、さらに努力していかなければなりません。
（『障害に関する世界報告書』の発表記念セレモニー　2011年6月9日）

　「一時的な」障害は克服を期待できるかもしれない。だが、「永続的な」障害とは一生つき合っていかなければならない。「完全に良い状態」を目標にすることはできないし、無理に目標にしたら、さまざまな弊害が生じるであろう。「完全に」という言葉を入れたことによって、WHOの健康定義は使い物にならないものとなった。「障害に関する世界報告書」のなかで、自らの健康定義を歪めて引用せざるをえないことは、WHO自身がそのことを自覚していることを示している。
　「完全に良い状態」というWHOの健康定義は、完全な自立を表す自律状態であり、ケアや介護を必要としない状態でもある。WHOの健康定義と自己決定至上主義とは符合している。ところが、いま医学の主要な対象は「治らない病気」、進行したがん、生活習慣病という慢性疾患、難病、加齢にともなうさまざまな機能低下、認知症などである。近代医学が感染症に対して圧倒的な勝利をおさめた時代が終わり、医学の主要な対象が、治癒が困難な疾病となった今日、WHOの健康定義はますます有害なものになってきている。

　オランダの女性医師マフトルド・ヒューバーらの国際的な研究グループは、「高齢化や疾病傾向が変化している現代でWHOの定義は望ましくない結果を生む可能性すらある」として、新たな健康概念の開拓に取り組んできた。
　彼女らは「健康は状態なのだろうか、能力なのだろうか──健康の動的コンセプト」という国際学会を開催し、その成果を2011年に、「われわれはどのように健康を定義すべきか？」という論文として

『BMJ』（英国医学雑誌）に発表した。そのなかで、社会的・身体的・感情的問題に直面したときに、困難な状況に適応し、対処する能力という新しい健康概念を提起している。

健康を「完全に良好な状態」という静止状態としてとらえるのではない。疾患によってさまざまな問題を抱えていても、それに対処し乗り越えていく「立ち直り、復元力」としてとらえている。つまり、疾患があっても、さまざまな薬や補装具や機器、医療や介護の力などを支えにして、症状を和らげ（緩和）、気落ちすることなく人生を前向きに歩いて行けること、その力こそを「健康」としてとらえているのだ。

このように「適応力」として動的にとらえられたヒューバーらの健康の概念は、慢性疾患や難病、高齢者のケア、緩和ケア、人生の最終段階の医療などのとらえ直しを迫り、医療そのものの観念を変える力がある。

健康を「完全に良好な状態」とした場合、医療の使命は、病気を治し健康を回復させることとなる。このとらえ方は当たり前のことのようであるが、医療でも治らない病気は山のようにある。それどころか、私たちは誰もが致死率100％の病気で命を終える（「尊厳死論を超える」）。

「完全に良好な状態」が「健康」であり、ここに復帰させるのが医療の使命だとすれば、患者が治癒困難となったとき、その医療は「無益」ととらえられる（「医学的無益性」）。「延命治療」は「医学的に無益」で「患者にとって害のある過剰治療」だから治療を中止し、「尊厳死」へ導いた方がよいということがしばしば唱えられる。さらに、「いっそひと思いに安楽死を」という話にもなる。治せないなら「無益な医療」。こういうとらえ方では日々の医療や介護、ケアの意味づけができない。

だが、実際は、医療は患者の主疾患を治すだけではない。主疾患は治癒しないが、症状を和らげ症状の悪化を防ぐ措置もある。薬のなかにも、治癒の効果を持つ薬だけではなく、疾患そのものを治すことはできないが一生飲み続けて症状をコントロールし、発症や重

症化を防ぐ薬もたくさんある。治癒は困難だが症状を和らげることに対して、医療は現に大きな力を発揮している。それも医療の重要な使命であることはいまさら言うまでもない。

　「病気→治療→完治」とは別のモデルで「健康」をとらえ、医療の目標設定と使命をとらえ直す必要がある。

　　　　　　松田純『安楽死・尊厳死の現在』中央公論社　2018年より
（注）「尊厳死論を超える」──中島孝「尊厳死論を超える──緩和ケア、
　　難病ケアの視座」『現代思想』2012年6月号

論点整理

「医師の適性と心構え」と言われて、「患者の自己決定権の尊重」「インフォームド・コンセントの励行」「**全人的医療**」「共感能力」「患者との信頼関係の構築」「コミュニケーション能力」などと挙げることができるのは、もちろん、患者を下に見て「患者は医師の言う通りにすればいい」などと言うよりもずっと好ましい。しかし、そうした項目を知識として覚え、並べ立てるだけでは十分ではない。医療に限らず、人が生きる現実は単純ではない。患者には様々な人がいるし、医師が直面する状況も様々である。医師は常に個別具体的な、しかも、変化してやまない状況で、その患者と向き合い、患者にとってよりよい方向を探らなければならない。十分な医学知識と医療技術をもち、臨機応変に状況に対応し、どんな場合も、患者本人にとっての最善の利益を目指して、「患者本人にとって『よりよい選択』ができるようにサポート」するという、困難な要請に応えていく必要がある。もちろん、そうした姿勢の根底には専門家としての責任と倫理観が求められる。

"医療倫理"の分野では『ヒポクラテスの誓い』が最古のものとして知られている。ヒポクラテスは紀元前5世紀のギリシアの医師であり、『ヒポクラテスの誓い』には医師の能力と判断に基づいて患者の利益を決定するというパターナリズム ▶2 の考え方が見られるが、患者のプライバシーの権利を尊重する（守秘義務）などは世界医師会（WMA）のジュネーブ宣言 ▶p235 に受け継がれ、現代でも医療における倫理の根幹となっている。

20世紀後半にアメリカで成立した〝生命倫理〟は、「生命に関する問題について、多分野の叡智を結集し、学際的に研究する」ものであり、「医療現場における医師と患者の関係性に変化」をもたらした。それまではヒポクラテスの時代から受け継がれてきたパターナリズムの考え方が主流であり、治療方針などを医師が決め、患者はその決定に従う ▶3 のが当然だった。それが、患者が治療やケアについて十分な説明を受けたうえで、患者が選択に関する意思決定をするという考え方に変わっていく。患者の自己決定権の尊重、

インフォームド・コンセントの取得が定着していく。患者は、患者が望まない医療を強制されたり、望む医療を拒否されたりすることなく、患者の価値観や人生観に基づく自己決定が尊重されるようになったのである。

しかし、それは、医師が患者の自己決定に一切関与しないことを意味するわけではない。自己決定は権利であり、強制されるものではないし、自己決定する場合も、患者が誰のサポートも受けず、患者ひとりで決断することを要求するものではない。課題文aでは「シェアード・ディシジョン・メイキング」という考え方が紹介されている。医師は単に**患者の自己決定権を尊重する**だけでなく、患者と十分なコミュニケーションを取り、患者の価値観、人生観、死生観などを理解し、患者にとってよりよい意思決定ができるようにサポートする役割が求められる。この意思決定支援は、患者の「思いや事情を理解したうえで医療・ケアにあたる」（人間尊重原則）、患者にとって「最善のことを促進する」（与益）という医療倫理の原則の実践でもあり、その倫理的課題について、職種を超えて検討する学問が〝臨床倫理〟である。医療倫理、生命倫理、臨床倫理のいずれにせよ、医療・ケアを適切に行うには倫理的な判断は不可欠である。

パターナリズム　⇔　自己決定権、インフォームド・コンセント
医師主導　　　　　　患者の自己決定権
　　　　　　　　　↓
シェアード・ディシジョン・メイキング（共同意思決定）

ところで、そもそも医療・ケアの目標はなんだろうか。WHO憲章は健康を「身体的・心理的・社会的に完全に良い状態」と定義している。身体だけでなく、患者の心理や社会的な状態への言及は患者の全人性に着目し、**全人的医療** ▶2 を方向づけるものである。しかし、健康を「完全に良い状態」と見なすことには問題もある。課題文bはこの点を論じている。

従来、感染症の克服が最重要課題であったこともあり、医療の使

命は、病気を治し健康を回復させることだと考えられていた。しかし、疾病構造は変化し、超高齢社会を迎えた現在、加齢に伴う身体能力の低下は不可逆的であるし、高齢者に増える生活習慣病などは慢性疾患である。障害のある人々は障害と「一生つき合っていかなければならない」。また、医療技術の進歩により、「治癒は困難だが症状を和らげる」（苦の除去・緩和）ことに対して、現在の医療は大きな力を発揮している。こうしたことを考え合わせると、現在、「医学の主要な対象は『治らない病気』」であるとも言える。治療すなわち疾患の根治が医療の重要な使命であることは、今後もかわらない。しかし、現在の日本の状況を踏まえ、高齢者や障害のある人、進行したがんや難病などの医療やケアなども視野に入れて医療の使命を考えるとき、「『病気→治療→完治』とは別のモデルで『健康』をとらえ、医療の目標設定と使命をとらえ直す」必要がある。

健康　完全に良い状態　**治療モデル**
　↓　《医療技術の進歩》《超高齢社会》《疾病構造のシフト》
健康　QOL重視　**生活モデル・ケアモデル**

　医師は患者の人格を重んじ、全人的医療を目指し、患者の自己決定権を尊重し、患者の意思決定を充分にサポートする。また、医師は患者を治療するだけでなく、医療・介護全般にわたって、患者を支え、患者のQOL ▶p54 を高めていく。課題文 a・b を踏まえると、こうした医師としての責任や社会的使命を果たしていこうという姿勢が、「医師の適性と心構え」 ▶p31 の基盤となるといえよう。

※障害については「障害」という表記を避け、「障がい」という表記を用いる場合もある。表記の在り方については内閣府でも検討されたが、当面法令等でも「障害」という表記が用いられる。

🔑 疾病構造の変化

　疾病構造とは、多くの人がかかる病気の質と量を言う。死亡統計を指標にした場合、従来は急性疾患である感染症中心であった疾病構造が、医学と医療の進歩、生活水準や公衆衛生の向上などにより、慢性疾患である生活習慣病中心の疾病構造へと変化した。

🔑 治療モデルと生活モデル（ケアモデル）

　治療モデルは疾病の根治を目的とし、疾病の治療や救命を行う急性期医療である。従来の医療は病気の根治を目指す治療モデルが主流であった。これに対して、生活モデルは、QOL（生命の質／生活の質）の向上・維持を目的とし、高齢者・障害のある人たちに対するケアや、生活習慣病のような慢性疾患、治療のできない難病や末期がんの患者などに対するケアなど、医療にとどまらない、多職種の連携による生活全般にわたるサポートを行う。現代日本社会では、超高齢社会を迎えたこともあり、後者への対応が必要となっている。

🔑 医療倫理の四原則

　「医療者が倫理的な問題に直面した際、どのように考えるべきかの道しるべとなる（課題文 a）」四原則。「自律尊重（respect for autonomy）」「与益（beneficence）」「無危害（non-maleficence）」「正義（justice）」からなる。「正義」は、医療資源の公平・公正な分配の際などに問われる。
▶9

《医師の適性と心構えについてまとめておこう》

1. 生命の尊厳の尊重

    何よりも生命の尊厳を尊重すること。

2. 医療目的の自覚

    医療目的を正確に理解しその実現を目指すこと。逆に、医療目的を外れた行為を行わないこと。

3. 医師としての責任と使命

    専門家としての医師の責任を自覚し、その社会的使命を果たすこと。

4. 人間としての患者

    患者の人格・人権を尊重し、患者の利益を何よりも考え、患者の自己決定権を尊重すること。

5. コミュニケーション能力

    患者と十分なコミュニケーションを取り、患者との信頼関係を築くこと。

6. 他者理解

    偏見や差別感情を持たず、他者を理解し、気遣い、多様性を尊重し、患者に対しても十分な思いやりを持って接すること。

7. 向上心

    現場に甘んじることなく、医学知識・医療技術、また人格面でも、常に向上心を持ち、よりよい医師、よりよい医療を目指し、患者の医療アクセス権にこたえること。

8. 協働（チーム医療）

    自己の能力を過信せず、自己の限界を自覚し、謙虚に自己を見つめ、他の医療従事者と十分に協力しあっていくこと。

9. 適応能力

    どのような状況でも冷静かつ柔軟に、最善の対応をしていける判断力と実行力をそなえること。

近代医学の限界

人間はこころをもたない機械なのか？

2−a　近代科学の特質

　デカルトは、当時宇宙のすべてについて語る壮大な著作の準備に
かかっていたが、1632年のガリレオ（G. Galilei, 1564 ～ 1642）の
筆禍事件によって、計画を変更し、先ず自分の哲学的立場、あるい
はそれを実行するための方法を明らかにするための著作『方法序説』
（谷川多佳子訳、岩波文庫）を1637年に発表した。この著作のなかに、
直接名前には触れていないが、イギリス人の医師の所説として、ハー
ヴィの考え方が引用され、「心臓は単なるフイゴである」と考えて
よい、という意味の表現が現れる。フイゴは、空気を取り入れて、
送り出す。それと同じように、心臓は血液を取り入れて、送り出す、
という役割を演じていれば、それで十分なのである。そこから、デ
カルトは、生体は、そうした部品の集まりであり、ひとつひとつの
部品が、与えられた役割を正しく演じている限り、生体は「健康」
な状態にあると言える、という考え方を引き出す。いわゆる「生体
機械論」である。

　そして、こうした部品に相当するものの本性を、デカルトは「延
長」という概念で規定することになる。延長とは、空間のなかに広
がりを持っている、という意味に解釈すればよいだろう。空間のな
かにある広がりを持っている以上、それに接する万人に、その存在
を確認する手段が与えられていることになる。目で見る、触ってみ
る、叩いて音を聞く、舐めてみる…つまり五感によって、その存在
を確認することができるのである。それはまた「もの」と言い換え
てもよいだろう。そして、動物一般に関しては、デカルトの議論は、
そこで終息する。

　人間も動物の一種である以上、上に述べた考え方、つまり生体機
械論は、当然人間にも当てはまる。しかし、デカルトは、人間だけ
は、議論がここで終わらない、と主張したのである。なぜか。

　デカルトについて最も有名な〈cogito ergo sum〉（通常「我思う
ゆえに　我在り」と訳される）が、議論をその先へと誘導する。こ
のラテン語の文章では、〈cogito〉と〈sum〉という二つの動詞は「第
一人称単数現在形」である。デカルトの懐疑主義に従って、自分の
「もの」としての存在をも疑ってみよう。しかし、その「（私は）疑っ
ている」という「第一人称単数現在」の状態の存在だけは、確かめ
るまでもなく、厳然と現前しており疑いようがない。ややパラフレー
ズして言えば、「もの」としての私、つまり私の身体が、なかった
としても、それでも、「（今私は）疑っている」限り、「（その）私は
在る」と言えるはずだ、ということになる。この「私の在り方」は、
ものとしての（延長としての）私の在り方とは全く異なる。それで
も、私は在る、のである。このような存在をデカルトは「こころ」
と呼ぶ。

　こうしてデカルトは、人間は「もの」として存在すると同時に、
全く異なる在り方ではあるが、「こころ」としてもある、という二
元的存在なのだ、と説くのである。ここに、人間の心身二元論と呼
ばれる考え方が明らかになる。

　ちなみに、彼は他の動物には、この議論を当てはめない。『方法
序説』のなかで、デカルトは、サルとサル・ロボット（もちろん、
デカルトは「ロボット」という言葉は使わないが、便宜上、そう呼
ぶことにする）とを区別する方法はない、と断言し、逆に人間の場
合は、どれほど人間に良く似せたロボットであっても、それは区別
ができる、として、生体機械論の人間への全面的適用を認めないの
である。

　このようなデカルトの議論は、いくつかの重要な問題点を孕んで
いる。そのひとつは、では、全くカテゴリーの異なる「身体」と「こ
ころ」とは、一人の人間のなかでどのように統一されているのか、
という問題である。彼の死後発表された『人間論』のなかで、彼は、
松果体の仮説を提案している。松果体は、当時人間にのみ見られる
と誤解されていたこと、また、脳のなかで、それだけが左右に分割

されていないと誤認されたことが、デカルトの所論を導いたと思われるが、それらが誤解・誤認であったこととは別に、この議論は、ある意味ではどうしようもない根本的錯誤に由来している。松果体といえども、デカルトの定義に従えば「もの」であることは明らかで、その松果体において、心身の合一が成し遂げられる、という主張は、何ら問題の説明になっていないことは明らかだからである。

　もう一つの問題点は、デカルトが、「こころ」の存在の明証性を、第一人称単数現在の〈cogito〉に求めながら、それを人間一般の、抽象的概念としての「こころ」に、何の根拠もなく拡大している点にある。彼は人間と人間ロボットとは区別ができる、と断言する。そして、区別を可能にするのは、言語の使用と、自発的行為にある、と『方法序説』のなかで明言する。もっともさすがデカルト、と思えるのは、人間ロボットの、ある場所に触れて「痛い」という言語を発しさせたりすることはできるだろう、と言う。この辺の思慮には、驚くほかはない。ただ、デカルトが、そこから、どれほど愚鈍な人でも、機械とは違って、自発的に言語を使いこなすことができ、また行為についても自発的に行うことができる、というとき、その「自発性」なるものは、一体どのような根拠に基づいて言えるのであろうか。それは「こころ」の第一人称単数現在以外の対象に対する適用の根拠のようでいて、実は完全に循環に陥っているに過ぎない。つまり、ロボットに自発性が認められないのは、それに「こころ」がないからであり、（どんな愚鈍な人でも）人間に自発性が認められるのは、人間に「こころ」があるからである、という議論になってしまう。そして、では、人間一般に認めている「こころ」の存在を、どうやって保証するのか、という問題は手つかずで残ってしまっているのである。

　すでに見たように、デカルトに従えば、「もの」の存在は、万人に確認の手段が与えられている。その意味で「客観的」な概念ということができる。他方「こころ」の存在は、確かにデカルトの言うように、第一人称単数現在においては、確認の必要もないほど明証

的であるにもかかわらず、それが二人称、あるいは三人称に適用されたときには、むしろその定義上、その存在を確認する手段が最初から封じられている。言い換えれば、「こころ」は、根源的な意味で「非客観的」な性格の概念というほかはない。そして、科学は、客観的であることを標ぼうしたために、暗黙のうちに、その体系から、「こころ」を排除することになったのである。それを「こころのタブー」と呼ぶとすれば、それが科学の暗黙の前提として、私たちの思考を縛ってきている。

村上陽一郎「医学と医療の間」(『精神神経学雑誌』第110巻第9号)
2008年より（省略した箇所がある）

2-b 科学と生命

　キリスト教は一神教と言われます。つまり複数の神々を認めません。唯一の神のみが存在し、宇宙万物を創造して、今もなお支配しているというのが、その立場です。そこから自然現象の全てに、共通した神の意志が貫かれているという信念が生じてきます。では神の意志とはどのようなものか？　聖書によると、神はまず掟に極めて厳しい存在として描かれます。人間に対して守るべき戒律を与え、背いた者には厳罰を下すというのです。掟を重んじる神の意志に基づけば、自然界の森羅万象にも共通した掟があるはずだということになるでしょう。つまり自然現象は無秩序でなく、整然たる法則のもとに生起しているという発想が出てきます。その法則は生物界をも無生物界をも、究極的には共通して支配しているのだという立場です。

　現代の科学は、そういう前提の下に成立しました。生命現象と物理現象に基本的な違いを認めていません。霊魂と肉体、生命と物体などと、ものごとを対立関係で捉える思想を二元論と言いますが、これに対する科学は一元論に外なりません。そして、まず無生物界を支配している法則が解明され、その結果明らかになった知識、即ち物理学を、生命現象にも適用する方向で研究が進みました。これが力学的世界像と呼ばれるものであり、生命の正体に関する考え方も、機械論となって確立されました。

　機械論は生物も無生物も本質的には同一であり、機械が一定の仕掛けに基づいて自動的に動く如く、生物も体内に機械仕掛けを持っており、その作用でさまざまな生命の動きが発生してくると考えます。ただ差異と言えば、複雑さの程度に違いがあり、今の段階では生物ほどに複雑な機械がまだ発明されていないため、生体だけに固有な働きがあるかのように錯覚されがちだと解釈されています。

　この機械論が科学的生命観の主流を形成しています。これが登場してくる前提として、近代ヨーロッパにおける自動機械、例えば時計などの出現がありました。そして時代と共にこれが有力となって

きて、同時にその影響が生物を研究する方法にも及び始めました。つまり機械の仕掛けを明らかにするのと同じやり方で、生命現象の正体をも解明できるということです。

　では機械の仕掛けは、どのようにすれば分かるでしょうか。ひとくちに言えば分解という手段に頼ることになります。機械を解体して、それを構成している個々の部分品に還元します。部分品それぞれの構造と機能を突き止めて、次にそれらが一定の順序に従って組み立てられるに伴って、どういう働きを表すようになるかを辿り、全体としての機械の作用に到達するという方法が取られます。生命現象の解明も、これと基本的に同一の手段が採用されました。即ち分析的な研究が主流を占めることになったわけです。

　その結果として当然ながら、研究対象の中心は次第に微細化してゆきました。そして遂にDNAの辺りにまで到達したというのが、生命科学の現状に外なりません。これはもちろん大きな研究上の成果です。科学以前には分からなかったことが、機械論を基礎とする分析によって、随分正体が明らかになって来ました。ということは取りも直さず、生命現象と機械現象の間に極めて多くの共通点があるのを証明したことになるわけで、つまり機械論の正しさが、かなりの程度まで裏付けられた結果になるでしょう。

　一方、機械論の応用も、いろいろな領域に目立ってきました。人体も究極において機械ならば、複雑な機械を設計して人間の仕事を代行させることもできるはずです。現に文明社会ではそれが実行に移され、いわゆるオートメ化現象が著しくなりました。最も極端な一例が、頭脳の働きの少なくとも一部を代行する機械、即ちコンピューターの普及となって具体化されています。

　医学の分野でも同様です。機械論に基づいて、多くの治療方法が開発されました。機械においては部分品の交換が、有効な修理法になっています。一個の機械として故障しても、個々の部分品の能力は依然保持されており、ならば悪い部分品だけを取り換えさえすれば、機械そのものは再生することができます。人体も特に外科医学

などで、そのような技術の開発が著しいように感じられます。

　同種の機械が二台あり、それぞれ違う部分が破損していてどちらも動けずにいる場合、ひどく壊れた方を犠牲にし、その使える部分品を取り外して、もう一台の故障している部品と交換すれば、その方だけは再生することができます。しばしば話題を呼ぶ臓器移植とは、もともとそういう修繕方法の応用という側面を持っていたのではないでしょうか。もちろん、現に手術を行っている一人一人の医師が、そのつどいちいち機械論を思い浮かべているということではありません。直接的には個々の医療器具の開発や消毒方法の発達などが、そういう手術を可能にしたに違いありません。だが、ふだん意識しているかどうかとは別に、暗黙の前提としての機械論の存在を認めなければならないでしょう。

　この考えを更に進めると、人工臓器の開発ということになるわけです。本来生体の一部が行うべき作用を、特定の機械・器具によって代行させるのが人工臓器でしょう。そこには機械と生体が互いに拒否し合わずに連動して一連の機能を演じることが可能だという発想があると思います。

　ところで、分析的研究の発達に伴い、一方で生体に関するおびただしい個別的知識が集積される反面、一種のまだるっこしさも発生してきました。つまり生命像の全体を把握しようとするのに、いつまで経っても靴の上からかかとを掻くような感じを免れないという事実です。個別的知識がまだ乏しかった段階では、その理由はひとえに分析的研究の未発達に求められました。研究の方向は今のままで間違っておらず、これを一層推進することで、やがては全体像が見えてくるという期待が楽天的に抱かれていました。ところがDNAまで到達したのに、そのまだるっこしさが容易に解消されないわけで、これが最近における科学への反省機運を生む一因になっていると考えられます。つまり、方法論自体への疑問とまで言っては言い過ぎでしょうが、機械論的分析だけが生命科学の唯一の手段かどうか再検討の必要がありはしないか、という意見が頭をもたげ

るようになりました。

　筑波常治「近代科学とヨーロッパ文化」（伊藤幸郎 編著『医療と人間　第
　1巻　医療と歴史』）メディカ出版　1994年より（省略した箇所がある）

　近代自然科学の発想は、デカルトが打ち出した「心身二元論」によって確立された。**心身二元論は精神と物質を分離する考え方**であるが、それは古代ギリシア以来の有機的世界観を根本的に覆すものであった。

　古代ギリシアでは、物質にも生命的なものが宿り、その力の根源として霊魂の存在が想定され、自然現象の背後には霊魂が働いていると考えられた。物活論と呼ばれるこの有機的世界観は、古代ギリシア以来多くの哲学者の世界観の基盤となってきた。

　有機的世界観においては、すべての個物はそれぞれ自立的原理によって存在しているとみなされていたが、17世紀に登場したガリレオ・ガリレイは、「自然は数学的言語で書かれている」として、物体の運動に関し普遍的な法則（「慣性の法則」など）を見出すことで、従来の物活論を基礎とした有機的世界観を転換させる近代科学の発想の礎を築いた。

　デカルトは、ガリレオの力学的な見方を受けて、延長物（物体）と運動という原理によって世界のすべての現象を説明するようになる。世界は三次元の延長体であり、それは物質からなり、物質の場所変化を「運動」として捉えた。生物に関しても、物体と運動の見方を適用し、動物は「自動機械」であると考えるようになった。課題文 a の「生体機械論」である。デカルトは生命を物質粒子の運動である一種の熱だと考え、血液循環を明らかにしたハーヴィに注目し、生命機能の中心を一種の熱機関である心臓に求めた。そして動物は心臓を中心とした部品で構成され、それぞれの部品が与えられた役割を果たすことで生命が維持されていると考えた。

　生体機械論の見方に立てば、人間も動物の一種である以上、動物と同じ自動機械である。しかし、それでは「考える我」という存在は説明できない。そこで、デカルトは「考える」という精神の働きを「もの」とは別個に独立したものと考え、**「精神」**と**「物質」を分離する心身二元論**の見方を打ち出した。課題文 a の著者の言うように、この見方によって、科学は「非客観的」な「こころ」を排除し、「も

の」だけを扱うことによって、自然に対する客観的な認識が可能になったのである。

近代医学はデカルトの生体機械論を基礎にして発展した。**機械論的医学とも呼ばれる近代医学では、その対象は物質的存在である身体のみに限定された。**身体は部品の集合である機械であり、環境から独立した機械的メカニズムで動いているとみなされた。**身体は機械であるから、病気は部品の故障であるとされ**（「特定病因説」）、**病気の治療は部品の修理と考えられた。**臓器移植や遺伝子治療などの治療法はこうした機械論的医学の産物である。課題文 b で指摘されているように、機械論では生命現象も物理現象と変わりなく、一元論的に捉えられるようになった。現在の生化学で、生命現象を生体内で起こる生化学反応である代謝として捉えるのは、こうした機械論の発想に立った捉え方である。

近代の機械論的医学では、患者も生命も物質的なものとして捉えることが前提であるから、**治療においては身体の異常である病気しか見ず、患者の人間的側面は捨象された。**そのため、患者の尊厳や権利、主体性や個性などの人間的要素は無視され、さらに、病で苦しむ患者の痛みも無視されるようになった。たとえば、身体的苦痛は物質である身体における現象であるが、苦痛は本人にしか感じとることのできない主観的なものである。それゆえ、苦痛は患者とのコミュニケーションを通してしか把握できない。それなのに、機械論的医学では身体的苦痛は数値化することで客観的に把握できるという見方に陥ってしまう。

さらに、機械論的医学では、患者をモノとして扱い医師のたんなる客体とみなしたため、**主体である医師が絶対的裁量権をもち、物言わぬ客体である患者が医師の指示に従うべきであるという「パターナリズム」**を生み出した。その他に、患者の同意を得ない人体実験という弊害も生じた。

こうした近代の機械論的医学の限界を乗り超えるには、まず、**患者は「人間」である**というごく当たり前の見方に立つことである。そこで、**身体のみならず、精神や社会も含めた、人間を全体として**

捉える「全人的存在」という新しい概念が要請される。全人的存在は、人間を身体・精神・社会の三次元の統合として捉える見方である。従来の機械論では、生命は機械論的メカニズムによって捉えられ、「機械論的分析だけが生命科学の唯一の手段」（課題文ｂ）となっていたが、心身の相互作用、心身と社会環境との相互作用の観点から人間の生命を捉える必要がある。たとえば、病気の要因に関しては、身体のみならず、精神や社会環境も重視しなくてはならない。したがって、こうした全人的存在の観点に立ち、**科学的なアプローチによる疾患の治療（キュア）のみならず、全人的存在としての患者を援助するケアを重視する「全人的医療」こそ医療のあるべき姿となる**のである。

　科学は物質しか扱わず、物質の構造や自然現象の法則などを解明するのが本来の役割であるから、物質に意味づけや価値づけをすることは科学の役割から逸脱することになる。科学は没価値性に裏付けられた学問である。科学的医学も同様に、患者や生命に対する意味づけや価値づけを排して、その物質面に注目する。しかし、医療はこうした科学のまなざしだけでは成り立つものではない。生命の尊厳（SOL）や生命の質（QOL）▶3 といった生命に対する価値づけなくしては、患者にとってよりよい医療を提供できない。それゆえ、**科学的医学を補完するものとして、患者を人間として扱い、患者の尊厳と権利を尊重する生命倫理学が必要とされる**のである。

🔑 キーワード

🔑 物活論

　物質は生命力や活力を有し、その生命力の根源に魂を見る世界観。古代ギリシアの自然哲学者タレスを代表とするイオニア学派が唱えた。タレスは、水は万物の元であり、すべての事物に備わる魂という生命力を作用させる根源と考えた。

🔑 機械論

　世界におけるすべての事象について、目的や霊魂の介在を認めず、物質的要素の集合とその運動と見る世界観。18世紀フランスの唯物論哲学

者ド・ラ・メトリは『人間機械論』で、生物の運動や自然の運動は機械の原動力の活動によって行われると説いた。

🔑要素還元主義

機械論が生み出した近代自然科学の手法。機械が量的に測定可能な部品でできているように、自然や人間も量的要素に還元できると考え、対象を構成要素に分割して分析する手法（分析的手法）を取る。生物学の基本的な手法となっている。

🔑バイオエシックス［bioethics］（生命倫理学）

生命科学、医療、環境問題など、生命に関わる知識や技術が引き起こす問題について、倫理的な規則と原則に照らして学際的に研究する学問。「生命倫理」とも訳される。

🔑パターナリズム［paternalism］

「パターナリズム」（父権主義）とは、個人や集団、国家などが、他者自身のためになるという理由から、他者に対して干渉すること。医療においては、医師は患者の利益を考え、患者のために尽くすべきであるとする一方で、医師が絶対的な裁量権を有し、患者は医師の決定に従うという上下関係を作り出した。

🔑全人的存在

人間存在を全体性の観点から捉える見方。人間をたんなる物質的存在とみなす科学的人間観を超えて、〈身体・精神・社会〉の三次元の統合と見る。身体・精神・社会は人によって異なる多様性・固有性をもつことから、疾病の多様性（症状など）はこの全人的存在の多様性に由来すると見る。

🔑全人的医療

医療は患者の病気という身体面だけを診るのではなく、患者の意思・性格・価値観などの精神面、家庭・学校・職場などの社会環境も含めて診療に当たるべきだという考え方。疾患の治療であるキュアと全人的存在としての患者を援助するケアを統合したものである。患者の主体性を尊重し、患者とのコミュニケーションを重視する。

3-a インフォームド・コンセント

インフォームド・コンセント (Informed Consent) は、文字ど
おりには、情報を受けた上での同意とか、知った上での了承という
意味である。日本語の訳案としてはこれまで、「説明と同意」「説明・
理解と同意」「説明と理解・納得・同意」「十分な説明と理解に基づ
く同意」「医療を受ける側に立った説明と同意」「説明と理解・選択」
「十分理解した上で自分で決定すること」などが提出されてきた。
最近では英語のまま用いられることが多くなってきている。たしか
に解釈の偏向を避けるためには原語の方が望ましいだろうが、その
反面、一般の人々がそれを精確に理解することは容易ではない。

医学関連の文書の中にインフォームド・コンセントという言葉が
初めて登場したのは、今からおよそ30年ほど前の「ヘルシンキ宣言」
においてである。しかし、インフォームド・コンセントの精神はそ
れ以前から存在した。

その一つは、1946 ～ 49年のニュルンベルク軍事裁判から生まれた
「綱領」である。この綱領ではナチス・ドイツによる戦時中の人体実
験の反省にたって研究倫理に厳しい条件がつけられた。特徴的なの
は、被験者の人権を擁護するために真実の告知にもまして、自発的
な同意が強調されていることである。もう一つは、アメリカの医療
訴訟の中で形成された「法理」(正当化する理由づけ)である。従来
は「説明しない怠慢」と考えられていたが、次第に「同意のない暴行」
へと先鋭化され、57年には法理として確立された。この法理の基盤
には「個人の自己決定」を原理としてかかげる英米の法文化がある。

上述のような精神を背景にし、さらに研究倫理上の「事件」の発
覚も重なって、64年の「ヘルシンキ宣言」が生み出される。この宣
言をめぐっては、研究推進のための現実的な妥協（たとえば「でき

るだけ文書で」という後退）という指摘もあるが、インフォームド・コンセントを定着させるきっかけとなった意義は大きい。影響は医療の現場にも広がり、72年には全米病院協会の「患者の権利宣言」が出された。また、75年には「ヘルシンキ宣言」の東京修正版が出され、生物医学研究と医学研究とが区別されるとともに、独立委員会の設置（これが倫理委員会の拠り所となった）が盛り込まれる。70年代に急速に広がったバイオエシックス運動の中で、インフォームド・コンセントは運動全体を象徴する言葉となっていったのである。

　誕生に関しては差し当たり以上のように跡付けることができる。しかし、表に現われた動向以上に重要なのは、60年代に文化の深部で進行していた変化、つまり、バイオエシックス運動もその一局面であった変容であろう。たとえば、公民権運動やベトナム反戦運動、消費者運動、女性運動、学生運動などを通してアメリカ社会の価値観（家族、権威、権力）が解体されつつあった時代の雰囲気の中で、気がついてみたらインフォームド・コンセントがキーワードになっていた、というのが当事者たちの実感のようである。歴史的な対象化にはなお時間が必要かもしれない。

　インフォームド・コンセントという言葉で問われているのは、医療における患者と医師との関係であり、また研究における被験者と研究者との関係である。

　古来、この関係での主役は医師であった。医師と家族との間で治療に関するすべてのことが決まり、患者はもっぱら受動的な位置におかれていた。医師と患者の関係は聖職者と子羊、親と子供の関係に擬せられてきた。このように家父長的・保護者的な権威に基づいて医療の専門家が患者の善を一方的に配慮することを**パターナリズム**（paternalism）と言う。パターナリズムは医療の世界ではごく「自然な」関係であった。なぜなら、不調感や無力感に陥っている病人は他者の助力による癒しを求めており、医師とはその癒しのための専門的な技を持った特別な人だからである。ここにはたしかに市民同士の対等な関係は成り立たない（しかし、病人といえども「意識

的な人間」であり、自分の運命を自分なりに納得して決めたいと願うのもごく自然な希望である）。

　パターナリズムは、たとえば、西洋医学における医の倫理を方向づけてきた「**ヒポクラテスの誓い**」（Hippocratic Oath）に典型的に見られる。これは医師の守るべき自律的な規範をまとめたもので、患者の利益のために全力を尽す、患者を害する方法は用いない、依頼されても致死的な薬は与えない、堕胎のための道具を与えない、患者に対していかがわしい行為をしない、患者を性別や身分などで差別をしない、守秘義務を守る、といった内容を含んでいる。患者への奉仕の精神で貫かれたこの職業倫理は、2000年にわたって西洋の医学倫理の土台であったし、世界医師会の「ジュネーブ宣言」（1948、1968）でも基本的には繰り返されている。しかし、その精神がパターナリズムに基づいており、規範のうちのいくつかのものは無条件には成り立たない、という指摘がなされている。

　近代（19世紀）になると、医術の世界にもようやく科学革命の波が押し寄せ、古来の秘教的な医術は実証的な知識と技術の集大成としての医学へと変革される。しかし、こうした変化にもかかわらず、権威の根源が「宗教」から「科学」に衣替えしたにすぎないから、一般の患者にとって医師の権威は厳然たるものがあった。それどころかむしろ、楽天的な技術信仰によってパターナリズムは強化されたと言えるかもしれない。技術者としての医師にとって機械に擬された患者はそのかぎりモノとして扱われた。結局、近代の人権意識の高まりの中でも、今世紀の半ばまでは、パターナリズムは医の倫理では一貫して当然とされてきた。説明することで患者の善になるかどうか、また、どこまで説明するかを決めるのは医師にほかならなかったのである。

　長い伝統を持つ医師中心のパターナリズムに対抗する「患者中心」の関係、これをインフォームド・コンセントという言葉は指し示している。その場合モデルとされたのは顧客と売り手の契約関係である。患者にとっての善を決めるのは医師でも家族でもなく、病気をかかえた患者本人にほかならない。この新しい関係を支えるには、必要な情報を**患者**が「**知る権利**」、そして個人に関わることに

ついては（他者に危害を与えないかぎり）「**自己決定する権利**」が
不可欠である。これら二つの権利がインフォームド・コンセントを
構成している。そして、対等な個人の権利の相互承認という認識の
背後には、英米系社会の法的慣習、社会的流動性の高さと個々人の
自助独立の精神、市場社会の現実がある。

森下直貴「インフォームド・コンセント」（曽我英彦・棚橋實・長島隆
『生命倫理のキーワード』）理想社　1999年より

3

正当な医療行為

3−b　医療目的と自己決定権・SOL・QOL

　quality of life が「生活の質」と訳されるのは、治療一般の場面で
この語が使われるときである。医療の目的は、単に病を治すだけで
なく、それによって患者の生活を患者にとってよりよいものにする
ことである。そこで、患者のためにどのような医療処置をとるかを
決定するとき、手術の成功率や病巣の縮小率などだけでなく、薬の
副作用や手術による胃や手足などの切除が患者にとってどの程度の
負担になるか、そして患者の日常生活の満足度や幸福感がどのよう
なものになるかといった「生活の質」をもっと考慮すべきだ、と80
年代の半ば頃から言われだした。また、もはや治療の施しようのな
い末期の容態の患者についても、その残された生活の質をきめ細か
なケアによって向上させることはできるし、積極的に向上させるべ
きだとの認識が強まったのである。

　つまり、ここでいうQOLとは患者が処置を受けたあとに送る生
活の質のことであり、それは基本的に患者の幸福感や満足度を意味
する。ここで二つのポイントに注意しておきたい。(1)まず、QOLと
は患者の本当の利益を考えるために導入された概念である。(2)した
がって、それは患者の観点から見た患者本人にとっての生活の質を
意味するのでなければならない。ある患者のQOLを判断するとは、
患者の生活の質が他人のものと比べて高いか低いかではなく、患者
の生活が本人にとってどれだけ価値があるかを判断することである。

　こうして、臨床上の処置の決定や新薬の開発、またヘルスケアの

計画や医療資源の配分などの社会政策において、患者のQOLを考慮にとり入れる試みがなされている。そのさい一つ問題になるのは、主観的な、つまり患者本人の観点からの判断であるはずの生活の質を医師や政策担当者がどのようにして評価できるかであるが、これについては、日常生活の遂行能力や身体的快不快の程度、今の状態についての満足度などの評価を患者自身に質問表で尋ねる（社会政策では、その統計をとる）というアプローチが試みられ、さまざまなQOL評価法が国内外で開発されている。

　しかしながら、QOLという概念は、単に「患者の日常生活の質をもっと向上させよう」という前向きな思いだけをきっかけに導入されたのではなかった。医療の進歩とともに人工呼吸器や蘇生術、臓器移植などの延命技術が次々に開発され、多くの患者に喜びと希望をもたらした。しかし同時に、根治できない病気やガンの末期患者の延命も可能になり、苦痛にさいなまれる状態、あるいはもう二度とさめることのない昏睡状態のまま生命維持装置につながれた姿で、いつまでも命を永らえさせるようなケースが出てきたのである。このような状況をうけて、「生きている状態の内容・質の悲惨さからみて、いたずらに延命を続けるよりも、むしろ生命の維持を打ち切るほうが患者本人にとってよい場合もあるのではないか」という意見が人々の間で聞かれるようになった。これは、患者のQOLが、いわゆる安楽死や尊厳死を認める根拠として用いられることを意味する。
　このQOLも、意味は確かに「患者本人にとっての、患者の生きている状態の質」である。しかし、ここで下されるQOLの判断は、単に患者の「生活」を向上させようというものではなく、「生命」を維持するかしないかに関わる深刻な判断である。だから、QOLは「生命の質」とも訳されるのである。

　一方、「生命の神聖さ」は、欧米でいうサンクティティ・オブ・ライフ（sanctity of life）に当たる。これは「人の命は尊い」という信念を表している。キリスト教圏では、この言葉には「生命は神によって造られ

たものであり、特に人間は神に似せて造られたものであるから、人の
生命は人間が侵してはならない神聖なものだ」という意味合いが込め
られる。日本ではそこまでの意味はないかもしれないが、それでも「人
の命はそれ自体で尊く、何ものにも代えがたい」と信じる人は多いだ
ろう。医師なら誰もが知っている「ヒポクラテスの誓い」（古代ギリ
シャの医師が医師としての心構えを神に誓った文章）の中に、「頼まれ
ても、死に導くような薬を与えない」という一節がある。これは、人が
人の命を縮めることがあってはならないという強い信念を表している。
この強い信念の裏にあるのが「生命は神聖である」という考えである。

　この生命の神聖さという信念に基づいて、従来主に三つの倫理原則
則が主張されてきた。

[**第一の倫理原則**]　人為的に死を招いてはならない。少なくと
　　　も正当防衛の場合を除き、人が人を死なせてはならない。

[**第二の倫理原則**]　ある人の命が値打ちのあるものかどうか
　　　を第三者が問うことは許されない。人の命は無条件に尊い
　　　はずなのである。

[**第三の倫理原則**]　ましてや、ある人の生命の価値を他の人
　　　の生命の価値と比較することは許されず、すべての人の命
　　　は平等に扱われなければならない。なぜなら、すべての人
　　　の命はそれぞれ他と代えがたい尊さをもつと信じられて
　　　いるからである。

　問題は、今までわれわれが信じてきたこの「生命の神聖さ」の考
えに対して、「生命の質」を根拠に患者を延命させるか否かの決定
をしようとする現代の考え方が衝突するように思われることである。
激しい議論となったのは、次のような問題である。

　末期ガン患者の耐えがたい苦痛をとるために死期を早めること、
あるいは不可逆的な昏睡状態に陥った患者の生命維持を打ち切るこ
とも時には許されるのではないか、という意見が出てきたのは先に
述べたとおりである。しかし、これは「人為的に人の死を招く」こ

3

正当な医療行為

とであるように思える。これは、人が人を死なせてはならないという「生命の神聖さ」の倫理原則を侵してしまうのではないだろうか。こうして、生命の質と生命の神聖さとの葛藤を核心にもつ、尊厳死や安楽死の是非を問う論争がわきおこった。

　とはいえ、日本の法廷では安楽死が許される場合もあるかもしれない、との見解がすでに出されている。1995年の「東海大学安楽死事件」判決（横浜地裁）では、安楽死の許容条件として、①耐えがたい肉体的苦痛があり、②死期が迫っていて、③他に代替手段がなく、④本人の明確な意思表示があることが必要、との指針が打ち出された（『判例時報』1530号）。世間でも、延命治療の中止や鎮痛剤投与の結果として引きおこされる消極的・間接的安楽死、また尊厳死は認められつつある。

　ところで、安楽死の四要件の中で特に重視されているのは「本人の意思表示」である。これは尊厳死でも不可欠とされている。では、生死の決定をするのに本人の意思が最も重要なのはなぜだろうか。それは、少なくとも正常な大人であれば、本人にとっての「生命の質」を最もよく判断できるのは、たいていの場合、本人だからである。患者本人が自分のQOLについての判断を自分で下せる限りは、延命をやめるという判断であっても、本人の意思を重んじる。このように患者自身が判断するQOLのほうを延命よりも優先させるなら、人が人を死なせてはならないという「生命の神聖さ」の第一の倫理原則は必ずしも絶対的ではないことになる。もちろん、この倫理原則が完全に放棄されるわけではない。ただ、生命の質があまりにも低いという厳しい条件を満たし、しかも一定の正式な手続きをふむ場合にのみ、例外が認められたのである。また、「第三者が生命の質を判断すること、ましてやそれを他の人のものと比較することは許されない」という「生命の神聖さ」の第二・第三の倫理原則まで否定されたわけではない。こうして、生命の質と生命の神聖さをめぐる論争は、患者が明確に意思を表示できる場合に関しては一応の決着の見通しがついてきたようにみえる。

奥野満里子「生命の神聖さと生命の質―概念の説明―」（加藤尚武・加茂
　直樹　編『生命倫理学を学ぶ人のために』）　世界思想社　1998年より
　　　　　　　　　　　　　　　　　　　　　（省略した箇所がある）

論点整理

　医師が患者に病状や検査法、治療法などを十分に説明したうえで、患者自身が理解・同意して自由に検査法や治療法などを選択し、医師が患者の選択に従って処置をする手続きを医療上の原則としたものが**インフォームド・コンセント**（informed consent）である。インフォームド・コンセントは、患者をモノ扱いする西洋近代の機械論的医学が生み出した**パターナリズム**を克服するものとして登場した▶2。治療方針の決定など医師に絶対的裁量権を認めるパターナリズムによって作り出された上下関係から成る医師と患者の関係を、**患者の自己決定権**に基づく自由な選択を認め、両者の関係を対等なものへと変えることを目指すのがインフォームド・コンセントである。

　課題文aに「患者にとっての善を決めるのは医師でも家族でもなく、病気をかかえた患者本人にほかならない。この新しい関係を支えるには、必要な情報を**患者が「知る権利」**、そして個人に関わることについては（他者に危害を与えないかぎり）**「自己決定する権利」**が不可欠である。これら二つの権利がインフォームド・コンセントを構成している」とあるように、患者自身が自分にとって何が最善の利益なのか、あるいは不利益が生じる可能性はないのかなどを判断するには、施術を受ける前に医師から必要な情報を知らされる必要がある。たとえば、自分が受ける外科手術の成功率や重大合併症リスク率、あるいは薬の副作用などをあらかじめ知っておくことは自分の命と健康を守るためには欠かせない。医師は患者の自己決定を支えるために、自己決定に必要なすべての情報を伝えなければならない。たとえば、複数の治療法があれば、それぞれの治療法の成功率や得失などを詳しく説明する必要がある。その際、治療法に関しては確実なエビデンス（科学的根拠）に基づき、患者にふさわしい治療法に優先順位を付けて推薦するという**EBM**（evidence-based medicine）を実践することが求められる。

　インフォームド・コンセントは、**医療における医師と患者との関係**を規定するだけではなく、**医学研究における研究者と被験者との関係**をも規定するものである。医学研究における倫理的原則を定め

た世界医師会（WMA）の「ヘルシンキ宣言」▶6 ▶p240 において、「医師は対象者（＝被験者）の自由意志によるインフォームド・コンセントを、望ましくは文書で得なければならない。」としているのは、被験者の福利が科学的・社会的利益のために損なわれることがあってはならないからである。インフォームド・コンセントはいかなる状況のもとでも人間の尊厳を守るという基本的な原則を反映したものであり、**インフォームド・コンセントを得ることは、患者や被験者の自己決定権に応える医師および医学研究者の義務なのである**▶6。

　医療者の行う医療行為は医学知識と医療技術を用いたものであるが、医学知識と医療技術は医療から外れた目的にも悪用できる。たとえば、幹細胞を用いた再生医療はドーピングに悪用される可能性がある。こうした医学知識と医療技術を用いた行為を正当な医療行為とするための根拠となるのが**医療目的**である。医療目的は、①疾病の治療、②疾病の予防、③苦の緩和・除去、④健康の保持からなる。たとえば、注射は人体を傷つける**医的侵襲**であり、**医療目的**や**医学的妥当性**を欠き、**本人の承諾**もなければ、刑法の傷害罪に触れる行為となる。それに対し、インフルエンザ予防のためのワクチンの接種は、「疾病の予防」という医療目的に該当し、医学的にも妥当な方法であるから、本人の承諾があれば、正当な医療行為となる。

　医療において患者に最善の利益をもたらすよう努力することが医療に携わる者の使命である。医療の利益とは、病気の治癒、健康の増進、延命、苦痛の除去などを指すが、これらの根底には**「生命の尊厳（SOL）」**（sanctity of life）と**「生命の質／生活の質（QOL）」**（quality of life）という生命の価値についての考え方がある。「生命の尊厳（SOL）」は、「人の命はそれ自体で尊く、何ものにも代えがたい」（**課題文b**）という絶対的価値をもつものであり、それゆえ、医療者は患者の生命の尊厳を尊重することを最優先しなければならない。一方、「生命の質／生活の質（QOL）」とは患者の幸福感や満足感であり、医療者には患者の人間としての尊厳や権利を尊重する義務があるから、医療者は患者のQOLの向上を図るよう努力せねば

ならない。「生命の質／生活の質（QOL）」は患者にとって、治療後の生活や生きがい、社会とのつながりなどに関わる自身の生活の価値づけであるから、患者自身の観点から判断・評価されるものである。それゆえ、医療者や家族などが勝手な価値観に基づいてこうするのが患者によいだろうと押しつけてはならないことに注意したい。

課題文 b にあるように、人為的に人を死なせることは命の絶対的価値である生命の尊厳を踏みにじることであるから、決して許されるものではない。この倫理原則から、筋弛緩剤や塩化カリウム製剤を用いて人為的に患者を死なせる方法を取る積極的安楽死 ▶5 は容認できないことになる。とはいえ、生命の尊厳の尊重は行き過ぎると何が何でも患者の生命を延長することを追求する延命至上主義に陥ってしまう。延命技術が発達した現在では、人工呼吸や人工栄養（胃ろうなど）などの延命治療があるが末期がんの場合、患者によってはこれらの延命措置がかえって苦痛となることがあるため、自身の生命の質が著しく低下すると判断する患者は延命治療を拒否することもある。医療者は生命の尊厳の尊重を義務とせねばならないが、患者は生命の質の向上を願う。生命の尊厳と生命の質は時には衝突することがある。安楽死・尊厳死の是非が問われるのはこうした論点においてである ▶5 。

🔑 キーワード

🔑 医療におけるパターナリズム

　旧来の医の倫理では、患者に自由な選択権を認めず、医師の裁量で患者にとって最善の処置を決定し、患者がそれに従うのが当然とされた。治療や入院、病名告知などについて医師が決定権を持つ医師主導型の医療である。

🔑 患者の自己決定権

　1960年代のアメリカで、患者の承諾を得ない人体実験や医療過誤などに対し、患者の人権保障を求める運動から生まれた。医療行為の最終決定権は患者にあるとする。患者の人格と自律性を尊重することを具体化したもので、患者の多様な価値観を尊重する。治療の選択権と拒否権からなる。

🔑 患者の判断能力

　成人で正常な判断力を有することが、自己決定権の認定条件とされる。判断能力は、「意向の表明」「情報理解」「情報認識」「論理的思考」などから構成される。未成年者や意思決定能力を欠く場合には、保護者や法定代理人に決定を委ねるが、本人の意思が尊重されることが原則である。

🔑 医療目的

　医療の目的を「疾病の治療」「疾病の予防」「苦の緩和・除去」「健康の保持」の4つに定めたもの。医療行為の正当性を裏付ける根拠となる。

🔑 知る権利／知らされない権利

　患者は自己決定権に基づき、治療の選択など自己決定する場合、自分の病気と医療に関するすべての情報について知る権利がある。しかし、その情報が患者の生命や健康に危険をもたらし、幸福を損なう場合は、知らされない権利が認められている。

🔑 医的侵襲

　「侵襲」とは、身体を傷つける行為のことである。医療では手術、注射、投薬などの医療行為を「医的侵襲」と呼んでいる。医的侵襲が刑法の傷害罪に問われず正当な医療行為と認められるためには、医療目的、医学的妥当性、本人の承諾という違法性阻却事由が必要となる。

🔑 生命の尊厳（SOL）

　人間の生命はそれ自体で常に絶対的な価値を持つ神聖なものであるとする考え方。「絶対性」と「平等性」を原理とし、患者の生命の尊厳の尊重は医療者の第一の義務であるとされているが、一方で延命至上主義に陥るという問題もある。

🔑 生命の質／生活の質（QOL）

　人間の生命の価値は、生きてどのような状態の下におかれ、何をすることができるかによって決まるとする考え。生命の質的価値を問う「相対性」を原理とする。生命の質的価値は、患者の幸福感や満足感を指標とし、医療者には患者のQOLの向上をはかることも求められる。

3

正当な医療行為

◆EBM［evidence-based medicine］とNBM［narrative based medicine］

　EBMは、1990年代初めに提唱された概念で、根拠に基づく医療／臨床結果に基づく医療と訳される。EBMは、単に研究結果やデータだけに基づく医療を言うのではない。従来の個々の医師の経験値や直観に頼る医療ではなく、研究から得られた最善のエビデンスと臨床的な専門知識および患者の価値観を統合する医療であるとされる。その手順は、「1患者の臨床上の問題点の抽出、2関連する文献の検索、3文献情報の批判的吟味、4患者への適用、5事後評価」というステップを経るとされる。特に3の吟味においては、研究デザイン（コホート研究 ▶17 、症例対照研究、横断研究、ランダム化比較試験など）によるエビデンスの強さが検討される。また、4の患者への適用については、「エビデンス」「患者の病状と周囲を取り巻く環境」「患者の意向と行動」「医療者の臨床経験」の4つを考慮すべきだとされている。

　NBMは、1998年に提唱された概念で、患者の語り（病気になった理由、病気になった経緯、病状の進行、病気に対する思いなど）をふまえ、医師は病気の背景や人間関係を理解し、患者の抱えている問題に対して全人的（身体的、精神・心理的、社会的）にアプローチしていこうとする臨床的手法のことである。

　NBMは、EBMと対立する考え方なのではない。EBMの実践において、上記4点のうちエビデンスに基づく点だけが偏重されるのならば、それは本来のEBMの理念から遠ざかることになる。NBMはEBMの概念に含まれる「患者の価値観」に焦点を当て、それを理解するための実践的なアプローチであると考えるべきであり、その点でEBMとNBMは相補的な方法論であると言える。

4－a　エンド・オブ・ライフケア概論

　一般的には、近代ホスピス運動は、シシリー・ソンダース医師によってロンドンに聖クリストファー・ホスピスが作られた1967年に始まるとされている。もっとも、「ホスピス」という言葉自体はそれ以前から存在しており、中世ヨーロッパにおいては、主として負傷した旅行者にケアを提供する宗教的施設のことを指していた。その後19世紀末になって、フランス、アイルランド、イギリスで、死にゆく人々のケアを行う施設を指して、この言葉が使われるようになったという。ソンダースは、これら先行するキリスト教的ホスピスに学びつつも、それを新たな視点から練り上げることによって、こんにちのホスピス・緩和ケアの基盤を作り出した。

　とりわけ、それ以前のホスピスと比較した場合、ソンダースの試みは、(1)痛みの治療のために近代医学を積極的に導入した点と、(2)終末期患者のためのホスピスについて社会に広く知らせた点が特徴的であった。実際、聖クリストファー・ホスピスは、優れたホスピスケアを実践するだけではなく、それを支える研究・教育機関でもあり、さらには広報機関としての役割をも担ってきた。その結果、1980年代以降、イギリスとアメリカを中心に、ホスピス・緩和ケアの思想と実践は急速に普及していくことになる。

　では、なぜ1960年代のイギリスにおいて、ホスピス運動は生まれたのだろうか。社会学者のジェームスとフィールドは、その背景としておおよそ次の三点を指摘している。第一は、人口構造と疾病構造の変化である。イギリスでは1960年に平均寿命が65歳を超え、急性または感染症の疾患による死亡は減少した。その結果、65歳以下の死は稀なものとなり、多くの人が長期にわたる機能の喪失や様々な苦痛を伴う慢性疾患を患い、最終的には病院で亡くなるようになった。

　第二は、ヘルスケアに関する国民の意識の変化である。イギリスでは第二次世界大戦後、公的な医療制度である国民保健サービス（National Health Service, NHS）が成立し、医療を受けることが国民の権利として確立した。同時に、抗生物質や救命外科手術といった医療上の革新によって、人々の医療に対する期待はますます高まっていった。1960年代の生活水準の向上は、こうした傾向に拍車をかけ、やがてあらゆる病気が駆逐されるかもしれないという期待感が醸成された。この期待感は、先に見た長引く死の過程と相まって、看取りの問題が医療化される素地を形成した。

　第三に、医療そのものの質的な変容である。戦後のイギリスでは、病院は急速に近代化し、ヘルスケアを提供するだけではなく、医学研究を行い、最新の医療技術を開発する巨大センターへと変貌していった。その結果、医療の対象は、病い（illness）を患う人ではなく、むしろその人の疾病（disease）へと狭く焦点化されていくことになる。同時に、予防医学が発展し、病気の人のみならず、健康な人も医療の対象へと組み込まれるようになった。これに対しては、一方では過度の「医療化」に対する批判が起こるとともに、他方では、一般の人々のあいだで、人工呼吸器の停止や脳死・臓器移植など、先端医療の倫理的問題についての不安が引き起こされた。この不安は、先に見た期待感の裏返しであり、ここに「医療化された死」を医療がうまく扱えない、という事態が到来したのである。

　ホスピス運動が目指したのは、死を実現することではなく、むしろ死を望む患者が「生きたい」と思えるような「コミュニティ」をその周りに作り出すことであった。この点で、安楽死運動とホスピス運動は、同じ課題に対して、異なる回答を用意したものだと見ることができる。実際、ソンダースは、死を望む患者にとって必要なのは適切なケアであって安楽死ではない、と強く主張し、一貫して安楽死の法制化に反対している。

　いずれにせよ、終末期患者に対して貧困なケアしか提供されていないという現実は、1970年代以降にホスピス運動が発展していくた

57

めの素地となった。というのも、ホスピス運動は、終末期患者とその家族に対して、多職種チームによる全人的なケア（total care）を提供し、人間らしい死に方を実現することを約束したからである。それは同時に、それまでに比べて長引くようになった死の過程への不安と、医療の過度の科学化と医師への権力の集中に対する不満を解消してくれるような、新しいヴィジョンを提供していたのである。

　それでは、ホスピスケアは具体的にはどのような方法によって、人間らしい死に方を実現しようとしたのだろうか。ここではその手がかりとして、ホスピス・緩和ケアにおける「全人的痛み（total pain）」という概念を取り上げてみたい。

　そもそも、看護師・ソーシャルワーカーであったソンダースが30代半ばで医師を志した理由は、当時、末期がん患者の痛みの治療がまったく進んでいなかったことにあった。そこでソンダースは研究を重ね、モルヒネ等の鎮痛薬の定期的経口投与によって、末期のがん患者の身体的な痛みをコントロールする方法を確立したのである。しかしその一方で、彼女が明らかにしたのは、仮にがん患者の身体的な痛みがうまくコントロールされたとしても、身体面以外の心理面や社会面の痛みは残ること、さらにはこうした痛みが相互に影響しあって「一つの痛み」として患者には経験されていることであった。以下のような患者の経験は、こうした複合的な因子が影響する「一つの痛み」の存在を端的に示している。

　　その痛みは最初は背中だったわ。でも今は私の全体が何か間違っているような感じがするの（it seems as if all of me is wrong）。お薬や注射をしてくれって泣くようになったけど、でも、私がそんなことするのは許されないんだっていうこともわかってるの。まるで世界全体が私の敵になって、私のことなんて誰もわかってくれないんだって感じるようになったの。夫も息子たちもとっても良くしてくれるわ。でも、私のために仕事を休まなければならないし、お金も無くなっていくわ。もう一度、これでもいいんだって思えたら、すばらしいんだけど。

　この患者の痛みは、確かに「背中の痛み」という身体的痛みから始まっているが、それは明らかに他の次元の「痛み」と相互に絡み合っている。夫や息子たちの休職による収入の減少を懸念することは社会面での痛みであろうし、自分のことを誰もわかってくれないという訴えは心理面での痛みとも解釈できる。何よりも重要なことは、複雑な要因が影響しているにもかかわらず、患者にはこれが「私の全体が何か間違っている」という「一つの痛み」として経験されていることである。ソンダースはこれを「全人的痛み」と名づけ、それに対応するためにはホスピスは全人的なケアを提供しなければならない、と主張したのである。(図)。

　これは、ホスピス・緩和ケアがチームケアを重視することにつながっていく。というのも、終末期患者の痛みが人間のあらゆる局面と関係しているとすれば、様々な分野の専門家やボランティアがチームを組んで、それに対応しなければならないからである。また同時に、患者のみならず家族をもケアの対象とするというホスピス・

身体面
痛み以外の症状
がん治療の副作用
不眠と慢性的疲労

精神面
診断の遅れに対する怒り
効果のない治療への怒り
ボディイメージの変化
痛みと死に対する恐怖
絶望感

トータル
ペイン
全人的な痛み

社会面
家族と家計についての心配
職場での信望と収入の喪失
社会的地位の喪失
家庭での役割の喪失
疎外感、孤独感

スピリチュアルな面
なぜ私に起こったのか
なぜ神はこんなに苦しめるのか
一体、何のためなのか
人生にどんな意味と目的があるのか
どうすれば過去の過ちが許されるのか

出典）Twycross et al. 2009=2010：14

図　痛みを構成する４つの因子

エンド・オブ・ライフケア

4

緩和ケアの視点も、この全人的痛みの概念と関わっている。

　こうして、主として末期のがん患者が「生きたい」と思えるような環境づくりを目指して始まったホスピスケアは、やがてがんの末期にのみ限定されたものではなく、それ以前から提供されるべきものとして、その範囲を拡大していく。その象徴の一つが、世界保健機関（WHO）による緩和ケアの定義の試みである。この定義において、WHOの専門委員会は、診断の時点から緩和ケアは提供され、がん治療と並行して行われるべきだという見解を提示した。

田代志門「近代ホスピス運動の誕生」（『死にゆく過程を生きる——終末期がん患者
　　の経験の社会学』）世界思想社　2016年より（省略した箇所がある）

4-b　死の受容

　本書の課題を死にゆく過程研究の文脈に照らし合わせるならば、それは「ポストオープン認識」の問題圏に位置づけることができるだろう。「オープン認識（open awareness）」とは、「死にゆく過程」の社会学的研究の嚆矢となった、アメリカの社会学者バーニー・G・グレイザーとアンセルム・L・ストラウスの『死のアウェアネス理論と看護』に由来する概念である。彼らの狙いは、死をめぐる「認識文脈（awareness context）」に注目して、終末期患者と家族、医療スタッフ間の相互作用を明らかにすることにあった。「オープン認識」は認識文脈の一つであり、患者と周囲の人々が共に死が近いという事実を知り、それを前提に行動する際の認識を指す。「死にゆく過程の発見」は、このオープン認識が前提となって成立している。

　この点で、グレイザーとストラウスの研究は、基本的には「プレオープン認識」下での課題を検討したものと位置づけることができる。というのも、彼らの著作においては、オープン認識は稀なものとされており、基本的には患者自身が自らの病名や病状について何も知らない場合の相互行為の記述に、ほとんどの労力が費やされているからだ。実際、グレイザーとストラウスが調査を行った当時のアメリカでは、患者に対して病名や病状に関する情報を提供するこ

とは一般的ではなかった。しかしその後、アメリカではがん告知が一般化し、状況は劇的に変化していくことになる。この意味で、哲学者の森岡正博が指摘するように、彼らの研究はこの時期でなければ成立しえなかったものであり、「ガン告知をほぼ100％行うようになった現在のアメリカの病院では、彼らの枠組みは修正を余儀なくされる」だろう。

　ただし問題は、単にオープン認識が一般化したことに伴い、医療現場での慣行が事実として変化した、ということではない。むしろこの変化に伴い、そもそも記述すべき対象や取り組むべき課題自体が変化しつつある、という点が重要である。すなわち、グレイザーとストラウスの著作では、その相互行為分析のほとんどが、実際には医療スタッフ側からの働きかけに充てられており、患者の役割は周辺的なものに留まっている。というのも、プレオープン認識下の「死にゆく過程」で問題となるのは、いかに本人に情報を伝えないようにするか、という医療者側の戦略であり、その意味でこのやりとりの「主役」は医療スタッフとなるからである。

　ところが、患者が自らの死を認識し、そのうえでどう生きるか、という問いが成立した現在においては、状況は一変してしまう。オープン認識の一般化に伴い、医療スタッフや家族だけではなく、患者自身が死にゆく過程において重要な役割を果たすようになってくるからである。さらには、医療スタッフの経験する困難の質もそれに応じて変化していく。患者が自らの死を予見しない状況においては、患者が明示的に「死の不安」に怯えることはない。しかし、自らの死が近いことを知った患者は、その不安を直接医療スタッフにぶつけてくる。例えば、日本の緩和ケア病棟でフィールドワークを行った文化人類学者の松岡秀明は、看護師が直面する代表的な困難として、患者の死期や患者の死後の家族に関する個別具体的な問いに加え、「人間は死んだらどこへ行くのか」といった死に関する抽象的な問いが投げかけられることを指摘している。これは「患者に悪い情報が伝わらないように振る舞う」という医療環境において医療スタッフが経験する困難とは明らかに質が異なる。

実際、こうした状況の変化に対応するように、1980年代以降の死にゆく過程に関する研究においては、医療スタッフの感情的な巻き込まれに着目した研究が進展するとともに、新たな研究テーマとして、死にゆく人々自身の経験が注目されるようになってきた。その一例として、死にゆく人々の関心とその文化的背景との関連を包括的に明らかにしようとした社会学者アラン・ケレヒアの著作や、死にゆく過程における西洋的自我の変容を描き出そうとした社会人類学者ジュリア・ロートンの著作を挙げることができる。これらはいずれも、すでに患者自身が自らの死にゆく過程を認知する状況が一般化しつつあることを前提としているという点で、ポストオープン認識下での問題圏を検討しているものである。

　では国内では、こうした課題はどのように研究されてきたのだろうか。実は残念ながら、国内においては、ポストオープン認識下での死にゆく過程をめぐる研究はほとんど蓄積されていない。というよりも、そもそも「死にゆく過程」の研究自体がほとんど存在していないと言っていい。確かに、2000年代以降、「死の社会学」を標榜する一連の研究が日本でも蓄積されるようになってきており、2012年の『社会学評論』には、この分野の総説も掲載されている。しかし、死の社会学的研究の内容は、理論的なものを別にすれば、むしろ古典的な研究分野である悲嘆研究や葬送儀礼の研究に偏っており、医療現場における「死にゆく過程」の経験的研究は皆無に等しい。

　実際、日本において、主導的に死の問題を研究してきた副田義也のグループは、主に交通事故遺児と阪神淡路大震災の被災者という二つの集団の喪失体験に焦点をあてて研究を進めてきた。これらは国内において、死を正面から扱った実証研究のなかでは、もっとも研究蓄積のあるテーマであるが、その焦点は死にゆく過程ではなく、死別後の悲嘆にある。同様に、「葬送の自由をすすめる会」等の新たな葬送儀礼の登場や墓地の変化に着目して、現代人の死生観や家族観をあぶりだそうとする試みも、基本的には「死後」の問題を扱っ

たものである。

　もちろん悲嘆や葬送儀礼の研究は、今現在でも死の社会学の中心的なテーマの一つであり、その重要性は否定すべくもない。しかしながら、これらの研究は基本的には「遺族」の視点に立つものであり、その焦点は「死後」にある。すなわち、国内の研究においては「死にゆく過程を生きる」当事者の視点はほとんど無視されてきたと言っていい。実際、ホスピス・緩和ケアに関する日本の社会学者による研究でさえ、総論的なものを除けば、その多くは歴史や制度を検討したものに留まる。もっともこの背景には、そもそも日本において医療社会学自体が未成熟であり、医療現場でのフィールドワークが近年まで難しかったという事情もある。

　しかし近年では、医療社会学への関心の高まりとともに、国内の医療現場でのフィールドワークに基づく研究成果も散見されるようになっており、看取りの現場に踏み込んだ研究成果も少しずつであるが公表されるようになってきた。また、2000年代に日本においてがん告知の問題が大きく転換し、「ポストオープン認識」下の相互行為が広がっていったという時代背景もある。この意味では、国内においては、最近になって初めて「自らの死を意識して生きること」への接近が可能になったと見ることもできよう。

田代志門「「死にゆく過程」の社会学へ」（『死にゆく過程を生きる──終末期
　　　　　がん患者の経験の社会学』）世界思想社　2016年より
（注）『社会学評論』──雑誌名。日本社会学会の機関誌。

　人は誰も、いずれ死を迎える。不慮の事故で亡くなる人もいれば、天寿をまっとうし、老衰で亡くなる人もいる。いずれにしろ、私たちは生き、そして、最期の時を迎える。医療は生命の尊厳の尊重を最重要視するものだが、それは、患者の生を、その終焉まで支えることでもある。死を意識し、苦しみ悩む患者が充実した生を締めくくることができるように、患者をケアし、患者と家族をささえ、死を看取ることは医療の重要な役割の一つである。

　人生の最終段階における医療・ケアについては、**課題文 a** にあるように、従来はがんの患者の終末期の疼痛に対する「**緩和ケア**」を行う**ターミナル・ケア**が論じられてきた。

　生活の様々な部分が外部化し、人は多く、病院で生まれ、病院で死んで行く。死については、高齢化が進み、「多くの人が長期にわたる機能の喪失や様々な苦痛を伴う慢性疾患を患い、最終的には病院で亡くなる」（疾病構造の変化　▶1　）ようになり、「看取りの問題が医療化」されていった。しかし、終末期患者に対して貧困なケアしか提供されていないという状況があり、これを背景にホスピス運動が起こる。終末期患者の「痛みの治療のために近代医学を積極的に導入し」、「終末期患者とその家族に対して、多職種チームによる全人的なケア（total care）を提供し」、「患者が『生きたい』と思えるような環境づくりを目指して」、**ホスピスケア**が始まった。

　末期がん患者の痛みは、**身体的苦痛**だけでない。身体的苦痛が**疼痛ケア**によりコントロールできた場合でも、身体面以外の心理面や社会面での痛みは残り、複合的な因子が作用し、複雑な要因が相互に影響する**全人的苦痛**となる。「人間のあらゆる局面」と関わる全人的苦痛に対しては、全人的ケアが求められ、ターミナル・ケアは、「様々な分野の専門家やボランティア」がチームを組んで取り組む**広義のチーム医療**となる。また、患者だけでなく、家族をもケアの対象とする。

　ところで、がんの末期の場合は数日から数ヶ月という死期の予測ができるが、慢性疾患の場合や脳血管疾患の後遺症や老衰などの場

合は数ヶ月から数年かけて死を迎える。超高齢社会となり、慢性疾患患者が増大する状況で、末期がん患者をターゲットとした従来の緩和ケア、ターミナル・ケアに代わる医療制度や地域ケアが必要となり、**エンド・オブ・ライフケア**の考え方が着目されていく。慢性臓器不全、神経変性疾患、脳血管疾患等による寝たきり状態にある患者への医療とケアなども含め、病院・医療施設だけでなく、自宅や高齢者施設・福祉施設でのケアなど地域包括ケアの構築が求められる。厚生労働省は2015年3月に「終末期医療」の名称を「人生の最終段階における医療」に変更している。

生を享け、成長し、時に病気にかかり、障がいを負い、老い衰えていく人の人生に、医療はさまざまに関わり、その時々、患者の人生観や価値観を尊重し、患者にとっての最善となる意思決定をサポートする ▶1 。人生の最終段階における医療やケアにおいても、**医師は患者の人生観や価値観、どのような生き方を望むか、そしてどのように最期を迎えたいのか、患者の意思が充分に尊重されるように最善を尽くす**必要がある。そのためには、医師だけでなく、患者を可能な限りあらゆる面からサポートできるように、他の医療者や介護関係者などからなる医療・ケアチームと、また患者本人だけでなくその家族、患者にとっては家族同然である患者の親しい者たちを含めて、**事前に繰り返し話し合い、人生の最終段階における医療やケアの方針を立てていく（アドバンス・ケア・プランニング＝ACP）**必要がある。

ところで、人生の最終段階における医療やケアを充実させていくためには、当然、患者本人が自分の置かれている状況を誰よりも把握し、理解している必要がある。つまり、自分の「死にゆく過程」を患者本人が認識していることが前提となる。**課題文b**にあるように、「患者自身が自らの病名や病状について何も知らない」というプレオープン認識下では、患者に真実が秘匿されたまま、家族や医療スタッフが患者のために力を尽くすというのが慣行であった。むしろ、医療者や家族が「いかに本人に情報を伝えないようにするか」に苦労し、悩むという状況だった。

がん**告知**の一般化により、状況は劇的に変化した。「オープン認

4

エンド・オブ・ライフケア

識」は「患者と周囲の人々が共に死が近いという事実を知り、それを前提に行動する際の認識」を指し、次第にオープン認識が一般化し、患者自身が死にゆく過程において重要な役割を果たすようになる。患者に病名や病状に関する「悪い情報が伝わらないように振る舞う」ことにも困難さはあるが、「患者が自らの死を認識し、そのうえでどう生きるか、という問いが成立した」現在においては、医療者が直面する困難さも質的に変化する。**人生の最終段階における医療とケアは、死にゆく人自身が主体であり、その経験に、医師や医療従事者、介護関係者、そして家族などがどのように関わり行くか、どのような役割を果たしていくかが問題となる。**「国内においては、ポストオープン認識下での死にゆく過程をめぐる研究はほとんど蓄積されて」おらず、そもそも、「死にゆく過程を生きる」当事者の経験に関する研究も少ない。しかし、2000年代以降、「ポストオープン認識」下の相互行為が広がり、「『自らの死を意識して生きること』への接近が可能」になって行く。死をタブー視せず、死を生の一部として、自分のエンド・オブ・ライフについて考え、語り合う土壌を築くことが、人生の最終段階における医療・ケアには欠かせない。

🔑 キーワード

🔑 ホスピス［hospice］

患者の苦の除去・緩和につとめ、患者のQOL ▶3 を高め、全人的な緩和ケアを専門とする医療施設または病棟、または末期がんや治癒不可能な病気の患者とその家族などに対してなされる特別なケアを行うこと。ホスピスに特化した医療施設・病棟に限らず、一般病棟での緩和支援ケアチームによる緩和ケア、ホスピス・緩和ケア専門外来、訪問診療・訪問看護・訪問介護などによるケアも含む。

🔑 緩和ケア（緩和医療）

WHOは「緩和ケアとは、生命を脅かす疾患による問題に直面している患者とその家族に対して、痛みやその他の身体的問題、心理社会的問題、スピリチュアルな問題を早期に発見し、的確なアセスメントと対処（治療・処置）を行うことによって、苦しみを予防し、和らげることで、クオリティ・オブ・ライフを改善するアプローチである」と定義している。

🔑 身体的苦痛のコントロール

身体的苦痛の多くは鎮痛療法により除去もしくは緩和できるが、除去できない痛みもある。また、痛み自体は軽減されても、全身倦怠感や腹部の膨満感や吐き気、呼吸のしづらさなどが残ることもあり、それぞれの症状に対する対症療法がなされるが、それでもとりきれない場合もある。

🔑 疼痛ケア

がんの疼痛ケアの目標はまず、痛みに妨げられることなく夜間の睡眠がとれること、次に、日中の安静時に痛みのない状態で過ごせること、さらに、痛みを感じることなく体を動かせることであり、患者のQOLの向上を目指して行われる。疼痛ケアのためのペイン・クリニック（疼痛の緩和治療）には薬物療法（モルヒネなどの鎮痛薬の使用など）と非薬物療法（神経ブロックなど）があり、「WHO方式がん疼痛治療法」は鎮痛薬の使用法に関連する原則や段階的使用法などを示している。

🔑 全人的苦痛（トータル・ペイン）［total pain］

身体的苦痛、精神的な（心理的）苦痛、社会的苦痛に加えて、自分の人間的な存在意義や価値について疑いを抱く霊的苦痛（スピリチュアル・ペイン）が複合的に作用して、患者には一つの痛みとして感じられる（課題文aの図参照）。全人的苦痛に対しては全人的ケアが必要となる。

4

エンド・オブ・ライフケア

🔑 広義のチーム医療

　患者の全人的苦痛には全人的ケアが必要であり、医師や看護師、作業療法士、歯科医師・歯科衛生士、臨床心理士、薬剤師、管理栄養士、ソーシャルワーカー、宗教家、各種のボランティア、また、家族・友人・同僚を含めて、多方面から多職種が連携する。チームの構成員はそれぞれの役割を果たし、また、他の構成員の役割を尊重し、意見交換をして、患者を支えていく。

🔑 エンド・オブ・ライフケア［end-of-life care］

　人生の最終段階における医療・ケアは、緩和ケアや終末期ケアに限定されない。時に病気になり、障害を負い、また、老いを迎える「人生」の一部として死をとらえ、人生の最終段階にある人がその人にとって最適な支援を受け、最期までその人らしく生きることができることを目指す。年齢や健康状態や診断名は問わず、その人の人生観や価値観を尊重し、繰り返し対話をし、その時々に変化する気持ちに寄り添い、その人の意思を尊重し、誰もが安らかに人生の終焉を迎えることができるようにサポートしていく。

🔑 アドバンス・ケア・プランニング［ACP＝Advance Care Planning］

　将来の変化に備え、将来の医療及びケアについて、予め、患者本人を主体に、家族や家族同然の親しい人、医療・ケアチームが、繰り返し話し合いを行い、本人による意思決定を支援するプロセス。患者の同意を得て、患者本人の意向・嗜好を確認し、話し合いの結果を記録し、医療に反映していく。同時に、患者が意思決定をすることが不可能になった場合にも、患者の意思を尊重したケアを行うことに役立つ。

🔑 死の受容

　末期がんの患者の「死にゆく過程」の心理について、精神科医キューブラー・ロスの研究がある。キューブラー・ロスは末期がんの患者へのインタビューを通じて、患者が「否認と孤立（denial & isolation）」「怒り（anger）」「取引（bargaining）」「抑うつ（depression）」「受容（acceptance）」の5段階を経て、死を受容していくとした。

🔑 告知

　病名・病状に関する情報の提供は、インフォームド・コンセントの取得の前提となる情報の提供であり、患者の自己決定権・知る権利を尊重する医療を行う場合、患者本人に正しい病名・病状について知らせることが原則である。告知に際しては、病気の進行状態や患者の体調、精神状態など

を十分に考慮して、告知の時期を選ぶ。末期がんや不治の病の場合、告知は
その人がその人らしく生きるための選択に必要とされ、告知後の十分なサ
ポートを前提に、患者との信頼関係に基づいてなされる必要がある。真実を
告げることが患者に著しい悪影響を及ぼすことが懸念される場合には、告知
を控える（時期を先延ばしする）こともあるが、慎重に検討されるべきである。

4

エンド・オブ・ライフケア

5－a　安楽死

1995年3月、横浜地裁は、Aさんに塩化カリウムなどを注射して死亡させたとして殺人罪に問われた（東海大病院事件）X医師に対し、懲役2年（執行猶予2年）の有罪判決を出しました。この結論を出すにあたって、横浜地裁は、罪に問われた塩化カリウムなどの注射、つまり、積極的安楽死行為に対する判断だけでなく、その前に行った治療の中止行為などが許容される一般的要件についても裁判所の考えを示しました。そして、この治療中止行為の許容要件にも言及した点が、後の川崎協同病院事件の裁判にも大きな影響を与えることになりました。ですので、ここでは、積極的安楽死行為の前に行われた治療中止に関する裁判所の判断についても見ていきたいと思います。

それでは、X医師の行為を時間軸に沿ってまとめた**図1**を見てみましょう。X医師の行為は、①生命維持治療の中止（消極的安楽死）、②死期を早める可能性があるものの、いびきや深い呼吸を除去・緩和するための行為（間接的安楽死と言われるような行為）、③積極的安楽死——に分けられます。横浜地裁は、X医師が行ったいずれの行為も法的に認められるとは考えず、その根拠として、一般的にどのような点をクリアすれば法的に認められるかという基準を明らかにしました。終末期医療で特に議論となる、①の治療中止と③の積極的安楽死が許容される要件とは何か、詳しく確認しましょう。

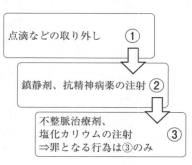

図1　X医師が行った行為

　最初に、この事件で罪を問われた積極的安楽死について、横浜地裁が示した許容要件を見てみましょう（**図2**）。

　要件1～3の患者の状態については、1．耐え難い肉体的苦痛に苦しんでいること、2．死が避けられず死期が迫っていること、3．肉体的苦痛を取り除く、あるいは、緩和するさまざまな医療手段を講じて手をつくしても、耐え難い苦痛を取り除けず、他に手段がないこと——が要件として示されました。また、4の患者の意思表示については、生命の短縮に直結する選択であるため、積極的安楽死を行うその時点で患者の明らかな意思表示があることが求められました。

　名古屋高裁が示した要件について、横浜地裁が変更を求めたのは次の4点です。

　まず、(5)医師の手によることを原則とする要件は、苦痛除去・緩和のための医療上の代替手段が他にない、という要件に変更すべきである、としています。

　そのうえで、終末期医療において、このケースのように、医師による積極的安楽死が許容される要件について考える場合、(3)苦痛緩和の目的で行われることと(6)倫理的に妥当であることは、「もっぱら苦痛除去の目的で、外形的にも治療行為の形態で行われ、方法も、

5
安楽死と尊厳死

積極的安楽死の許容要件

要件1　患者の状態-1
・耐え難い激しい肉体的苦痛が存在する

要件2　患者の状態-2
・死が避けられず、かつ、死期が迫っている

要件3　患者の状態-3
・肉体的苦痛の除去・緩和方法を尽くし代替手段がない

要件4　患者の意思表示
・生命の短縮を承諾する明示の意思表示がある

図2　横浜地裁が示した積極的安楽死の許容要件

例えばより苦痛の少ないといった、目的に相応しい方法が選択されるのが当然であろう」として、要件として要求する必要はないとしています。

　また、患者の意思表示については、生命の短縮に直結する選択であるため、行為を行う時点での患者の明示的な意思表示が必要であり、家族の意思表示から推定される患者の推定的意思などは認められないとしました。これは、名古屋高裁判決の要件(4)の「病者の意識がなお明瞭であって意思を表明できる場合には、本人の真摯な嘱託又は承諾のあること」をさらに限定した形になっています。

　横浜地裁は、これらの要件に基づき、この東海大病院事件に対して具体的にどのような評価をしたのでしょうか。図3を見てください。

　横浜地裁は、要件2の患者の余命が数日で死が迫っており、回復はもはや不可能であったことは認めました。しかし、医師が塩化カリウムなどを注射した時点では、医師が取り除こう、あるいは、緩和しようとしたいびきや荒い呼吸は耐え難い肉体的苦痛であるとは言えないこと、そもそも患者は意識を失っていて痛みへの反応もなく、肉体的苦痛を覚える状態ではなかったことから、要件1に挙げられた肉体的苦痛は存在しなかったと判断しました。また、要件3

積極的安楽死の許容要件		
要件1 患者の状態-1		×
・耐え難い激しい肉体的苦痛が存在する		
要件2 患者の状態-2		○
・死が避けられず、かつ、死期が迫っている		
要件3 患者の状態-3		×
・肉体的苦痛の除去・緩和方法を尽くし代替手段がない		
要件4 患者の意思表示		×
・生命の短縮を承諾する明示の意思表示がある		

図3　積極的安楽死の許容要件に基づく横浜地裁の評価

についても、そもそも肉体的苦痛が存在しないので、それを取り除くための手段が尽くされたとか、代替手段がないということも言えないとしました。さらに、患者本人の明らかな意思表示が欠けていたことも指摘されました。その結果、要件2を除く他の要件を満たしておらず、医師が行った積極的安楽死行為は法的に認められないと結論付けました。

次に、積極的安楽死行為の前に行われた治療中止について、その許容要件を見てみましょう（図4）。

生命維持治療の中止が法的に許容される要件は、患者の状態と意思表示に関するものです。要件1の患者の状態については、今日の医学では治らない病気を患い、回復の見込みがなく死を避けられない末期状態であることが求められています。患者がこのような状態にあるかどうかの判断は、医学的にも判断が難しいと考えられるので、複数の医師による「反復した」診断によることが望ましいとしました。

次に、要件2の患者の意思表示については、治療中止が具体的に検討される時点で、患者自身の明確な意思表示が存在することが望

治療中止の許容要件

要件1	患者の状態

・回復の見込みがなく死が避けられない末期状態

要件2	患者の意思表示

・治療中止時点で、中止を求める意思表示が存在
・家族の意思表示から患者の意思を推定することも可能

要件3	中止の対象となる措置

・薬物投与、科学療法、人工透析、人工呼吸器、輸血、栄養・水分補給などすべてが対象
・死期の切迫性、死期への影響の程度、医学的無益性などを検討して、自然な死を迎えさせるという目的に沿って決定されるべき

図4　横浜地裁が示した生命維持治療中止の許容要件

ましいとしました。ただ、積極的安楽死の要件とは異なり、家族の意思表示から患者の意思を推定することが許されると判断しました。これは、実際の医療現場では、死が避けられず死期が迫っている患者には、すでに意識が無かったりはっきりしなかったりする場合が多く、その場合に家族から治療中止を求められたり、家族に意向を確認したりすることがあるためです。

　要件3の中止の対象となる措置については、薬物の投与や化学療法、人工透析、人工呼吸器の装着、輸血などに加え、栄養分や水分を補給するために、お腹に穴を開けて管を通したり、鼻から胃に管を通したり、心臓近くにある中心静脈にカテーテルを入れたり、手足の静脈から点滴を使って入れたりする処置も含まれます。

　横浜地裁は、これらの要件に基づき、具体的に次のように評価しました（図5）。

　要件1の死期の切迫性や回復不可能性について、横浜地裁は、上級医によって余命数日であると診断されていて、事件当日も被告人のX医師とは別の主治医によって余命一日か二日と診断されていたこと、鑑定人が同様の鑑定を行ったことなどから、認定してよいと判断しました。

　一方、要件2の患者の明確な意思表示については、患者であるAさん本人が正確な病名を知らされておらず、治療中止が問題となった時点はもちろん、そうなる前にも自分が病気で末期状態になったら治療をどうするかについて、明確な意思表示をしていなかったと判断しました。そして、X医師が家族から何度も受けていた治療中

治療中止の許容要件	
要件1　患者の状態	○
・回復の見込みがなく死が避けられない末期状態	
要件2　患者の意思表示	×
・治療中止時点で、中止を求める意思表示が存在	
・家族の意思表示から患者の意思を推定することも可能	

図5　治療中止の許容要件に基づく横浜地裁の評価

止の要請については、家族の意思表示をよく検討すると、家族自身もＡさんの病状、苦痛の性質や内容について十分に認識していたかどうか疑わしいとしました。そこで、家族の意思表示はＡさんの状態を正確に認識したうえで行われたものではなく、この意思表示によって患者の意思を推定できるとは言えないと判断したのです。その結果、横浜地裁は、Ｘ医師の行為は治療中止の許容要件を満たしていないため法的に許されるものではなかったと結論づけました。

　このように論じたうえで、**図1**で示した被告人の医師の一連の行為を含めて全体的に評価しても、罪に問われた積極的安楽死行為の違法性が少ないとか違法性がないということは言えないと判断しました。

田中美穂・児玉聡『終の選択──終末期医療を考える』
勁草書房　2017年より（省略した箇所がある）

(注)　名古屋高裁が示した要件―1962年に名古屋高等裁判所が示した安楽死の許容される6要件。
　(1)　病者が現代医学の知識と技術からみて不治の病に冒され、しかもその死が目前に迫っていること
　(2)　病者の苦痛が甚しく、何人も真にこれを見るに忍びない程度のものなること
　(3)　もっぱら病者の死苦の緩和の目的でなされたこと
　(4)　病者の意識がなお明瞭であって意思を表明できる場合には、本人の真摯な嘱託又は承諾のあること
　(5)　医師の手によることを本則とし、これにより得ない場合には医師によりえないと首肯するに足る特別な事情があること
　(6)　その方法が倫理的にも妥当なものとして認容しうるものなること

5－b　尊厳死

　事前指示とは、本人が意思決定能力を失った場合の治療に関する希望を表明する口頭または書面による意思表示である。代理人指示と内容的指示の二つがある。代理人指示とは、事前指示を行う者が意思を表示できなくなった場合に、医療に関する決定を行う代理人をあらかじめ指名しておくものである。内容的指示とは、意思表示をできなくなった場合の治療について、本人の望み、例えば、「心肺蘇生を望まない」などを記録したものである。（「事前指示と事前ケア計画」）。文書でまとめられたものを事前指示書と言う。リビングウィルはこの一つである。カレン裁判と同じ1976年に制定されたカリフォルニア州の「自然死法」は、この運用を法制化したものである。

　生命維持治療の中止に関する問題を考えるとき、事前指示書とその法制化が一つの焦点となる。日本でも、いわゆる尊厳死法、「終末期の医療における患者の意思の尊重に関する法律案（仮称）第二案」がすでに用意され、国会への上程を待っている。この法案は、事前指示書などで示された延命措置の中止を希望する患者の意思を尊重し、この法に基づいて医師が延命措置を中止しても、その法的責任を問われないとする。

　次に、事前指示とその法制化について考えてみる。

　事前指示は自己決定を実現する道具とみなされている。しかし、そこには多くの難問がある。内容を順次みていこう。
　(1)　執筆は自己決定できるが、実行は自己決定できない。
　患者が自らの希望を事前指示書に認めたとしても、「そのとき」（重篤で意識障害やコミュニケーション不全となったときなど）事前指示書をどう扱うかについて、患者はもはや自己決定できない。「事前指示書をそのまま実行すれば患者の自律を尊重できる」という単純なものではない。「このような状態になったら、治療を中止してほしい」という文言について、現在の患者の状態がはたして「このような状態」に該当するのか、解釈が必要となる。その解釈は必

ず家族や後見人や医療職などの他者によって代行せざるをえない。自己決定実現の道具とされる事前指示書には、他者による代行解釈が不可欠である。

(2) 事前指示書によって、過去の決定が将来の扱いを拘束する。

事前に指示内容を作成する時点と、その指示内容を実行すべきかを検討する時点との間には、時間がある。一般に人の心は変わりやすい。とりわけ生死に関わる決断では、動揺は避けがたい。医療技術も日進月歩であり、事前指示書作成時にはなかった新しい対処法が医療現場に現れてくることもよくある。過去に書いた事前指示書によって将来の自分が拘束されるおそれがある。

(3) 指示内容が曖昧であると、実行できない。

「もしも私がスパゲティ状態になったならば、徒に命を長引かせる延命治療をしないでほしい」といった記述があった場合には、事前指示書を託された者は悩むだろう。本人はどのような状態を「スパゲティ状態」(病気の治療や救命処置のために、患者のからだにチューブ類を多数つないだ状態。最近はこういう表現はあまりみない)と考えたのか、「徒に命を長引かせる延命治療」とは具体的にどんな治療を指しているのかなどについて、本人の真意を探らなければならない。

このように指示内容が曖昧だと、事前指示書の実効性がなくなる。一般に、主治医や、医療の専門家などと相談しながら事前指示書を書けば、そうした曖昧さが減ると推奨されている。

(4) いざというときそこにない。

事前指示書を本人がいつも携帯しているとは限らない。どこかに仕舞い込んでいて、急変時に有効に利用されない場合が多い。例えば、救急車で本人は救急センターに搬送されたが、事前指示書が一緒に運ばれなかったため、事前の指示が活かされなかったなどである。家族や担当医師などと文書内容を共有したり、自宅の目につくところに事前指示書の写しを貼っておくなど、さまざまな工夫もあるだろう。

(5) 法的に制度化されることによって生じる社会的プレッシャー。

法制化されると、事前指示書の作成を事実上強いられ、意に反して人生を閉じなければならなくなる危機感が、すでに難病者や障害者の団体などから表明されている。

　(6)　本人が認知症になった場合、症状が進行する前の意思が尊重されるのか、それとも現在の意思が尊重されるのか。

　これはより根本的な問題の提起である。事前指示書は、病気の発症前や悪化前に、重篤になったときのために、自分の希望を書いておくものである。執筆時の意思が「いざ、そのとき」(事前指示の発動が求められるとき)になっても変わらないという前提である。もちろん、本人の意思が変化しうることは前提にしている。事前指示書の書き換え・更新はいつでも可能である。書き換えられた最後の内容が最終的な指示内容となる。

　事前指示やリビングウィルの論理は、判断能力のある人格の自由と自律を、判断能力のない状況に拡張するという前提で、将来、重篤な病気になって意思表示できなくなったときの自分の扱いを指示しておくものである。この指示内容には、「あんな状態になったら、生きていたくない」という、元気なとき、あるいは、まだ重症化していないときの自分の価値観が反映される。同時にそこには、代行解釈を委ねられた家族や医療者の、「こんな状態で生きていても意味がない」という評価、生命の質についての評価も入り込みやすい。

松田純『安楽死・尊厳死の現在』中央公論社　2018年より
(省略した箇所がある)

(注)　カレン裁判—1975年アメリカで、当時21歳のカレン・クインランが意識不明となり、人工呼吸器を装着された。両親はカレンの人工呼吸器を外すことを認めるよう裁判を起こし、1976年州の最高裁がこれを認める判決を下した。しかし、カレンは人工呼吸器を段階的に外していく過程で自発呼吸を始め、1985年まで生き、亡くなった。

論点整理

　安楽死・尊厳死はともに、その概念や解釈が多義的で、そこで用いられる安楽死・尊厳死という言葉がどういう内容を意味しているのかを確認する必要がある。また、倫理は普遍的な倫理もあるが、社会や文化により異なる場合もある。死と生については人間観や死生観、宗教などと関わり、たとえば、ヨーロッパ諸国の内でも、国によって対応が異なっている。この点にも注意が必要だ。

　安楽死の歴史は古く、慈悲殺や自殺教唆・自殺幇助なども含まれている。ここでは、医師による安楽死に限り、日本社会で倫理的な問題が生じうるものに限って説明する。安楽死とは、**耐えがたい苦痛**を抱えている患者に対して、苦痛を除去することができない場合に、患者の意思を尊重して、患者の生命を終わらせる意図で、患者に死をもたらす行為をとる（**積極的安楽死**）、もしくは、延命治療を行わない、もしくは、中止する（消極的安楽死）ことである。

　日本では、**積極的安楽死**が問題となる事例は刑法上の殺人罪・嘱託殺人罪・自殺幇助罪のいずれかに該当する可能性が高く、また、倫理的にも認められない。厚生労働省の「人生の最終段階における医療・ケアの決定プロセスに関するガイドライン」にも「**生命を短縮させる意図をもつ積極的安楽死は、本ガイドラインでは対象としない**」としている。**横浜地裁の積極的安楽死の四要件**（課題文ａの図２）を満たし（実際には、満たしたケースはこれまでない）、違法性が阻却される場合でも、積極的安楽死は、患者の生命を終わらせる目的で、患者に死しかもたらさない行為であり、倫理的に許容されるものではない。その上で、以下を確認しておきたい。

　まず、積極的安楽死にしろ消極的安楽死にしろ、患者の明示的な意思表示が必須だということだ。積極的安楽死が問題となるケースでは、図３にもあるように耐えがたい肉体的苦痛の存在や苦痛の除去・緩和方法を尽くしても、代替手段（疾患の完治による苦痛の除去が不可能で、ペイン・クリニックに頼るもの）がないという要件を満たしていない場合も多いが、何より、**患者の明示的な意思表示**を欠いているケースが多い。生命の尊厳の尊重は何よりも重視される

べきもので、また、医療は患者の意思を尊重し、患者の自己決定権に基づいてなされるものである以上、患者の意思表示を欠く場合に、その医療行為が正当とみなされる余地はない。▶3

　次に、苦痛の除去・緩和についてである。医療目的の一つである「苦の除去・緩和」は患者の生を前提とし、そのQOLを高める行為であり、意図的に生を終わらせる措置は苦の除去・緩和にも当たらない。したがって、医療目的の観点からも、積極的安楽死は正当な医療行為とは言えない。

　最後に確認しておきたいのは、消極的安楽死は、「エンド・オブ・ライフケア▶4」における延命治療の差し控え・中止とは、厳密には区別されるということである。消極的安楽死は《延命治療の差し控え・中止→患者の死の認容》である。しかし、エンド・オブ・ライフケアにおける延命治療の差し控え・中止は、《生命の尊厳を尊重しつつも、患者の意思を尊重し、患者にとって最善のケアを続け、患者のQOLを高める医療のなかでの選択の一つ》としてなされる。それは、延命至上主義▶3に対して、患者の意思を尊重し、患者が望まない延命治療を強制しないで、患者が自然に、尊厳をもって死を迎えることができるようにサポートしていく側面もあり、苦痛の有無・程度とは関係がなく、むしろ、尊厳死と重なり合う。

　尊厳死の概念についても様々な解釈があるが、尊厳死が尊厳のある死を意味するのであれば、それを望む患者の意思は常に尊重されるべきである。尊厳死は一般には、患者が生命維持措置や延命治療の差し控えや中止を望み、そうした治療をしないで自然な経過に任せた後に、尊厳をもって死を迎えることであり、この場合、尊厳死は自然死だとも言える。その際、その患者にとって生命維持措置や延命治療が不要で、過剰だと感じられているのであれば、尊厳死は、患者が《患者にとっては不要で過剰な延命治療》を望まない場合に、その患者の意思を尊重する医療であり、患者にとって《自分らしい、人間らしい尊厳ある死》を実現するものである。

　ところで、延命治療の差し控えや中止は患者の明示的な意思表示に基づいてなされるが、末期の状態では患者が意思決定能力を失っ

ていたり、意思決定はできてもそれを伝えることができなかったりする場合が多い。その場合には、それまでになされた患者の意思を尊重して対応することが望ましい。そのためにも、**医師が患者と事前に繰り返し話し合い、人生の最終段階における医療やケアの方針を立てていく（アドバンス・ケア・プランニング＝ACP）**必要がある▶4。しかし、事故などで突然意識不明の状態になり、そのまま意思表示ができない事態を迎えることもある。そうした状況にそなえて、意思決定能力のある時点で予め意思表示をしておくことができる。これが**事前指示（アドバンス・ディレクティブ）**であり、それを書面にまとめたものが**事前指示書**である。課題文 b では「意思決定能力を失った場合の治療に関する希望を表明する口頭または書面による意思表示」と説明されている。リビング・ウィルはその一つである。

　事前指示は判断能力のある時点での意思表示であり、医療行為の実施時点での意思表示ではない。課題文 b でも説明されているように、「元気なとき、あるいは、まだ重症化していないときの自分」や「代行解釈を委ねられた家族や医療者」の生命の質に関する評価は、実際に重篤化しているときの患者の評価と一致するとは限らない。また、事前指示書作成時には可能でなかった治療が可能になっているという医療状況の変化もありうる。事前指示書、尊厳死、延命治療の差し控えや中止については法制化を望む声もあるが、法制化された場合には、難病の患者や高齢者、障害者などの「意に反して」、治療を打ち切ったり、望む治療を断念したりするように強いられる危険もあり、慎重な議論が必要である。

5

安楽死と尊厳死

🔑 積極的安楽死

　耐えがたい苦痛からの解放を目指して、患者の命を終わらせる意図で、患者に死しかもたらさない行為（致死性の薬物を投与するなど）をすること。判断能力のある成人が自らの意思で死を望んでいる場合が自発的安楽死（Voluntary Euthanasia）であり、自殺幇助として合法化している国もある。

🔑 消極的安楽死

　生命を維持し延長する治療をしないで死を迎えること。厳密には、医師が、自身が行為しない（延命治療を差し控えたり中止したりする）ことが患者に死をもたらすことを認容している（認識し、容認している）場合を言い、治療の差し控えや中止を望む患者の明示的な意思表示があれば、患者の自己決定権を尊重する医療として、違法性が阻却される余地がある。

🔑 間接的安楽死

　苦痛の除去・緩和を優先する結果、生命の短縮がもたらされること。鎮痛薬を用いた苦痛の除去・緩和に伴う付随的な結果として死期が早まる。極端な生命の短縮を伴う場合には問題があるが、医療目的である「苦の緩和・除去」に該当し、複数存在する治療法から患者の意思を尊重して、特定の医療を選ぶという点では正当な医療である。

🔑 積極的安楽死の四要件

　積極的安楽死は患者の明示的な意思表示がない場合は殺人罪、ある場合は嘱託殺人罪もしくは自殺幇助罪の構成要件に該当する可能性があるが、一定の要件を満たせばその違法性が阻却される。「東海大学病院殺人（安楽死）事件」では、横浜地裁で積極的安楽死の違法性が阻却される場合の四要件が示された。ただし東海大学病院（安楽死）事件でも、それ以降も国内で、この四要件が認められた事例はない。

🔑 耐えがたい苦痛の存在

　積極的安楽死の四要件の一つ。犯罪を構成する行為の違法性を阻却する要件の一つとして、患者の耐えがたい苦痛の存在がある。この苦痛については、「東海大学病院殺人（安楽死）事件」の横浜地裁判決では、「肉体的苦痛」に限定されたが、「肉体的（身体的）苦痛」のみに限定されるのか、精神的苦痛をも含むのかについて議論がある。また、そもそも、「耐えがたい」かどうかは患者本人しかわからず、その存否の判断は難しい。

🔑 患者の意思表示（積極的安楽死の場合）

積極的安楽死の四要件の一つ。犯罪を構成する行為の違法性を阻却する要件の一つとして、患者の意思表示がある。これは、行為を行う時点で、患者の明示的な意思表示があることが要件とされる。したがって、行為を行う時点で、十分な判断力をそなえた患者が、生命の短縮を望む意思を、直接、医師に対して明示し、それがなんらかの形で立証される必要がある。また、患者の明示的な意思表示がある以上、積極的安楽死は必然的に嘱託殺人罪もしくは自殺幇助罪を構成する。

🔑 患者の意思表示（療治中止における場合）

治療中止の許容要件の一つ。原則として、その時点での患者の明示的な意思表示が必要であるが、事前指示書により患者の意思が推定できる場合、また、アドバンス・ケア・プランニング（ACP＝Advance Care Planning）にそって、医師と患者、患者の家族と十分なコミュニケーションがとられ、その時点の患者の意思が推定できる場合は、その意思が尊重されうる。

🔑 尊厳死

定義が一義的に確定されているわけではないが、耐えがたい苦痛の存在、死期の切迫性や不可避性などを要件としない点で安楽死と異なる。延命治療の進歩・普及に伴い、意識や判断能力が失われた状況で延命治療を開始・継続するか、開始せず、もしくは中断するかという選択が可能になったことを背景に意識化されたが、疾病や病状にかかわらず、「その人らしい尊厳ある死」を意味する場合もある。

🔑 アドバンス・ディレクティブ［advance directive］

事前指示。代理人指示（proxy directive）と内容的指示（substantive directive）がある。判断能力のある成人が、将来、判断能力を失った時に行われる医療行為に対する意思を予め表示しておくこと。その書面が事前指示書である。

🔑 リビング・ウィル［living will］

アドバンス・ディレクティブの内容的指示の一つ。1976年のアメリカ・カリフォルニア州の自然死法（Natural Death Act）で明文化された。人工呼吸器の装着を希望するか拒否するか、などの意向を記す。

5

安楽死と尊厳死

先端医療は夢の医療か？

6－a　先端医療概論

　日本の状況を改め、筋の通った研究と臨床の倫理を確立するためには、いったん原点に立ち戻って、考えるべきことの枠組みをおさえる必要がある。

　すべての医療技術は、まず研究実験段階のものとして臨床の現場に現れる。数多く試されて、いい実績を重ねることができたものだけが、医療のなかに組み込まれ定着していく。先端医療といわれるもののほとんどは、実験段階の医療技術である。

　通常の医療にまだなっていない実験段階の医療技術に対して、通常医療で用いられる技術よりも厳しい管理が必要であることはいうまでもないだろう。人を実験対象にすることが許される条件として確立されてきたルールが、いまいう生命倫理の出発点なのである。その筆頭例がインフォームド・コンセント（説明のうえでの同意）の原則である。医療行為を行う前には必ず、必要な情報をすべてわかりやすく説明し理解を得たうえで、それを受ける本人から自由意思に基づく同意を得なければいけない。これはようやく日本の医療現場でも認められてきた倫理原則だが、元来は、人を実験研究の対象にすることが許されるための必須の条件の一つとして求められたルールだった。

　人を対象にした実験研究すべてについて、認められる条件や手続きを定めた公的ルールとして、たとえば、フランスには被験者保護法、アメリカには国家研究法に基づく行政令があり、倫理委員会による研究計画の審査手続きと、本人同意などの倫理原則を定めている。

　だが、日本では、そうした被験者保護のための法令がない。企業などによる市場承認を目指した新薬開発研究を管理する薬事法があるだけである。商品として売る予定のない先端医療の実験研究は、

薬事法の対象にならない。そのために日本では、研究実験段階の医療技術が、いきなり「治療」として現場で実施されてしまう。その最たる例が生殖技術だ。体外受精や顕微授精は、当初は実験段階の技術だったにもかかわらず、不妊「治療」の名の下に、事前審査もされず特別に管理もされずに広く普及していった。それ自体が倫理的に問題である。

　日本では、通常の医療と実験段階の医療を厳密に区別して管理する考え方と仕組みが確立されていない。本当なら、「通常医療」の対になる言葉は「実験的医療」であるべきなのに、日本では、その代わりに「先端医療」という言葉が頻繁に使われる。だが西洋の言葉では、これに相当する慣用語は見あたらない。「先端医療」とは、実は、医療と実験研究を厳しく区別しない日本の医学界の情況を反映した、日本独特の言葉づかいなのではないだろうか。

　人を生命科学・医学の実験対象にすることが許されるためには、いくつかの必要条件がある。第一に、試験管内の実験や動物実験で十分に有効性と安全性が確かめられていること。第二に、予想される利益がリスクを上回ること。第三に、倫理審査委員会制度をはじめとする被験者保護の仕組みが整備されていることである。

　そのうえで被験者保護のために求められる倫理原則の第一として、適正なインフォームド・コンセントの取得が行われなければならない。その際重要なのは、いかにきちんと偏りなく説明するかである。重点は「インフォームド」のほうに置かれなければいけない。医療現場で行われる場合はとくに、対象となる患者・家族に実験段階の技術であることを十分説明して理解を得たうえで、はじめてそれを試すことへの同意を求めることができる。同意書などの正式な言葉づかいとしては、「治療を受けることに同意する」ではなく、「臨床研究に参加することに同意する」とするべきである。実験段階の医療だということをはっきりさせておく必要があるからだ。

　第二に、人を対象にした実験研究を進めるには、対象となる人からインフォームド・コンセントを取るだけではいけない。研究実施

者から独立した組織（いわゆる倫理委員会）によって、事前に研究計画が審査され、医学的な必要性・妥当性と倫理的な適切性が認められなければいけない。

　被験者になるのは、健康なボランティアの人のこともあるが、すでに何らかの病気や障害があって医療を受けている患者であることが多い。そういう人たちはその分弱い立場にあるので、保護が必要だ。臨床研究に参加するしないは自由であること、断ってもその後の医療において不利益になるような扱いは受けないこと、ほかにどのような代替療法があるか、それぞれの利点とリスクをわかりやすく説明することなどの保障が不可欠である。同意するかしないかを決める際には、いかなる形でも強制や圧力がかからないようにしなければいけない。研究計画の審査によって、そうした被験者保護が適切に行われるかどうかをチェックするのである。

　このような、同意取得の義務づけや、倫理委員会による審査などは、現在日本で国の研究倫理指針（遺伝子解析研究指針や胚性幹細胞研究指針など）において、その中心をなすものとして規定されている。だが本来は、遺伝子研究や胚研究だけでなく、人を対象にしたすべての実験研究に適用されるべき原則なのである。

　近代社会の歴史は、人権概念の拡張の歴史だとみることができる。18世紀の啓蒙思想が提唱し、アメリカ独立革命とフランス革命が実現に道を開いた19世紀の人権は、人身および思想の自由を核にした政治権と私的所有権から成っていた。20世紀初めにはそうした政治的・経済的存在としての人だけではなく、生存権を核にした社会的存在としての人の保護という人権思想が加わった。そして20世紀後半には、生命科学・医学の発達により、肉体への人為的介入の度合が深まり、人体そのものを保護しないと人権が守れない状況が生じた。医療や研究の対象になる生物学的存在としての人が、さらに保護すべき対象として浮かび上がってきたのである。これが、いわゆる第三世代の人権である。

　このような、政治経済的存在としての人の保護→社会的存在とし

ての人の保護→生物学的存在としての人の保護という人権概念の拡張の歴史の流れのなかに、丸ごと一個の人体としての被験者の保護がある。そしてさらにその先に、現在私たちが直面しているのが、人から切り離され利用が進む人体の一部をどう扱うべきかという問題である。

　1789年のフランス人権宣言は、人権を生得のものとした。人体とは、その人権の担い手である人格が現実の形をとったもの、人格が受肉したものである。人権の源である人の尊厳の尊重は、人格の座である肉体においてこそ示される。ここから、フランスの先端医療規制の根拠となる「人体の人権」という考え方が導かれる。いままで述べてきたことに即していえば、人体も人権の対象になるとすると、人体の一部を用いる生命科学・医学の研究と臨床応用に対して、先に述べたような被験者保護に準じた倫理原則（同意取得や倫理委員会のチェックなど）は、どこまで適用されるべきなのか、ということである。人体の何をどこまで保護し利用を規制しなければいけないかを決めるための、土台となる人権概念が必要なのである。

橳島次郎『先端医療のルール―人体利用はどこまで許されるのか』
講談社　2001年より

　生殖補助医療、特に、卵子提供や代理出産などの第三者が関わる生殖技術、さらには男女産み分けのために受精卵の染色体や遺伝子を検査する技術は、他者の身体の道具化や優生思想などの倫理的な問題を生じる。このため規制がかけられている国もある。

　これまで、ヨーロッパの国々では、生殖技術の利用や商品化に対して、何らかの公的歯止めがかけられてきている。多くの国で、有償での配偶子提供や代理出産は禁止されている。精子提供を規制することは難しいため、ほとんどの国で許容されている。一方、卵子提供については、ドイツ、オーストリア、スイス、イタリアでは全面禁止されている。フランスやデンマーク、ベルギーでは、ドナーは匿名である。他方、スペインでは、ドナーが謝礼金を受け取ることは禁止されていない。代理出産については、代理母が9カ月もの間、身体的・精神的に拘束されることになることから、一般に、より厳しい姿勢が見られる。ドイツやフランス、スペイン、スイスなどで代理出産は全面禁止となっている。他方、英国やギリシア、カナダ、オーストラリアのように、依頼者の親族・友人などが代理母となり、必要経費以外の報酬を受け取らないなどの要件を満たす場合は、利他的代理出産として実施が認められている国もある。英国では、代理母を斡旋する非営利団体が存在している。ギリシアでは、裁判所の許可を得て代理出産が行われる。これに対し、米国では州ごとに規制が異なり、一部の州では生殖ビジネスが発達している。生殖ビジネスの先進国である米国では、依頼者と代理母が契約書を交わし、法律家やカウンセラーなどさまざまな専門家が関与することによって、トラブルのリスクを最小限に抑えられるよう努力がなされている。その半面、費用は高額になることから、米国で代理出産を依頼できるのは、富裕層に限られている。

　ヨーロッパ大陸では、国境を接して規制がまちまちであることから、利用したいサービスがより容易に、より早く受けられる国へと国境線を越えて患者が移動する現象が以前から生じていた。例えば、

イタリアではカトリック教会の影響力が強く、生殖補助医療の実施
方法やサービスの内容などが大きく制約されてきた。イタリアの生
殖補助医療施設では、受精卵を凍結保存することができず、体外受
精の成功率が低いことで知られていた。このために、不妊患者がヨー
ロッパ内の他国へ移動して治療を受けるということが珍しくなかっ
た。それ以外にも、ヨーロッパ諸国では、卵子提供が禁止されてい
る国から実施されている国へ、また、ドナーの匿名性が廃止された
国から、匿名で配偶子提供が行える国へと患者が移動して治療を
行ってきた。これまで患者の移動は、少数の例外的事例として許容
するという考えのもと、国境を接するヨーロッパ内部で互いに便宜
が図られてきた。規制格差の問題は、各国における価値観の多様性
を保持する方便として、平和的に解決されてきたかに見えた。

　ところが、体外受精が経済発展が著しい新興国などへと導入さ
れていくに従い、生殖補助医療をめぐる規制格差を商業的契機と
して利用しようとする国が出現してきた。新興国では、物価や人
件費が先進国に比べて安価であるため、卵子提供や代理出産など、
先進国では提供していないサービスを魅力的な金額で提供するこ
とができる。こうして、国境を越える理由として、規制格差に加
え経済格差が浮かび上がる。インドやタイなど、卵子提供や代理
出産などのサービスを受けることができる国々では、技術力は先
進国並みに高いこと、これに対し、サービス対価は先進国に比べ
てリーズナブルであることが謳われていた。こうした国では、国
内の社会的・経済的格差も大きく、医師など一部のエリート層は
英語を流暢に話し、最先端の医療技術を習得している。その一方で、
貧困層の中から、卵子ドナーや代理母のなり手を探すことは容易
である。このように、倫理的に高度な配慮を必要とする医療サー
ビスの供給に関し、規制格差と経済格差によって、新興国を中心
にニッチ市場が成立しているのである。生殖サービスの大衆化に
より、これまで費用が高く諦めざるをえなかった人々が子どもを
持てる可能性が広がったといえるが、半面、生殖ツーリズムには、
圧倒的な経済格差の問題が絡んでおり、貧しい女性の搾取につな

6

先端医療の現在

がるとの懸念も根強く存在する。

　昨今、生殖ツーリズムを通して新たに妊娠出産の外部化や商品化が進みつつあるように見えるが、これは、女性のセクシュアリティや家庭内労働がすでに市場化・商品化されてきたことを思えば、ある意味では必然的な流れといえるのかもしれない。

　これまで、体外受精発祥の地である英国や、生殖ビジネスがさかんな米国においては、一定数の代理出産が行われてきた。そして、体外受精の浸透とともに、代理出産は新興国へも広がりつつある。新興国では、しばしば、代理母のなり手を確保するため、代理母が金銭的対価を得ることが是認されており、代理母が不足している先進国などから多数の依頼者が訪れていることはすでに見てきたとおりである。しかし、世界では、体外受精を用いた代理出産だけでなく、人工授精（や性行為）を用いた代理出産も相当数が行われている。この場合、代理母と子どもの間に遺伝的なつながりが生じる。そこでは、代理母が自分の子どもを妊娠出産し依頼者に引き渡すことによって生じうる心理的負担は考慮の埒外に置かれているともいえる。このように、「代理母の子どもではない」という代理出産の正当化言説は、実際にはすべての代理出産にあてはまるわけではない。

　卵子が誰のものであるかによって、代理母の感覚に与える影響が異なるのかどうかについては、根拠となる十分なデータがない。しかし、遺伝的つながりのない依頼者の受精卵を用いた場合であっても、「子どもは依頼者のもの」だと教えられ、代理母が胎児と情緒的なつながりを持つことが注意深く避けられていることや、「他人の受精卵でも自分の卵子でも変わらない」と述べた代理母がいることからすると、遺伝的なつながりの有無は、妊娠出産の感覚それ自体にはほとんど影響を与えていないと思われる。遺伝的なつながりに対する感受性には文化差、個人差もあるだろう。体外受精型の代理出産が開発されたことによって、代理出産の依頼者は子どもに対する権利を主張しやすくなった一方で、代理母の心理的負担は以前と変わりがないのかもしれない。

　代理母の負担はそれだけではない。「依頼者のための妊娠出産」によって、代理母の身体につながれた胎児の健康状態は注意深くモニターされ、代理母は24時間の緊張を強いられている。周囲に対し、秘密にしなければならないストレスもある。代理母が依頼者のために支払うさまざまな犠牲に対し、依頼者からケアや感謝を受けることもなければ、代理母を取り巻く環境は非人間的なものとなる。このような環境で行われるとき、代理出産は、代理母にとって心身ともにハードな"労働"となる。たとえ妊娠出産の経験がある女性であっても、つらいと感じても不思議ではない。多額の報酬に惹かれ、金銭目的で代理母を引き受けたはずの女性ですら、他人のための妊娠出産は思いのほかつらい労働となっている。さらに、商業的エージェントが間に入ることで、依頼者と代理母の交流は遮断される。とりわけ生殖ツーリズムの場合、外国人依頼者と代理母が顔を合わせる機会はほとんどなく、十分なコミュニケーションを取ることができない。そこでは、代理母は単なる子宮や孵卵器として扱われてしまう危険性がある。そして、依頼者は、代理出産サービスの対価を支払うだけの存在となる。しかし、代理出産の取り決めにおいて、医師やエージェントは、代理母やその胎内で育まれている新しい生命に最終的な責任を持つことはない。本来、代理出産の依頼者自身が、自分たちのために妊娠出産する代理母や胎児に責任を持つべきであろう。代理母に対し胎児の軽微な障害を理由とした中絶への要請が後を絶たないことや、代理出産子の遺棄事件は、代理出産業界では、しばしば生じているが、これなどは、代理出産という命が関わるプロセスに向き合う依頼者の無責任な態度のひとつの現れである。商業的代理出産では、代理母の身体に関わる重要事項の決定権を握っているのは、妊娠している代理母自身ではなく、依頼者である。このため、代理母の意思に反する介入が行われることがある。こうした形での代理母の身体への介入は、重大な人権問題を孕んでいる。

日比野由利『ルポ 生殖ビジネス―世界で「出産」はどう商品化されているか』
朝日新聞出版　2015年より（省略した箇所がある）

6
先端医療の現在

　まず、「先端医療技術」について確認しておくべきことは、課題文 a に「先端医療といわれるもののほとんどは、実験段階の医療技術」とあるように、**先端医療技術は「研究実験段階」の性格を持っており、未知の安全性や倫理性の問題**が生じるおそれがあるため、「通常医療で用いられる技術よりも厳しい管理が必要である」（課題文 a ）ということである。

　被験者の生命や健康へのリスクが生じるおそれのある医学の実験研究に関しては、被験者の個人情報や検査データの守秘義務はもちろん、被験者保護のための法令の制定も必要になる。**医学の実験研究においては被験者の生命と健康を優先させねばならない**とした世界医師会の「**ヘルシンキ宣言**」 ▶p240 の倫理規定は厳しく順守されねばならない。また、人間の尊厳はその身体を基盤にして成り立つものであるから、人体の全体のみならず人体の一部をも含む「人体の人権」（課題文 a ）という新しい人権概念も考慮すべきである。それゆえ、実験研究においては、**被験者からのインフォームド・コンセントの取得と倫理委員会による審査を徹底する**ことが是非とも必要となる。インフォームド・コンセントは被験者の生命と健康に関する自己決定を支援するものであるが、研究の成果を得ることを急ぐあまり、被験者の「同意」取得のみを目的にすれば、実験段階の研究がもたらす被験者へのリスクの説明と被験者の理解が十分なされないおそれがある。また、事前の研究計画、医学的な必要性・妥当性、倫理的な適切性を審査する倫理委員会の独立性の確保も課題となる。

　臓器移植、再生医療、遺伝子診断、遺伝子治療、ゲノム編集、生殖補助医療などの先端医療技術は、それまでの医療技術とは根本的に異なる特徴を有している。第一に、病気の症状を軽減する対症療法ではなく、病気の根治を可能にしたこと、第二に、高度な生命操作の技術であることである。放置すれば死んでいく病人を手術や投薬などを用いて治療する医療技術は、それ自体生命操作の技術と言えるが、先端医療技術は、たとえば、幹細胞を用いて損傷した組織や臓器

を復元する再生医療、人間の遺伝子を操作する遺伝子治療やゲノム編集など、それまでの医療技術の生命操作のレベルをはるかに超える高度なものである。こうした先端医療技術は、たとえば、血友病の治療などそれまで治せなかった病気の根治を可能にしたことで、患者に多大な恩恵をもたらすようになったが、一方で、**高度な生命操作の技術であるがゆえに、患者の生命や健康に重大な危害を及ぼすリスクが生じるという安全性の問題**や、**倫理基準に照らして利用を容認するのか否かという倫理的問題**などがある。それゆえ、無制限の利用は許されず、利用には厳しいルールを設けなければならない。

具体的には、第一に、先端医療技術の利用は、最良の医療を受ける権利である**医療アクセス権**を保障する点で正当化されるが、**疾病の予防と治療、苦の緩和・除去などの医療目的**以外に悪用することが可能なため、**利用を医療目的に限定する必要がある**。第二に、遺伝子診断、遺伝子治療、ゲノム編集、生殖補助医療などでは患者以外の第三者に危害が及ぶことがあるため、**他者危害原則**に則り先端医療技術の利用を求める患者の自己決定権を制限する必要がある。第三に、**深刻な安全性の問題や倫理的問題**が生じる場合には、利用の制限もしくは禁止が必要になる、などである。

さらに、**先端医療技術の商業利用**の問題についても適切なルールを設けて歯止めをかける必要がある。とりわけ、生殖補助医療については、課題文 b で指摘されているように、生殖技術の利用や商品化に対してはヨーロッパでは公的規制がとられているが、その規制の仕方は国によってまちまちである。また、アメリカでは一部の州で生殖ビジネスが発達しているが、法律家やカウンセラーなどの専門家が介在することで、トラブルのリスクを最小限に抑えられるようにしている。これに対し、インドやタイなどの新興国では、公的規制が緩く、卵子提供や代理出産など、先進国では提供していないサービスの商業化が進んでいる。新興国の貧困層は卵子ドナーや代理出産を安価で引き受けざるを得ない貧しい経済状況に置かれており、こうした**経済格差が先進国から新興国への生殖ツーリズムを生み出す背景になっている**。

先端医療技術の規制をめぐる問題としてエンハンスメントもあ

る。「エンハンスメント」とは、より望ましい能力や資質を増強させるために、治療目的を超えて医療技術を用いることである。通常、医学の対象範囲は疾病や障害の治療、健康状態の改善と維持であるのに対し、エンハンスメントは、たとえば、薬剤を用いた筋肉の増強といったドーピングなど、より優れた身体機能や能力、資質などを獲得することを目的に医療技術を用いることである。本来、自分の能力や資質を向上させるには、鍛錬に励んだり、教育を受けたりするという方法を用いるが、再生医療やゲノム編集などによってそれらが可能になる時代が到来しつつある。そこで、先端医療技術のエンハンスメント利用に対する規制が問題になるが、医療目的の「苦の緩和・除去」▶3には、精神的苦痛の緩和・除去もふくまれるため、たとえば、成長ホルモン剤を用いた低身長の改善も「治療」とみなされるようになれば、「エンハンスメント」と「治療」の概念的な区別が困難になるという問題もある。

先端医療技術が引き起こす諸問題に対して、医学研究者や医師の倫理、学会のガイドライン、法などによる規制が必要になるが、医療技術の進歩に応じた倫理や規制が求められる。その際、**社会や文化の違いをふまえた国民のコンセンサス**を得ることは不可欠であるが、同時に**国境を越えた統一基準**をいかに作るかが重要な課題となっている。

🔑 キーワード

🔑 先端医療

厚生労働大臣が定める高度な医療技術を用いた治療法のうち有効性・安全性が一定の基準を満たした「先進医療」とは異なり、「先端医療」は、最先端の医療機器や薬剤を用いた医療技術によるものであるが、有効性や安全性の確立が課題となっている。

🔑 ヘルシンキ宣言

ヒトを対象とした医学研究の倫理的原則。1964年のフィンランドでの世界医師会で採択された。医学研究における実験や治験の条件を定めている。医学研究の進歩に応じて修正されている。

🔑 倫理委員会

　先端医療に関する実験的研究、臨床試験、治験などについて、医学的観点および倫理的観点からの事前審査を行う機関。被験者や患者の生命と健康を守るため、ヘルシンキ宣言の倫理規定に沿うこと、被験者や患者へのインフォームド・コンセントを徹底することが原則とされている。

🔑 医療アクセス権

　患者が最良の医療を受ける権利。患者の権利を定めた世界医師会の「リスボン宣言」に「良質の医療を受ける権利」があることをふまえ、患者が自分の生命、健康、幸福のために、最先端の医療技術を受ける権利があるとする。先端医療技術の使用を容認する根拠になる。

🔑 先端医療技術の商業利用

　先端医療技術は、遺伝子操作による人体改造や遺伝子検査の非医療目的への利用など、利潤追求のための道具となる性格を持っている。金銭的利益を得ることを目的として、身体能力の強化やアンチ・エイジングなど人間の欲望を医療技術を用いて実現しようとする。

🔑 エンハンスメント ［enhancement］

　人間の身体能力を増強するために、医療技術を用いて行う医学的介入。ドーピングなどの「身体的エンハンスメント」、集中力や記憶力などを強化する「認知的エンハンスメント」、共感能力などを増進する「道徳的エンハンスメント」があるが、医療技術の使用をめぐる是非が議論になっている。

🔑 他者危害原則

　成人で判断能力のある者は、身体と生命の質を含む自己のものについて、他人に危害を加えない限り、たとえ当人にとって理性的に見て不合理な結果になろうとも、自己決定の権利をもつ。しかし、自由な選択の結果、他者に危害が及ぶことが明らかな場合、自己決定権は制限されるという原則。

🔑 ガイドライン

　先端医療技術の使用に関する研究者自身の自己規制を定めた倫理的指針。学会や厚生労働省が指針を定めるが、法的拘束力はなく、規範意識が乏しく過剰な研究意欲をもつ研究者には効力を発揮しないので、強制力のある法的規制が必要になってくる。

7 − a　遺伝子診断

　女性が自分の人生において子をもつかどうか、また妊娠した場合に産むかどうか、を選択する権利は、世界保健機関（World Health Organization：WHO）でもreproductive health and rightsとして尊重されており、着床前遺伝学的検査／出生前遺伝学的検査の諾否においても"生殖における自律性（reproductive autonomy）"として個人に委ねられている。

　一方、胚／胎児の生存する権利はどうであろうか？　特に、着床前遺伝学的検査の場合、罹患胚は生まれる権利そのものが剥奪されることから、「最大の児童虐待」であるとする意見もある。また、上記のreproductive health and rightsは、子どもを産む／産まない、を選択する女性の権利を提唱しているが、"健常児を"産む／"罹患児を"産まない、の選択権ではない、との指摘もある。

　日本においてはおよそ年100万妊娠のうち約1割の10万件が妊娠中絶していると報告されている。この日本の妊娠中絶のほとんどが、婚姻関係のある男女における第2子以上の妊娠で経済的理由から育児希望がないケースである。しかしながら、同じ妊娠中絶という選択においても、胎児に疾患がある場合に経済的理由から妊娠中絶を選ぶことに対し、より強く反対する一部の意見がある。

　現在、着床前遺伝学的検査や出生前遺伝学的検査を行う場合の適応は、対象となる疾患の重篤性をもとに判断が行われている。"新生児期、もしくは小児期に発症する重篤な遺伝性疾患"という条件である（**表**）。この"重篤"という文言の定義は、日本産科婦人科学会の見解を含め、今までどこにも明文化されていないが、2004年の倫理委員会の議事録では、「重篤性の基準は時代とともに変化する可能性があるが、現時点では"成人に達する以前に日常生活を強

く損なう症状が発現したり生存が危ぶまれる疾患"という基準が妥当だと思われる。」と記載されている。現在までこれが共通見解として準用されてきた経緯がある。現在、「着床前診断に関する見解」の改定が行われており、新しい見解には、この"重篤性"の解釈における現時点での定義が明記される予定となっている。

　上述の"重篤性"の解釈は、時代、社会状況、医学の進歩、医療水準、さらには判断する個人の立場によって変化しうるものである。実際に、最初に重篤性について議論された2004年から14年後の2018年に、網膜芽細胞腫を対象としたPGT-M（単一遺伝子疾患に対する着床前診断）適応審査の結果について審議の内容の問い合わせがあったことを契機とし、視覚・聴覚などの感覚器の疾患や、浸透率が100％ではない遺伝性腫瘍、また、生後の治療法があるにしても第三者による臓器提供が必須となる移植などの侵襲的治療が前提の疾患などについ

表　出生前遺伝学的検査のガイドライン

絨毛採取、羊水穿刺など侵襲的な検査（胎児検体を用いた検査を含む）については、下記に該当する場合の妊娠について、夫婦ないしカップルからの希望があり、検査の意義について十分遺伝カウンセリングによる理解の後、同意が得られた場合に行う。

1) 夫婦のいずれかが、**染色体異常の保因者**である場合
2) **染色体異常症に罹患**した児を妊娠、分娩した既往を有する場合
3) **高齢妊娠**の場合

4) 妊娠が新生児期もしくは小児期に発症する重篤な**X連鎖遺伝病のヘテロ接合体**の場合
5) 夫婦の両者が、新生児期もしくは小児期に発症する重篤な**常染色体劣性遺伝病のヘテロ接合体**の場合
6) 夫婦の一方もしくは両者が、新生児期もしくは小児期に発症する重篤な**常染色体優性遺伝病のヘテロ接合体**の場合

7) その他、**胎児が重篤な疾患に罹患する可能性**のある場合

日本産科婦人科学会：出生前に行われる遺伝学的検査および診断に関する見解（2013年6月改定）

7

遺伝子医療

ても、当事者（罹患者や変異保因者、またその家族）にとっては重篤であると感じられる、との意見が寄せられることとなった。よって、2020年から日本産科婦人科学会が中心になり、関連学会や人文系、看護、教育、福祉の有識者、患者会、一般の方などが集まり、現在の重篤性の解釈について改めて審議する機会をもつこととなった。3回にわたる審議会ののち、今後は、2004年の基準に合わせて一律に判断するのではなく、従来の重篤性の基準に当てはまらない疾患においては、PGT-Mにあたる生殖医療専門医の意見に加え、その疾患を主科となって治療する他学会の専門医や、臨床遺伝学の専門医、関連福祉団体や患者会などの意見も取り入れ、その都度審議を行うという新しい体制を構築した。現在、運用へ向け、「着床前診断に関する見解」を改定中である。

　年齢や家族歴に関係なくすべての妊婦に常染色体トリソミー疾患を含めた先天性疾患をもつ児を妊娠する可能性があるのは事実である。しかし、この全妊婦がもつ可能性について、"公正・正義（justice）"や"自律性（autonomy）"に配慮せず、恣意的に誘導すれば、出生前遺伝学的検査が「不安商売」となってしまう側面がある。胎児に対する従来の出生前遺伝学的検査は、羊水検査が主体であり、産科診療を行う医療施設でないと対応が困難であったため暗黙の抑制がかかっていた。しかしながら、2013年に日本に臨床研究として導入されることとなった非侵襲的出生前遺伝学的検査（non-invasive prenatal testing：NIPT）は、妊娠9週以降に採血のみで高精度の結果が得られることから、産婦人科以外の一部の施設でも実施されるようになり、遺伝カウンセリングやその後の検査やフォローの担保もないまま商業主義的に行う施設が出現した。よって、現在、NIPTを含めた出生前遺伝学的検査について、適切な検査実施ができるよう対応施設の認定制度を厚生労働省主導で準備中である。また、保健師・助産師、一般産婦人科医師を対象に、出生前遺伝学的検査に対する一次相談に対応できるような教育プログラムを、厚生労働省研究である「出生前診断の提供等に係る体制の構築に関

する研究（通称：第三期小西班）」で開発中である。

　個々の生殖における自律性（reproductive autonomy）を成立さ
せるためには、大前提として、社会の平等性がある。例えば、人生
において男性のほうが生きやすいコミュニティであれば、カップル
は子どもに必然的に男児を望むこととなり、そこには大きな歪み
（bias）が生じて、本当の意味での自律性（選択の自由）はなくなっ
てしまう。よって、"自律性（autonomy）"は、生命倫理における
四大原則の１つであるとされるが、自律性に基づく自己選択の前に
は、社会における、①中立的な情報提供、②検査を強いるような同
調圧力の排除、③検査・情報へのフリーアクセス、④障がいをもつ
児に対する適切な養育環境の提供、が必要である。これらの条件下
であれば、妊婦が自身の価値観に基づいた自由な決断をすることが
できる、とする考え方が海外でも広く受け入れられている。

佐々木愛子「産婦人科遺伝診療をめぐる倫理的課題」
（『臨床婦人科産科』76巻１号）医学書院　2022年より
（省略した箇所があある）

7

遺伝子医療

7-b 遺伝子治療とゲノム編集

　遺伝子治療は、病気を根本から治せる究極の医療だと期待された反面、人間の生命の元を操作することに対し批判や懸念も大きかった。そこで国の事前審査を課すなどの厳しい規制が敷かれた。倫理面でも、子孫の改変につながる精子・卵子と受精卵の遺伝子を組み換えることは禁止された。また、治療目的ではなく、たとえば成長ホルモンの遺伝子を投与して身長を伸ばすといった、強化・向上目的の利用も禁止された。

　だが、病気にならない遺伝子を細胞に組み入れ、患者に投与する（または遺伝子そのものを投与し体内に組み入れる）方式では、治療の効果が出るまで遺伝子を働かせることが難しく、なかなか成果があがらなかった。副作用で患者が死亡するケースも出てしまった。そのため遺伝子治療は長く停滞の時期が続いたのだが、2008年以降、白血病・リンパ腫、血友病Bなどで効果が確認される研究結果が出て、復活の兆しがみえてきた。日本では現在、遺伝子治療は細胞加工物を用いる再生医療の一種として、再生医療等安全性確保法や医薬品医療機器等法による管理規制がなされている。

　そうしたなか、従来の遺伝子組換えよりはるかに高い効率と精度で多くの遺伝子を改変できる、ゲノム編集という技術が登場し、作物や家畜の品種改良、病害虫の駆除などに盛んに応用されていった。2010年代には、動植物に加えてヒトへの応用も始まった。そこで、遺伝子組換えのときと同じ懸念と是非の議論が、あらためて行われるようになった。

　ゲノム編集は新参の技術で、狙った改変がちゃんとできるかどうか、まちがったところを変えてしまわないか、確実なコントロールがまだ保障されていない。編集しないほかの遺伝子全体への影響が予想できないといったリスクも抱えている。

　だがすでに海外では、患者の体細胞にゲノム編集を施す新たな遺伝子治療研究が進められている。エイズ、急性白血病、重い貧血になるベータサラセミアなどの血液疾患が対象になっている。

　さらに、体外受精胚にゲノム編集を施して、生まれる前に遺伝子を病気にならないものに変えるための基礎研究も進んでいる。これは遺伝子改変の結果が、生まれてくる命だけでなく、後の世代にも伝わっていくので、リスクがより大きいと考えられている。そのため、病気の予防や治療の研究のために、子孫の改変に道を開いてよいのか、世界的に大きな議論の的になっている。

　病気を治すために、自分の体の遺伝子にゲノム編集を行うことは、効果とリスクについてきちんと説明を受け理解したうえで同意するのであれば、あまり問題はないとされている。それに対し、受精胚の段階で遺伝子にゲノム編集を加えるのは、倫理的な問題が大きいとして是非が議論されている。

　生まれる前に遺伝子を改変するのは、当人が自分で同意するかどうか決められないから、認められないだろうか。親が、生まれてくる子が病気にならないように遺伝子を改変するのは、絶対に許されないことだろうか。大人にせよ子どもにせよ、たとえ遺伝子を変える技術があっても、持って生まれたもののままに生き、死ぬのが人の道だろうか。ゲノム編集という遺伝子操作の技術をどう使うか、私たちの生命観が問われている。

　ゲノム編集とは、人工または生物由来の酵素を用いて、ゲノムのなかの特定のDNA配列を削除したり置き換えたり、別の配列を挿入したりできる技術である。遺伝子編集ともいう。なかでも細菌が異物を排除するために自然に備えていたCRISPR-Cas9（クリスパー・キャスナイン）と名付けられた仕組みが、2013年以降、安価に容易に作製できるゲノム編集のツールとして実用化され、生命科学研究の基盤技術として急速に普及した。

　このゲノム編集を使って、人間の遺伝子改変をどこまでやってよいだろうか。すでに始まっている、体細胞のゲノム編集による遺伝子治療の安全性と有効性の監視も重要な問題だ。また現状では、従来の遺伝子治療と同じく、病気の治療ではなく知的・身体的能力の強化・向上にゲノム編集を用いることは認めないとするのが大勢で

7

遺伝子医療

ある。

　いちばん大きな問題になっているのは、これから生まれてくる子が病気や障害を持たないように、体外受精をした受精卵（胚）の段階でゲノム編集をしてよいか、ゲノム編集した胚を受胎させ、誕生させていいかどうか、である。

　ヒトの体外受精胚にゲノム編集を行う研究は、すでに2015年以来、中国、英国、スウェーデンなどで進められている。ゲノム編集した胚は子宮に入れず、受胎、誕生まではさせない。こうした基礎研究は認めようという国は多く、日本でもその方向で検討が進められている。

　一方、米国では、科学・医学アカデミーが、難病治療のためにヒトの受精胚のゲノム編集を行い、受胎・誕生させて、生まれてくる子が病気を持たないように遺伝子を改変する臨床研究を、条件付きで認める勧告を2017年2月に出した。この勧告は大きな国際的反響を呼んだ。反対や懸念も多く、国際人権機関であるヨーロッパ評議会の議員総会は、17年4月末、子孫に伝わるヒトの遺伝子の改変を禁じた既存のヨーロッパ条約の規定を当面は守りつつ、倫理的問題を議論して、ゲノム編集技術に適正な制限を課すよう求める報告を採択した。

　そのように国際的に是非の議論が交わされているなかで、2018年11月、中国の研究者が、エイズウイルスに感染しないよう遺伝子編集をした胚から双子の赤ちゃんを生まれさせたと発表して、大騒ぎとなった。専門家からは、時期尚早で無責任な行為だと、国際的に非難がわき起こった。中国政府も事態を重くみて捜査に乗り出し、2019年12月末、秩序を乱す違法な医療行為をしたとして、問題の研究者に懲役3年と罰金を科す実刑判決がくだされたと報じられた。

　生まれてくる前にゲノム編集をすることがこれだけの大問題とされるのは、それが、あらかじめ病気や障害を排除し、望みどおりの姿形や性質を備えた子を生み出そうとする、優生思想の実現につながる恐れがあるからだ。受精胚の遺伝子編集は子孫代々伝わるので、種としてのヒトの人為的改変にもつながり、人間の尊厳を侵す

恐れがあるという議論もある。この倫理問題をどうクリアするかが、ゲノム編集技術の今後に大きく関わってくる。

　社会での議論のしかたも重要だ。フランスでは、法律でヒトの胚の遺伝子改変を禁止していたのだが、その禁を解く法改正案が、2019年に議会に出された（遺伝子改変した胚を受胎させることはこれまでどおり禁止が維持される）。フランスでは、人間の受精胚を対象にした研究について、長年激しい賛否の意見の対立がくり返され、法規制の中味も二転三転してきた。この長年の対立が、医学・医療の発展を妨げてきたとの批判がある。

　しかし、科学・技術の際限のない進展に対し、異なる価値観・生命観に基づいて禁止や規制を訴える勢力があることは、民主主義社会として健全で、かつ必要なことではないだろうか。日本でも、人間の受精胚の研究利用に厳しい視線を向ける人が一定の割合でいるとの意識調査結果もある。

　そうした異なる価値観に配慮し、内外から信頼を得てヒトの受精胚のゲノム編集研究を適正に進めるためには、何をどこまでどのような条件でやってよいか、社会の合意をていねいにつくりあげる議論をすべきだ。フランスや英国のように、個々の研究計画を国の許可制とし、産科のクリニックなどから提供されて研究に使われる胚と精子・卵子の売買を禁止するなど、必要十分な法による管理規制を設けるべきだと私は考えるが、いかがだろうか。

橳島次郎『先端医療と向き合う─生老病死をめぐる問いかけ』
平凡社　2020年より

7

遺伝子医療

論点整理

　遺伝子を利用した医療は、人間の細胞にあるヒトゲノムDNAの塩基配列を解読する**ヒトゲノム・プロジェクト**が終了したことを受けて、個々の遺伝子の機能を解明し、病気の要因となる遺伝子の特定や、個人差の要因となる**SNP（スニップ：１塩基多型）**を解明する**ポスト・ゲノム・シークエンス**へ移行したことに伴って開発された医療技術である。DNAを解析する**遺伝子検査**によって将来の病気の発症可能性を予測したり、遺伝子を操作する**遺伝子治療やゲノム編集**によって病気の治療を行ったりするなど、これまでの医療技術を超える画期的な技術であるが、その反面、非医療施設での商業利用や、さまざまな安全性や倫理性などの問題を抱えている。

　遺伝を要因とする遺伝病や生活習慣病（がんや糖尿病など）の将来の発症可能性を解析する**遺伝子検査**を利用する**遺伝子診断**では、**遺伝カウンセリング**が欠かせない。具体的には、遺伝性の疾患の発症や再発の可能性を評価するための家族歴や病歴の解釈、遺伝子検査の適応や限界など科学的根拠に基づく情報の提供、遺伝子検査を行った場合の家族や親族への影響や、遺伝子検査についての知る権利／知らされない権利などの倫理的な問題点などについて相談者に説明し、遺伝子検査を受検するか否かの相談者の意思決定を支援すること、また検査後に十分なケアを行うことを目的とする。

　従来の羊水検査に代わるものとして登場した**新型出生前診断（NIPT）**や**着床前診断**は、主に胎児の性別、胎児の遺伝病や染色体異常を診断するのに利用されている。日本産科婦人科学会のガイドラインでは、遺伝子に詳しい常勤医がいること、十分なカウンセリングを行うことが条件であるとしているが、無認可でカウンセリングなしに検査を行う商業主義的施設が出現するという問題が起きている（**課題文ａ**）。

　また、ダウン症などトリソミー（染色体異常）の子どもが生まれてくると判明した場合、95パーセント以上の夫婦が選択的人工妊娠中絶もしくは胚の廃棄を選択している。こうした選択は**生まれてもよい生命**と、**生まれるべきではない生命**を選別することであり、優

生思想を蔓延させ障害者差別の助長を促し、**本来平等であるべき命の価値を差別化することになるのではないかという危惧もある**。一方で、こうした選択をした夫婦は悩みに悩んだ末にやむを得ず決断したので、命の選別や障害者差別に当たらないとする見方もある。しかし、今後新型出生前診断が普及すれば、その社会的影響は無視できないであろう。

　わが国では個人の個性や多様性を尊重する価値観が希薄なため、障害者に対する偏見・差別が根強い。また、障害児を抱える家庭への社会的支援が乏しく、そうした家庭が孤立させられていることもこれらの問題の背景にある。課題文 a で指摘されているように、**reproductive health and rightsに基づく生殖における女性の自律性は最大限尊重せねばならないが、自律性を支えるものとして「障がいをもつ児に対する適切な養育環境の提供」**（課題文 a）が必要となろう。

　遺伝子を操作する技術を利用した**遺伝子治療**や**ゲノム編集**は、遺伝子を操作することによって遺伝要因の遺伝病や生活習慣病を根治できる。たとえば、ADA欠損症や血友病、パーキンソン病などの遺伝病に有効である。一方で、発展途上の技術であるため、安全性や有効性、倫理性の面で多くの問題を抱えている。

　まず、技術レベルの問題として、ターゲットの塩基配列とはべつの場所の塩基配列を改変してしまうオフターゲット変異がある。オフターゲット変異によって、がん遺伝子の活性化やがん抑制遺伝子の不活性化が起こるおそれがある。また、生殖細胞をターゲットにすれば、子々孫々まで遺伝病を根絶できるが、遺伝子変異が次世代に及ぼす影響は予測できないし、人類の遺伝子プールの多様性を損壊することにもなる。遺伝子の多様性は生物種が環境の変化に適応して生き残っていくために不可欠の条件であるため、生殖細胞をターゲットにすることは各国で禁止されている。

　さらに、体外受精をした受精卵（胚）にゲノム編集をすることで、親が望む外見、身体的能力、知的能力などをもった子どもを作り出す**デザイナー・ベビー**などの問題もある。これは課題文 b で指摘されているように、優良の遺伝子だけを残そうとする優生思想の実現

7

遺伝子医療

につながるものであり、また治療目的を超えたエンハンスメント利用であって正当な医療行為とは認められない。親の望みだけで生まれてくる子どもを改造することは、生まれてくる子どもの自己決定権を侵害するという問題もある。

　遺伝子医療は、分子生物学のDNA研究と遺伝子工学の遺伝子操作の技術を医療に応用したものである。農業や工業分野で利用されてきた遺伝子操作の技術を人間に転用すれば、医療目的のみならず医療目的を超えた商業利用やエンハンスメント利用も可能になるという技術的特性を有している。**そもそも科学・技術の目的は「不可能」を「可能」にすることであるが、それをしてよいのかどうかという倫理的視点を欠くという致命的な問題を抱えている**。遺伝子医療の問題はこうした科学・技術が抱える本質的な問題が集中的に現れたものである。**それゆえ、課題文 b の提言のように、科学・技術の際限のない進展に対して、異なる価値観・生命観の視点を交え、何をどこまでどのような条件で行えるか、社会の合意をていねいにつくりあげる議論をすべきであろう**。

🔑 キーワード

🔎 遺伝子
　細胞核の染色体を構成するDNA（デオキシリボ核酸）のうち、遺伝情報を伝える因子のこと。DNAを構成する塩基の配列（シークエンス）が遺伝情報を担っている。

🔎 遺伝子診断
　検査前後のカウンセリングをはじめ、遺伝子を構成するDNAを解析する遺伝子検査の結果から推測される病気、予防と治療法についての説明までを含む診療行為。

🔎 新型出生前診断（NIPT）
　妊婦から採血した血液中の遺伝子を解析することで、胎児の染色体や遺伝子を調べる検査。胎児の性別、胎児の遺伝病や染色体異常を診断する。

🔎 着床前診断
　体外受精後、胚を子宮に戻す前に受精卵の遺伝子や染色体を調べる検

査。あらかじめ異常のある胚を見つけることで、流産・死産、トリソミー（ダウン症など）などの可能性を減らすことができる。

🔑 DTC遺伝子検査

消費者向けの民間の遺伝子サービスのこと。親子・血縁鑑定、生活習慣病になりやすい体質、子どもの将来の能力などを調べるのに利用されている。精度の低い検査キットの使用や遺伝医学の専門家の不在のため、科学的根拠のある情報を提供できない一方で、医療情報に相当する情報も提供している。

🔑 遺伝子治療

遺伝子を組み込んだベクターを直接投与する体内遺伝子治療、取り出した標的細胞に体外で遺伝子を導入し、遺伝子導入細胞を投与する対外遺伝子治療の方法がある。正常な遺伝子を補充することで遺伝子の異常を修復する。

🔑 ゲノム

染色体のDNAに含まれるすべての遺伝情報のこと。ゲノムの遺伝情報はDNAの4種類の塩基（アデニン（A）、チミン（T）、グアニン（G）、シトシン（C））の組み合わせからなる。ヒトゲノムは約30億塩基対である。

🔑 ゲノム編集

ゲノム上の遺伝子の配列を改変する技術のこと。人工ヌクレアーゼというDNA切断酵素を用いて標的とする遺伝子だけを破壊したり（ノックアウト）、正常な遺伝子を挿入したりする（ノックイン）。

🔑 デザイナー・ベビー [designer baby]

受精卵の段階で遺伝子操作を行うことによって、親が望む外見や身体的能力、知的能力などを持たせた子どもを作ること。親がその子どもの特徴をまるでデザインするかのようであるため、そう呼ばれる。遺伝子を操作する遺伝子治療やゲノム編集の、治療目的を超えた利用例である。

🔑 優生思想

人類の遺伝的素質を改善することを目的とし、悪質の遺伝子を淘汰し、優良なものを保存することを研究する「優生学」から発生した。国家や民族など特定集団の純粋化・正常化の観点から、遺伝子の「優良」「不良」を決めつけ、個人の生命の価値を差別化する思想である。

7

遺伝子医療

8 − a 生殖補助医療技術

生殖補助医療の主な手法にはどのような問題があるのだろうか。以下で順に見ていこう。

（1）　安全性をめぐる問題

体外受精を実施する場合、卵巣を刺激して排卵を誘発するために排卵誘発剤（性腺刺激ホルモン）を使用するが、それにより卵巣過剰刺激症候群の発症や多胎妊娠のリスクを生じさせることになる。また、採卵や妊娠・出産に伴うリスクもあり、第三者に危害を及ぼす可能性のある卵子提供や代理出産には倫理的問題があると指摘されている。

また、閉経後の健康な女性から子宮移植を行う場合にも、提供者に大きな身体的リスクを負わせることになり、上記と同様の問題が生じることになる。とはいえ、病者や脳死者からの移植では、提供される子宮について十分安全性が確保できるのかどうか分からないという別の問題がある。

1978年にルイーズ・ブラウンが世界ではじめて体外受精によって誕生したとき、彼女は将来妊娠・出産できないのではないかと懸念する声が多く寄せられた。これについては彼女が自然妊娠により出産したことや、その後の多くの追跡調査から杞憂にすぎなかったことが明らかになっている。ただ、顕微授精のように新しく出てきた技術には、生まれる子への影響がまだ十分明らかになっていないものもある。安全性がよく分からないものについてどうするべきなのか、考えておく必要があるだろう。

（2）　胚の取り扱いをめぐる問題

国によって違いはあるものの、体外受精では患者の身体的、精神的、経済的負担などを考慮して、1度に複数の卵子を採取し受精卵（胚）を作製することがある。胚のうち1つまたは2つを子宮に移植すると、残りの胚は凍結保存することになる。もし不妊治療を受ける

カップルが体外受精に成功しそれ以上の子を望まなかった場合、余剰になった胚はどうすればよいのだろうか。

「生命の萌芽」とも表現される受精卵、またはそれが細胞分裂した胚は、その取り扱いをめぐってしばしば倫理的な議論の対象となる。たとえばカトリックでは、受精した瞬間に神が生命の息吹を吹き込んで人の命が誕生すると考え、中絶や、胚を壊すことによって作製するES細胞の研究に反対の立場をとっている。これとは逆に、人格（パーソン）であるかどうかを基準に道徳的地位を考える人たちは、中絶や胚を壊すことについて倫理的問題があるとは考えない。何をもって人の命と考えるかは文化的・社会的背景や宗教的な信念に基づいて一人ひとりが考えるべき問題かもしれないが、社会的な混乱を招かないようにするためにも、お互いの立場を尊重しつつ合意形成を目指しておくことが求められる。

（3）　多胎妊娠に伴う減胎手術の問題

体外受精では複数の胚を移植することで妊娠・出産の確率が高くなる。ところが、複数の胚を移植すれば多胎妊娠となる確率も高くなり、とくに三胎以上の場合、母子が負う生命に関わるリスクも無視できない。そのためリスクを回避するために減胎手術（または減数手術）を行うことがあり、母体と残された胎児を保護するためとはいえ、事実上の中絶を前提とするような胚移植のあり方が問題となる。とくに、減胎手術では障害のある胎児や望まない性別の胎児が選択的に減胎されるということもあり、優生思想につながるとの批判もある。

以上のことを踏まえ、日本産科婦人科学会は1996年に「『多胎妊娠』に関する見解」を出し、移植する胚の数を原則として3つまでに制限したが、2008年には「生殖補助医療における多胎妊娠防止に関する見解」を改めて出し、移植する胚を原則1つ、「35歳以上の女性、または2回以上続けて妊娠不成立であった女性などについては」例外的に2つまで認めるとして規制を強めている。

（4）　出自を知る権利と提供者のプライバシー

第三者から提供された精子・卵子あるいは受精卵（胚）を用いて生ま

8

生と再生

109

れた子にとって、出自を知る権利は切実かつ深刻な問題である。他方、匿名を希望する提供者にとってもプライバシーが守られるかどうかは重大な関心事である。遺伝上の親や産みの親を知りたいと望む子の出自を知る権利と匿名を望む提供者や代理母のプライバシーが対立する場合、どちらの利益を優先するべきなのだろうか。

この問題に対する各国の制度や方針はまちまちで、原則匿名から原則公開へと方針が変更されたり原則公開から原則匿名へと変更されたりするなど当事者が混乱する事態も生じている。日本では日本産科婦人科学会が「提供精子を用いた人工授精に関する見解」（2015年）を出しているが、一方で「精子提供者のプライバシー保護のため精子提供者は匿名とする」としながらも、他方で「生まれてくる子供の権利・福祉に十分配慮し、適応を厳密に遵守して施行する必要がある」として、子の出自を知る権利があいまいなまま取り残されている。

（5）　子の福祉をめぐる問題

出自を知る権利の他にも子の福祉に関する問題は多くある。とくに代理出産をめぐっては、たびたびトラブルが生じている。

1986年に米国で起こったベビーM事件は、いったん依頼者へ引き渡された子を代理母（サロゲートマザー）が一時的に預かったまま依頼者のもとへ返すのを拒んだため、代理出産により生まれた子の引き渡しなどを定めた契約の有効性や子どもの親権・養育権をめぐって裁判で争われたものである。

これとは逆に、生まれた子に障害があるという理由で依頼者が子の受け取りを拒否するようなトラブルも起きている。2014年、タイで代理出産の依頼をしていたオーストラリア人夫婦は、生まれた双子のうち障害のある方の受け取りを拒否して大きな問題となった。

日本ではタレントの向井亜紀さんが子宮頸がんのために手術で子宮を摘出した経験から、夫で元プロレスラーの高田延彦さんとともに米国で代理出産を依頼して2004年に2児を得たものの、出生届が受理されず生まれた子たちは無戸籍の状態になってしまった。その後、特別養子縁組により法律上の親子関係が築かれ、無戸籍の状態

は解消されている。

　2008年にインドで起こったマンジ事件では、現地で代理出産を依頼していた日本人夫婦が子の生まれる前に離婚して出生証明書の発行が受けられなくなったため、生まれた子が無国籍となり、インドから出国できなくなる事態へと発展した。

　このように、代理出産によって子の福祉が犠牲となるような事例は枚挙にいとまがない。生殖補助医療をめぐっては、それを利用する者の利益だけでなく、生まれてくる子の福祉に深刻な影響が及ばないかどうか十分に検討した上で慎重に進めていく必要がある。

（6）　死後生殖の問題

　技術の進歩により、精子・卵子あるいは受精卵（胚）を半永久的に凍結保存することが可能となった。そのため、がんの治療などにより精子や卵子が利用できなくなることを考えて、将来のためにこれらを凍結保存しておくことがある。だが、病気その他の理由によりパートナーが死亡した場合、凍結された精子や卵子の扱いはどうすればよいのだろうか。残された者がこれらを用いて生殖補助医療を受けることは認められるべきだろうか。

　生殖補助医療を受けている間に夫婦の関係が悪化して治療を中断することも少なくない。亡き夫、あるいは亡き妻の死後生殖に関する明確な意思表示・同意がなかったとしても、生前に行っていた不妊治療の継続は認められるべきだろうか。

　こうした問題に答えるためには、まず当事者が何をどこまで同意しているのかを明確にする必要がある。その上で、現行の法制度や社会のなかで共有されている生命観、家族観などにも目を配りながら、人々の自己決定がどこまで及ぶのか、死後にも有効なのかどうか考えていかなければならない。

　　　森本誠一「生命の始まり」（霜田求 編『テキストブック 生命倫理』）
　　　法律文化社　2018年より（省略した箇所がある）

8

生と再生

再生医療の基本概念について簡潔に説明しておく。

①**幹細胞**：人の体を形づくる細胞は絶えず死滅しかつ新たに再生するというプロセスを繰り返しているが、その中心的担い手が幹細胞と呼ばれるものである。血液・骨・神経といった特定の機能を持った細胞に分化すると同時に、未分化細胞へと自己を複製するという特殊な増殖能を備えた幹細胞には、一定の機能細胞（またはその前駆細胞）に分化する組織幹細胞（造血幹細胞、神経幹細胞、骨幹細胞など）と、機能細胞とともに組織幹細胞にも分化可能な上位多能性幹細胞（間葉系幹細胞、ES細胞、iPS細胞など）とがある。

②**体性（組織）幹細胞**：身体各部の組織や臓器の中には、一定の増殖能と多分化能を有する幹細胞がわずかではあるが存在する。体性幹細胞と呼ばれるこの細胞を用いた治療には、白血病患者などに骨髄液を移植して、そこに含まれる造血幹細胞の自己複製能および血球細胞への分化能を利用したものや、腹部などから採取した細胞に含まれる脂肪幹細胞を用いた糖尿病や変形性関節症などの治療、あるいは豊胸やしわ取りなど美容外科領域での利用が進められている。近年、十分な医学的根拠がないまま医療ビジネスとして拡がりつつあり、トラブルも多発している。

③**ES細胞**：人の生命の発生に介入するという深刻な問題を抱えながらも、その無限増殖性や多分化能の比類のなさゆえにとりわけ注目度の高いのが、ES細胞である。体外受精で得た受精卵は卵割開始後5、6日で胚盤胞という段階となり、そのうち胎児へと成長する内部細胞塊を形づくる細胞を採取（この段階で胚は「破壊」される）して一定の条件の下で培養すると、未分化状態を保持したまま無限に増殖（自己複製）し続ける細胞株すなわちES細胞が樹立される。1981年にマウスで成功し、1998年米国ウィスコンシン大で初めてヒトでの樹立に成功した。その用途として想定されているのは、病気治療のための特定の機能を有する組織幹細胞や機能細胞を大量に分化・培養して投与する細胞移植治療（例：糖尿病患者のた

めのインスリン産生細胞）、血液、皮膚、骨・軟骨など組織バンクの充実、薬剤の安全性（毒性）テストのための組織供給、そして移植用臓器の作製である。

④**iPS細胞**：皮膚細胞など分化した体細胞へいくつかの遺伝子を導入して初期化し、様々な細胞に分化・増殖する能力を付与された幹細胞で、難病治療や創薬開発などに貢献することが期待されている。2006年にマウスでのiPS細胞作製、2007年にはヒトiPS細胞作製に山中伸弥（京都大学）が成功し、世界各国で「ヒト胚の破壊を伴わない幹細胞」への研究が一挙に加速した。iPS細胞から網膜細胞、神経細胞、心筋細胞、血液細胞などへの分化に成功し臨床研究も進められているが、分化制御技術が不完全であることによる腫瘍化のリスクをコントロールする技術の開発や、iPS細胞由来の精子・卵子による生殖医療への応用に伴う倫理問題など、未解決の課題も多い。2013年以降、加齢黄斑変性症、パーキンソン病、脊髄損傷、虚血性心筋症などの治療に向けた臨床研究が進められている。

⑤**クローン技術**：「治療的クローニング」は、ES細胞由来の細胞・組織・臓器を用いた治療の際、患者に拒絶反応が起きないようにするために行われる技術である。患者自身の体細胞からDNA情報の入った核を取り出し、核を除去した未受精卵に移植して電気刺激で融合させてから卵割を開始させ、胚（＝クローン胚）を作り、そこからES細胞を樹立する。他方、ES細胞樹立目的と同じ手順でクローン胚を作り、それをそのまま子宮に戻して妊娠・出産するとクローン人間が誕生するが、これを「生殖クローニング」と呼ぶ。そこで生まれてくるのは、体細胞提供者と同一のDNA（卵子由来のミトコンドリアDNAは異なる）を持つヒトクローン個体である。

8

生と再生

新しい医療技術の研究開発およびその臨床応用において「倫理」が問われるとき、そこではいくつかの共通する原則への言及が認められる。「ヒトゲノム・遺伝子解析研究に関する倫理指針」（2001年：初版制定年、以下同）、「ヒトES細胞の樹立及び使用に関する指針」（2001年）、「特定胚の取扱いに関する指針」（2001年）、「ヒト幹細胞

を用いる臨床研究に関する指針」（2006年）、「人を対象とする医学系研究に関する倫理指針」（2014年）に至る、再生医療に関わる日本の主要な倫理指針から、基本原則とその関連事項をまとめておく。

①医学の進歩と国民の健康福祉増進：現在ないし未来の患者の救済、特に有効な治療法のない疾患の治療法開発や予防手段の確立

②人（人間／個人）の尊厳の尊重と権利の保障：当事者の自発的意思の尊重、適切なインフォームド・コンセントの取得、個人情報、プライバシーの保護、ヒト生命体（胚、胎児）の操作・破壊ないし利用の正当性要求

③研究および臨床応用の科学的に妥当な遂行：安全性および有効性の十分な確認（リスク・ベネフィット評価）、動物の適正な利用（動物福祉に配慮した動物実験による事前検証）、倫理審査委員会によるチェック、研究成果発表における研究公正の遵守

④研究および臨床応用の社会的に適正な実施：適切な情報公開、知的財産権（特許権）の保障、一般市民との対話と社会的合意の確立、利益相反への適切な対応、産業化・ビジネス化による広範な普及、政府によるサポート、医療資源の適切な配分

さらにiPS細胞の実用化に向けて2013年4月に「再生医療推進法」が成立し、日本政府は国家事業として再生医療の展開を進める姿勢を明確にした。その主旨は、生命倫理に配慮しつつ、安全な研究開発や普及に向けて総合的に取り組むこと、その普及を促進する施策を策定・実施する責務が国にある、というものである。加えて2013年11月には「再生医療等の安全性の確保等に関する法律」と「医薬品、医療機器等の品質、有効性及び安全性の確保等に関する法律」が成立し、臨床研究とその応用を推進する体制が整備された。

　以上に挙げた基本原則は、再生医療の研究および臨床応用に適用されるものだが、個々の原則適用に際して内在的対立や原則相互の葛藤ないし優先順位をめぐる立場・意見の相違・対立がしばしば生じる。そのため、ルールの策定（国家ないし学会レベルの審議会など）およびその運用（研究機関内倫理審査委員会）において、推進／容

認／慎重／反対論が交錯し、合意が得られないこともある。以下では、いくつかの重要な問いに即して検討を加える。これらの問いに共通する争点は、研究・臨床を推進・容認する論拠（医学の進歩・患者の救済）がどの範囲まで、そしてどの程度まで正当化できるのか、という点である。

1）　胚の操作・破壊

「治療法がなくて苦しんでいる、あるいは将来苦しむであろう多数の患者の治療法開発のために、胚への操作と破壊を伴う研究を行ってもよいのか」という問いに対しては、「生命の尊厳への侵害」「生命の道具化・手段化」という反対論がある一方で、「どうせ捨ててしまうなら有効利用するほうがよい」「染色体異常などによりかなりの割合で胚は自然に流れている」「人工妊娠中絶で多くの胎児の命が奪われているのに、それよりも未発達な胚の破壊をより厳しく規制するのはおかしい」「初期胚はまだ人とは言えない細胞の集合体にすぎない」といった正当化の理由が掲げられる。この問いは、「人の生命の始まりはいつか」「人はどの段階から尊厳や権利の担い手になるのか」といった、およそ合意不可能な生命（胚の道徳的地位）についての価値観の対立に関わるものであり、受精から原始線条形成までの14日間は実験・廃棄可能という「妥協」が一定の効力を持っているのが現状である。

2）　当人の自発的意思とリスク評価

　ここでの問いは「重大な有害事象が予想されるにもかかわらず、わずかな治癒可能性にかけて臨床試験に参加するという患者の意思決定をどのように取り扱うか」である。有害事象として懸念されるのは、治療目的で導入した幹細胞による腫瘍化やiPS細胞作製の際の遺伝子操作による影響である。当事者がリスクとベネフィットについて十分に説明を受けた上であれば、その決定を尊重すべきだ（仮に治療後の有害事象発生で健康被害があったとしても、医療側は責任を免れる）という意見もある。例えば、ヒト遺伝子導入ブタの膵臓細胞のヒトへの移植では未知のウイルス感染のリスクが指摘されることがあるが、人工透析や糖尿病の苦しみから解放されるのであ

8

生と再生

115

れば、数年後にウイルス感染してもかまわない、という「選択」も認めるべきなのか。

　こうした「未知の将来リスク」は、例えばパーキンソン病やアルツハイマー病患者に対するiPS細胞由来の脳神経細胞治療可能性といった「未知の将来ベネフィット」との相関のもとでその評価をされる。ただ、リスク（次世代の生殖能力への影響等）およびベネフィット（どのくらい研究予算を投入するかによって進展速度は左右される等）ともあまりに不確定要素が多いため、その選択は個々人の主観的決断に依存せざるをえない面もある。また、すでに知られている有害事象をどのように評価するのかについても、被験者・患者本人の価値観に委ねられるのか（万が一のことを考えると、臨床試験参加には踏み切れない／他に方法がないのなら、いちかばちか試してみよう）、個人の自己決定権および幸福追求権は、科学的妥当性の客観的判断が困難な場合でも臨床応用の正当化根拠になりうるのか。こうした問題はそのつど科学的かつ倫理的・社会的に検証していくことが必要である。

3）　配偶子作製と生殖医療

　「iPS細胞から作成した精子と卵子を用いて体外受精・胚移植を行い、妊娠・出産に至るという手法は認められるか」という問いに対しては、「せっかく受精卵の破壊という倫理問題を回避できたのに、不妊治療に利用しようなどという余計なことを言い出すのは困ったことだ」という見解がある一方、「第三者の手を借りずに精子や卵子を自分の体細胞から作製し、自分たちと遺伝的につながった子を得ることができる」として期待を寄せる関係者も少なくない。

　iPS細胞作製の成功は、無精子症の男性や卵巣摘出した女性にとって、さらには同性愛カップルにとって、第三者の手を借りずに自分たちとの遺伝的つながりをもった配偶子による子どもを得る道を開くもの、いわば「究極の不妊治療」として注目されている。たしかに、iPS細胞から生殖細胞や胚を作り、それをキメラ・ハイブリッド胚やES細胞作製につなげることもできる以上、iPS細胞にもそれらと共通する倫理問題が依然として付いて回る。そうした中で、

文科省は2008年2月21日に、全国の大学および研究機関に対して
iPS細胞由来の胚の子宮への移植および生殖細胞作製を禁止する通
達を出したが、その後、不妊治療学会などの要請などにより方針転
換し、不妊治療研究に限定して（個体生命作製は禁止）研究を認め
ている。2012年には、マウスのES細胞iPS細胞から始原生殖細胞お
よび精子・卵子の作製、さらには個体マウス出産に成功しており、
いずれはヒトiPS細胞からも同様の成果が得られる可能性があると
考えられる。

霜田求「先端医療技術」（伏木信次・樫則章・霜田求 編『生命倫理と医療倫理』）
金芳堂　2020年より（省略した箇所がある）

8

生と再生

論点整理

　生殖補助医療技術（ART：Assisted Reproductive Technology）は、不妊症の夫婦を対象に人工的に生殖を可能にする技術である。体外受精などの技術を用いて子どもを得ることは、**医療目的の「疾病の治療」**に該当し、また、子どもをもてない精神的苦痛を除去できるため、**医療目的の「苦の緩和・除去」**にも該当すると考えられる。権利の観点からも、不妊症夫婦の**子どもを産む権利**を保障し、また、**患者の医療アクセス権**を保障するために生殖補助医療を使用することは正当化されうる。

　生殖補助医療は、生まれてくる子ども、精子提供者の男性、卵子提供者の女性、代理出産の女性、子宮提供者の女性など、患者以外に多くの他者が関わる医療である点で、先端医療技術の中でも特異な安全性や倫理性の問題を抱える技術である。

　第三者の女性から卵子を提供してもらう場合、卵巣を刺激して多くの卵子を放出させるために用いる排卵誘発剤は、卵巣腫大、腹水、胸水、血栓症、呼吸障害などの副作用が生じるリスクがある。課題文ａにあるように、妊娠・出産の確率を高めるために複数の胚を移植する場合に多胎妊娠の確率が高くなるが、出生体重の減少、流産率や胎児死亡率、後遺障害（脳性麻痺、精神発育障害、未熟児網膜症など）などの増加といったリスクがあるため、そのリスクを避けるために減数手術（減胎手術）を行うことがある。減数手術は、障害のある胎児や望まない性別の胎児を排除するために行うこともあり、優生思想につながる危険性もある。日本産科婦人科学会では、減数手術については、母体保護法上の人工妊娠中絶に該当せず、刑法上の堕胎罪の適用を受ける可能性があるとし、多胎妊娠を防止するために移植する胚の数を制限する規制を強化している。

　体外受精によって生まれた子どもには、遺伝上の親や産みの母など自らの出自について知りたいと思っても、精子や卵子の提供者、代理母は匿名を望むかもしれない。また、子どもが自分の出自を知りたくないのに、親が子どもに無理に話すかもしれない。**子どもには、自らの出自について「知る権利／知らされない権利」**がある。子ど

もの権利の保障と提供者、代理母のプライバシーの保護といった対立する２つの権利をいかに調整するかが課題となっている。

　代理出産については、他者の身体を自己利益を得るための手段としてもよいのかという倫理学的な問いがあり、ドイツでは全面禁止になっているが、日本では規制法が未だ制定されていない。日本学術会議は、原則禁止とし、先天的に子宮をもたない女性及び子宮の摘出の治療を受けた女性には例外的に容認するという規制の方向を打ち出している。

　子宮移植という新たな生殖補助医療については、子宮の提供を受けて、自分の体で妊娠し出産することができ、産みの親が遺伝上の親となることができるという利点がある。一方で、わが国では死体ドナーからの臓器提供が極めて少ないため、生体ドナーの身体的リスク、精神的・心理的負担などが問題になる。子宮移植の臨床応用については、日本産科婦人科学会倫理委員会では、代理出産が困難なわが国では代理出産に代わるものとして適用の可能性は排除できないが、適用の是非については学会横断的に専門家が集まって検討すべきであるとしている。

　ES細胞やiPS細胞などの幹細胞を用いて損傷した臓器や組織を復元する**再生医療**は、角膜再生、脊髄損傷の治療、心筋梗塞の治療、肝臓や腎臓の再生、パーキンソン病の治療などへの臨床応用が行われつつある。また、移植用の臓器作製に成功すれば、ドナーの慢性的不足を解消できるだけでなく、患者と同じDNAを有するため拒絶反応が生じないので、免疫抑制剤が不要になるという利点もある。薬剤のスクリーニングでは、病理細胞を作製し、ヒトに対する薬の副作用や有効性の検査、毒性の検査をすることで、新薬の開発が飛躍的に進むことが期待されている。

　しかし、ES細胞は、ヒト受精卵（胚）やクローン胚から取り出すため、**胚の操作・破壊の是非をめぐる倫理的問題**がある。課題文ｂで指摘されているように、「**人の生命の始まりはいつか**」「**人はどの段階から尊厳や権利の担い手になるのか**」という問題である。ヒト受精胚は、人の生命の萌芽であり、人として誕生しうるものであれば、人の尊厳

8

生と再生

を認めることができる。そうであるなら、ヒト受精胚を損なう取扱いは認められない。文部科学省や厚生労働省の指針によれば、人の健康と福祉に関する幸福追求の要請に応えるため、科学的合理性・安全性・社会的妥当性の3つの条件をすべて満たす場合には、例外的にES細胞の臨床応用を認めるとしている。

こうしたES細胞の倫理的問題を解消するために開発されたのがiPS細胞である。**iPS細胞は、体細胞から作製されるため、胚の操作・破壊という問題が生じない。**しかし、細胞に人工的な初期化因子を導入する際に、もとの細胞の遺伝子が傷つき、iPS細胞が腫瘍化してしまう。あるいは、iPS細胞が目的とする細胞にすべて分化せず、残存したiPS細胞が奇形腫になるという安全性の問題を抱えている。また、倫理面では、アスリートの身体能力を増強するドーピングに利用されるおそれがある。体性幹細胞を用いる再生医療は、豊胸やアンチエイジングなど美容外科での利用が進められている。こうした商業利用を抑制し、利用を安全に進めるために「再生医療安全性確保法」（2014年施行）が制定されたが、法令違反が後を絶たず、厳正な審査の実施や改正による規制強化が課題とされている。

🔑 キーワード

🔑体外受精・胚移植（IVF-ET）

採卵により未受精卵を体外に取り出し、精子と共存させる（媒精）ことにより得られた受精卵を、数日培養後、子宮に移植する（胚移植）治療法。最初は卵管閉塞などの障害が原因の不妊治療に用いられてきたが、現在はその他の不妊原因の治療としても使われている。

🔑顕微授精（卵細胞質内精子注入法）（ICSI）

体外受精の一つであり、通常の体外受精では受精が起こらない不妊の治療のため、卵子の中に細い針を用いて、精子を一つだけ人工的に入れる治療法。

🔑子宮移植

先天性もしくは後天性の子宮性不妊女性を対象に子宮を移植する治療法。レシピエントにドナーの子宮を移植し、子宮の生着を確認したうえで、

夫婦の受精卵を子宮に戻す（胚移植）。ドナーには、母親や姉妹などの親族、第三者などの生体ドナーと、脳死・心停止をした死体ドナーがある。

🔎 代理出産／代理懐胎

妻以外の女性に子どもを生んでもらうもので、夫の精子を第三者の子宮に人工授精させ、妊娠・出産させるサロゲート・マザー、体外受精でできた受精卵を培養した胚を第三者の子宮に移植し、妊娠・出産させるホスト・マザーなどがある。

🔎 再生医療

損傷を受けた臓器や組織の生体機能を、多分化能（pluripotent）をもつ多能性幹細胞であるES細胞やiPS細胞などの幹細胞を用いて復元させる医療。また、体性幹細胞を用いる場合もある。

🔎 ES細胞（胚性幹細胞）

受精後約6日後の胚盤胞から細胞を取り出し、それを培養することによって作製する。神経や心臓などあらゆる組織や臓器に分化する可能性がある。クローン技術を用いて患者の体細胞クローン胚から採取する方法もある。

🔎 iPS細胞（人工多能性幹細胞）

細胞に初期化因子となる人工的遺伝子を導入して細胞を初期化する方法で作製される。iPS細胞は皮膚や血液などの体細胞から作製するため、受精卵や胚の破壊の問題が生じない。また、患者自身の細胞から作製するため、iPS細胞を移植しても拒絶反応が起こらないという利点もある。

🔎 「人」の始まり

人が尊厳や権利の担い手である主体となるのはいつからかという問題。受精卵、胚、脳神経系の形成、胎児などさまざまな説がある。受精卵や胚の研究利用、臨床応用の是非をめぐる問題のみならず、堕胎罪・殺人罪の適用範囲の問題まで含む。

🔎 再生医療安全性確保法

「再生医療安全性確保法」は、幹細胞を利用した再生医療に関し、提供リスクを3種類に分け、厚生労働省が管轄する専門家の委員会での審査・承認を求めている。しかし、再生医療の専門医や設備がなく、科学的根拠や安全性の確保が不十分な施設での商業利用がなされている現状がある。

8

生と再生

どのように配分することが公平で、公正なのか？

9 - a   災害時医療・トリアージ

日本の医師法第一九条第一項は「診療に従事する医師は、診察治療の求があった場合には、正当な事由がなければ、これを拒んではならない」と定めている。これを医師の「応召義務」という。

通常、医師には、患者を救うために、どのような患者に対してもわけへだてなく医療を行うことが求められる。その点は、洋の東西を問わず、伝統的な医療倫理の基本的な考え方の一つとなってきた。その精神が日本の現行の医師法などにおける「応召義務」の規定につながった。

医師法の規定に関しては2019年に厚生労働省が、「医師が国に対して負担する公法上の義務であり、医師の患者に対する私法上の義務ではない」という通達を出した。応召義務があるとはいっても、従来の解釈と違って、診療時間外や勤務時間外の診療は断って構わないというのである。医師の過酷な労働条件の緩和が目的だろう。しかし、応召義務という原則がなくなったわけではない。医師は病み、傷ついた人の治療の求めに応じなければならない。

しかし、そうした応召義務といった考え方からすれば例外として広く知られるようになってきたのが、「トリアージ」という手法だ。

トリアージは、大震災や大規模災害の際に、多くの傷病者を外傷や疾病の重症度によって分類し、その分類をもとに、治療の優先順位や患者の搬送順位を決定することを指す。その決定にあたっては、外傷や疾病の重症度ではなく、救命可能性が基準とされる。そこでは、通常の診療では最大限の努力を払って救命処置が行われるような傷病者も、いっさい治療の対象とされないことが起こりうる。すべての患者を救うように全力を尽くすという医療の大原則に外れる事態を認めるのがトリアージだ。

トリアージでは「トリアージ・オフィサー」と呼ばれる実施責任

者を決め、その人の指示に現場にいる者全員が従うことになっている。混乱を避け、作業を効率的に進めるためだ。「トリアージ・オフィサー」は「TO」と蛍光塗料で書かれたチョッキを着用したり、腕や頭に目印をつけ、他の人から分かるようにする。実施責任者は緊急時の対応に慣れていれば必ずしも医師である必要はなく、救急隊員や看護師が務めることもある。

　日本では、1982年2月の日航機の羽田沖墜落事故がトリアージが意識されるきっかけだとされる。その事故では数としては十分な医師や看護師などの医療スタッフが現場にかけつけた。しかし、命令系統が統一されていなかったために、負傷者が救急搬送されずに、長時間、現場に放置されてしまった。

　この事故を教訓に、日本でも次第にトリアージの手法が定着してくる。107名の死者を出した2005年のJR福知山線脱線事故では、トリアージが整然と行われた。現在では、大災害時などには通常の救急隊ではなく、DMAT（ディーマット）と呼ばれる特別編成の「災害派遣医療チーム」が出動する体制が整えられている。

　トリアージでは「トリアージ・オフィサー」が問題となる傷病者を、通常、次の四つのカテゴリーに分類する。(I)は最優先治療群で、生命の危険はあるものの、直ちに処置を行えば、救命可能な者。(II)はバイタルサインが安定していて、治療の開始が遅れても、生命に危険がない者。(III)上の二つのカテゴリー以外の軽症者で、専門医による治療がほとんど必要のない者。(IV)すでに死亡しているか、直ちに治療しても救命が不可能な者。治療や搬送の優先順位は、この分類によって行われることになる。

　分類はできるだけ短時間で行い、分類した患者の右手首に(I)〜(IV)のそれぞれに対応した赤、黄、緑、黒のタッグをつけていく。この分類作業は、患者の容態が時々刻々変化するのに合わせて、繰り返し行うべきだとされている。

　特に大規模災害時における分類の手法としては、START（Simple triage and rapid treatment）法と呼ばれるものが、客観的で簡便な識別を可能にするものとして用いられている。それはまず歩ける

か否かで患者を分け、歩けない者については順に呼吸の有無、呼吸数、血液の循環状態、意識レベルの確認を行い、分類していく。この方法を実施するためには、一定の訓練が必要となる。今では大きな病院では大災害対応のために、トリアージの訓練を定期的に行うところが多い。

　こうしたトリアージの考え方は元々、戦時下で出てきたものだ。最初に提唱したのはナポレオン時代のフランスで軍医として功績のあった外科医ドミニク・J・ラレーだとされる。その提案が第一次世界大戦中にフランス軍で負傷した兵士の戦場での治療方針を決定する方法として組織化された。「トリアージ」という「選別」を意味するフランス語に由来するのはそのためである。それがアメリカなど、他の国でも採用されるようになり、広く知られることになった。

　戦時下では、疾病や負傷に倒れた兵士をいかにして効率的に回復させ、前線に復帰させられるのかが至上命令である。「トリアージ」という手法はそのために編み出された。そこでは戦争遂行という社会的効率が個人の治療への権利を凌駕する。医療資源は前線に早期に復帰できる者に優先的に回されることになる。

　大震災や大規模災害の際の救命活動でも多数の負傷者に対する人材や資材は絶対的に不足している。それがトリアージが必要とされる理由である。問題は極限状況の中でどれだけたくさんの命を救うのかという点にある。救う命の数が優先される。トリアージはあくまでも医療にとって平時とは異なる例外的な状況での救命のための手法である。それによって応召義務に示されるような医療者の通常の義務が否定されるわけではない。治療せずに放置して患者を死なせることが許されるということではない。

　議論としては、トリアージの方法についてさえ、万人に対する平等な医療という医師の義務に反するという批判は皆無ではない。しかし、トリアージが必要とされる前提条件を理解すれば、そうした批判に賛同する人は少ないだろう。医療が人材や資源の限られた状況の中で、できるだけ多くの人命を救おうとする努力をするのは当

然である。そのために、特に医療者にとって、トリアージの実際について学んでおくことは不可欠である。ただ同時に、医療者はこの方法があくまでも人的資源も含めた医療資源の絶対的な不足と救命の緊急性が前提となっていることは肝に銘じておくべきだ。

香川知晶「災害トリアージ」(『命は誰のものか　増補改訂版』)
ディスカヴァー・トゥエンティワン　2021年より

9−b　人工呼吸器の再配分の是非

　2020年3月末に、「COVID−19の感染爆発時における人工呼吸器の配分を判断するプロセスについての提言」という文書が「生命・医療倫理研究会」有志名で出された。この「提言」は翌日の政府の新型コロナ感染症対策専門家会議の記者会見でも紹介された。

　「生命・医療倫理研究会」有志が出した「提言」はCOVID−19の感染爆発によって人工呼吸器が不足し、「一人ひとりの患者に最善をつくす医療から、できるだけ多くの生命を助ける医療への転換が迫られる」「非常時」を想定して出されたものだという。諸外国に比べ、日本では議論が十分ではないので、非常時の場合の雛形を提示したのだとされている。

　「提言」は「判断の基本原則」として、まず第一に「人工呼吸器の装着を含む医療行為を実施するべきか否かの判断は、医学的な適応と患者本人の意思にもとづいて行うこと」という原則を掲げ、「この原則は非常時においても尊重される」と述べている。ここにこの「提言」の特徴が端的に示されている。掲げられた原則は通常時の医療のものにほかならない。非常時とはいってもじつは通常時の治療停止への対応によって配分の問題に対処すればいいというのである。文書の最後には、「はい」「いいえ」で自動的に回答が導き出せるようにフローチャートもつけられている。

　近年、日本では終末期医療をめぐって、厚生労働省をはじめ、関連学会なども、特に治療の停止や不開始の手順を含むいくつかのガイドラインを発表してきた。「提言」もそうした関連のガイドライ

ンに基づいている。非常時にあっても、通常の医療の場合と同じくできるだけ「本人の意思を確認」するというのが「提言」の要点である。

「提言」によると、「COVID‐19による肺炎を発症しているすべての患者に対して、容体が悪化して人工呼吸器の装着が必要になった場合に備えて……説明を行い、人工呼吸器の装着に対する意向と本人の意思決定する力が低下したさいに自らの意思を推定する人について、あらかじめ確認しておく」べきである。ただし、「意思決定能力のある患者本人が人工呼吸器の装着に同意しない場合には人工呼吸器の装着を行わないのが原則」である。患者本人の意思が確認されていれば、人工呼吸器について使用しないことも、途中で停止することもできる。しかも「救命の可能性がきわめて低い患者が対象の場合でも、本人の同意（本人の事前の意思表示や家族等による意思の推定を含む）があることが望ましい」。ここまでの話は終末期医療一般について現在の日本ではよく見られる考え方と変わらない。

この「提言」が問題の「COVID‐19の感染爆発時」の対応として言うのは、「より救命の可能性が高い患者に使用するため、人工呼吸器を取り外すことがありえること」も事前に説明しておくことである。「人工呼吸器が払底した状況下においては、人工呼吸器の再配分は許容されうる」からだとされる。問題は配分ではなく再配分である。「救命の可能性がきわめて低いとまでは言えない患者から、人工呼吸器の再配分のために人工呼吸器を取り外す場合」が容認の対象となっている。その場合についても「本人の同意（本人の事前の意思表示や家族等による意思の推定を含む）を前提とすることを原則とする」というのがこの「提言」だった。

患者から人工呼吸器を外すのは、救命の可能性がないと判断された場合だけが想定されているのではない。救命の可能性が残っていても、「人工呼吸器が払底した状況下」ではそれを外して、他の患者に装着してもいい、とこの「提言」はいう。

「トリアージ」では問題となる傷病者が、通常、四つのカテゴリー

に従って分類される。(I)は最優先治療群で、生命の危険はあるものの、直ちに処置を行えば、救命可能な者、(II)はバイタルサインが安定していて、治療の開始が遅れても、生命に危険がない者、(III)上の二つのカテゴリー以外の軽症者で、専門医による治療がほとんど必要のない者、(IV)すでに死亡しているか、直ちに治療しても救命が不可能な者の四つである。

「救命の可能性がきわめて低いとまでは言えない」けれども、装着してある「人工呼吸器を取り外す」患者はどのカテゴリーにもぴたりとは当てはまらない。そうした患者から「取り外す」基準は何なのか。患者の年齢や障がいが基準とされる恐れは十分にある。
香川知晶「COVID-19トリアージ「提言」」(『命は誰のものか　増補改訂版』)
ディスカヴァー・トゥエンティワン　2021年より（省略した箇所がある）

9

医療資源の配分

論点整理

　医療に対する要求や希望に対応する十分な資源があり、それが迅速に供給されるのであれば、医療資源の配分の問題は生じない。しかし、現実には、利用可能な既存の医療資源はすべての人の要求や希望を満たすには不十分であり、十分であるとしても、供給には偏りがある。医療資源が希少で、それを求める人々に行き渡らない場合には、なんらかの方法で配分することが必要となる。これが**医療資源の配分**の問題である。医療資源は病院・病床・医薬品・医療機器のような物的資源だけでなく、医師・看護師などの人的資源、救急医療などの現場では時間も配分の対象となる。医療資源の配分はそもそも、医療資源が希少であることに起因するので、たとえば、ワクチン不足にはワクチン製造量を増やすといった**希少性の解消**が考えられるが、**量だけでなく、質の確保も重要となる**。感染症専門家の不足は専門性の高い一定の能力のある感染症専門家の供給によってしか解決しないが、それは一朝一夕には実現しない。供給の増加による希少性の解消は医療や保健に関する長期的なヴィジョンに基づき、長いスパンで対応していく必要がある。

　医療の現場では日常的に、医療資源の配分の問題が生じ、具体的な対応が必要となる。医療倫理の四原則の一つである「正義」は、限りある資源を公正・公平に分配する場合に問題となる ▶1 が、何を公正・公平とするかには様々な考え方がある。功利主義（utilitarianism）では、最大多数の最大幸福という考えに基づき社会全体の幸福を最大化する制度が正義に適うとし、自由平等主義（liberal equality, egalitarianism）の立場では、社会全体の幸福の促進よりも、諸個人に基本的な権利を等しく保障することが優先される。どちらの考え方にも問題はある。社会保障等の公共政策、特定疾患の医療補助などの予算配分、優先的なワクチン接種などについては、価値観の多様化した社会では、**何に、あるいは、誰に限られた資源を優先的に配分するのか、その配分の根拠となる理念と基準が示され、社会的なコンセンサスが得られることが求められる**。

　緊急性のない場合であり、個人の決定に委ねうる場合であれば、

自己決定権を尊重するという原則に従い、**医療資源の不足について率直かつ具体的に説明し、各自の選択を尊重していけばよいだろう。**

　ところで、課題文aにあるように、医師には「応召義務」があり、「どのような患者に対してもわけへだてなく医療を行うことが求められる」が、大震災や大規模災害の際の救命活動では、「すべての患者を救うように全力を尽くすという医療の大原則に外れる事態」を認め、「トリアージ」という手法が用いられる。「多数の負傷者に対する人材や資材は絶対的に不足している」状況のなかで、「できるだけ多くの人命を救おうとする努力をするのは当然」であり、救う命の数が優先される。できるだけ短い時間で患者の分類がなされ、治療や搬送の優先順位が決められる。**トリアージとは、「人的資源も含めた医療資源の絶対的な不足と救命の緊急性」を前提とする。「あくまでも医療にとって平時とは異なる例外的な状況での救命のための手法」であることを忘れてはならない。**

　課題文bは、COVID-19の感染爆発によって人工呼吸器が不足する事態が生じた場合の「人工呼吸器の配分を判断するプロセスについての提言」をとりあげている。終末期医療においても、通常の医療と同様、患者の自己決定権が尊重され、患者は人工呼吸器の使用・不使用を選択することができる。「患者本人の意思が確認されていれば、人工呼吸器について使用しないことも、途中で停止することもできる」 ▶ 5 。これは「終末期医療一般についての現在の日本ではよく見られる考え方」であるが、この提言は、さらに、「人工呼吸器が払底した状況下においては、人工呼吸器の再配分は許容されうる」とし、「救命の可能性がきわめて低いとまでは言えない患者から、人工呼吸器の再配分のために人工呼吸器を取り外す場合」が容認される。課題文bの筆者は「救命の可能性がきわめて低いとまでは言えない」患者から人工呼吸器を取り外す際に、「患者の年齢や障がい」が基準とされる恐れがあると述べている。

　トリアージは生命の重さの比較をすることなく、可能な限り多くの人命を助ける「最大救命原則」に従っている。医療資源の公正な配分については、これ以外の原則もある。社会活動の混乱を最小化す

ることを目指し、医療や治安等の維持を優先する「**社会秩序原則**」、失われる生存年数の最小化を目指し、予後がよいと予測される人を優先する「**最大生存年原則**」、人生の諸段階を全うする機会を平等にするという「**ライフサイクル原則**」、また、待った期間の長さの順に従う「**待機期間原則**」などがある。「最大生存年数原則」「ライフサイクル原則」は高齢者よりも子ども、若者を優先する「命の選別」を肯定することになる。

　何を公正とし、何を公平とするかの基本的な思想は社会や文化によって異なり、また、個人の価値観によって、さらには、同じ個人でも状況によって異なる。配分の当事者になる場合と、そうでない場合でもまた異なる。限りのある医療資源をまだ短い期間しか生きていない若者に優先的に配分しようというのも一つの考え方であるし、高齢者よりも若者を優先することに違和感を覚える人もいる。

　患者の権利に関するリスボン宣言では「供給を限られた特定の治療に関して、それを必要とする患者間で選定を行わなければならない場合は、そのような**患者はすべて治療を受けるための公平な選択手続きを受ける権利がある。その選択は、医学的基準に基づき、かつ差別なく行われなければならない**」とある ▶p237 。生命の絶対的平等性 ▶3 を原則としつつ、医療資源の公正な配分については、パンデミックに限らず、平時から議論し、社会的なコンセンサスを形成しておくことが必要である。

🔑 キーワード

🔑 医療資源に関する格差 ──────────────●

　医療資源の配分については、先進国と途上国の格差、国力の大小による格差、医療技術や開発システムの違いによる格差などがある。国内でも、人的資源についていえば、都市部と地方の偏り（医療の偏在）もある。こうした日常的で、相対的な医療資源の希少性は、格差を前提に、供給に余剰のあるところから不足するところへの再配分を実現する仕組みを作ることが大切である。

🔑 配分のルール

　配分の目的を明確にし、それに応じて優先順位を決める。配分方法としては一般的に平等を重視するとくじ引きや抽選なども候補となる。権力や地位や才能、社会貢献度を基準にする方法もある。逆に、不遇な人や社会的弱者にまず配分するという方法もある。しかし供給を限られた医療資源の配分は生命の尊厳の尊重を原則とし、公平になされ、しかも、貴重な医療資源を有効に生かすことが求められる。

🔑 臓器移植

　臓器移植を望む患者は多く、臓器提供は少ない。臓器は常に希少な医療資源である。日本では、レシピエント（臓器提供を受ける人）の選択基準として、医学的緊急度や血液型、年齢、施設の所在地、待機時間などで優先順位が決められている。2010年より、ドナー（臓器提供者）が親族優先提供の意思表示をし、医学的適応条件を満たしている場合には、親族に優先的に提供することが認められている。

🔑 START法［Simple Triage and Rapid Treatment］

　多くの傷病者が出ている現場で行われる第一次トリアージ。①歩行の可否、②自発呼吸の有無、③呼吸回数、④血液の循環状態、⑤簡単な指示への応答の可否を確認し、傷病者をグループごとに、黒、赤、黄、緑の4色のトリアージ・タッグでふりわける。最優先治療群（重症群）は赤、待機的治療群（中等症群）は黄、保留群（軽症群）は緑である。黒いタグは呼吸停止、心停止で、明らかに救命の可能性がない非治療群である。

　第一次トリアージには問題点もある。何よりも迅速性を要するため、トリアージのミスは避けることができない。また、四つのカテゴリーしかないため、同じ赤いタグ、黄色いタグ内で、症状や逼迫度が異なる場合もあり、それには対応できない。

　日本ではトリアージに関する法律がなく、ミスがあった場合にトリアージ実施者が過失責任に問われる場合もある。トリアージの倫理的な問題も含めて、第三者機関による事後検証、トリアージ実施者の権限や免責規定などを法律で定めるか否かなど、十分な議論が必要である。

9

医療資源の配分

10−a 高齢社会と医療

　1980年代以降、政府・厚生労働省は、医療制度改革を一貫して進めてきました。患者の医療機関への在院日数を短くし、かかる医療費を抑制するため、医療機関を機能別に類型化し医療提供体制の再編を進めてきました。その一方で医療保険給付の適用範囲の見直しと適正化を進めてきました。具体的には、医療機関を規定する医療法等の改正を行うとともに、医療機関の経営を実質的に規定している診療報酬制度の見直しを進めてきたのです。かつては出来高払いが基本であった診療報酬制度は、乱診乱療を解消するという言葉の下で、包括払い方式へと転換しました。包括払い方式とは、1カ月の診療報酬を出来高から固定の金額で設定し、その金額のなかで診療等のサービスを提供するという仕組みです。

　現在、急性期の入院治療については、この包括払い方式が基本となり、各医療機関は患者の在院日数を短くするための取組みを強化せざるを得なくなっています。その結果、患者が急性症状にある時期に入院する病院（一般急性期病院という）では、患者の平均在院日数が確実に短縮化されてきており、現在では2週間よりも短くなっています。

　ところで、医療機関、病院と一口に言っても、実際には機能別に細かく類型化され区分されています。

　医療法という法律上で名前がついているのは、大学病院のような専門的な治療を行う「特定機能病院」（ベッドが400床以上）、そして地域の「かかりつけ医」（診療所）を支援し、専門外来や入院、救急医療など地域医療の中核を担う体制を備えた病院である「地域医療支援病院」（ベッドが200床以上）の2つです。

　さらに、診療報酬制度によって医療機関は機能別に類型化されて

います。

　具体的には、急性期病床、亜急性期病床、回復期リハビリテーション病床、地域包括ケア病床などといったものです。

　急性症状にある患者をまず受け入れるところが急性期病床です。次いで、急性期治療を経過した患者や、在宅・介護施設等からの患者で症状の悪化した患者に対して、在宅へ戻る支援を行うため、効率的でかつ密度の高い医療を一定の期間（最高60日間）提供する病床を亜急性期病床と言います。また、脳血管障害や骨折の手術などのため急性期で治療を受けたあとの回復期に集中的なリハビリテーションを行うことで低下した能力を再び獲得するための病床を回復期リハビリテーション病床と言います。

　そして、地域包括ケア病床とは、急性期の治療が終了し病状が安定したものの、すぐに自宅や介護施設等での療養に移行することに不安がある患者に対して、在宅復帰に向けて、医療管理、診療、看護、リハビリテーションを行うことを目的とした病床です。

　このように、入院病床の担う役割と機能を分けることで、円滑に退院し在宅等へ戻れるようにする仕組みが設けられているわけです。

　患者の平均在院日数の短縮化が進められている一方で、新たな問題として明らかになってきたのが、退院した患者が再び入院を余儀なくされる割合（再入院率）の上昇です。入院患者の退院先と退院後の療養環境が適切に確保されないままでの、一方的な退院の強制は、結局、再入院率を上昇させたり、行き場を失った結果として望まない在宅での死亡の増加につながっていると考えられます。

　こうした事態の反省から、政府・厚生労働省は、なんらかの医学的管理や医療的ケアの必要な状態で退院していく人の受け皿を地域のなかで整備することを目標とした地域包括ケアシステムの構築を政策課題として掲げたのです。

　地域包括ケアシステムが医療制度改革を含んだものであることを宮島俊彦元厚生労働省老健局長は次のように述べています。

　「病気になったら急性期病院に入院し、亜急性期・回復リハビリ病

10

地域医療の抱える問題

院を経て在宅へ帰っていく。在宅では地域のかかりつけ医が面倒をみる。その際の地域のサービス体系が、地域包括ケアシステムである。医療と介護、そして生活支援と介護予防が一体になった体系をつくっていく。〈中略〉医療と介護の双方の連携やサービスを調整するのが包括的マネジメントで、在宅医療連携拠点、地域包括支援センター、ケアマネジャーがその役割を果たす」（出所：医療経済フォーラム・ジャパンの第56回定例研修会要旨、『社会保険旬報』2012・4・1）

　この言葉からもわかるように、地域包括ケア構築は、病院に入院した患者が早期に、円滑に退院し、在宅や介護施設に戻るための仕組みづくりなのです。

金子努『「地域包括ケア」とは何か――住み慣れた地域で暮らし続けるために必要なこととは』幻冬舎メディアコンサルティング　2018年より（省略した箇所がある）

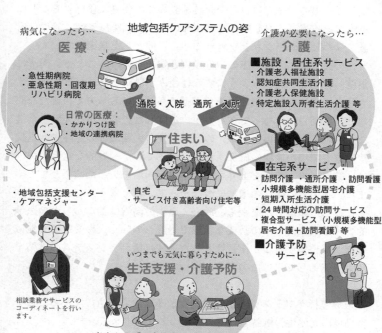

地域包括ケアシステムの姿

病気になったら…
医療
・急性期病院
・亜急性期・回復期
　リハビリ病院

日常の医療：
　・かかりつけ医
　・地域の連携病院

・地域包括支援センター
・ケアマネジャー

相談業務やサービスの
コーディネートを行い
ます。

通院・入院　通所・入所

住まい
・自宅
・サービス付き高齢者向け住宅等

介護が必要になったら…
介護
■施設・居住系サービス
・介護老人福祉施設
・認知症共同生活介護
・介護老人保健施設
・特定施設入所者生活介護 等

■在宅系サービス：
・訪問介護・通所介護・訪問看護
・小規模多機能型居宅介護
・短期入所生活介護
・24時間対応の訪問サービス
・複合型サービス（小規模多機能型
　居宅介護＋訪問看護）等

■介護予防
　サービス

いつまでも元気に暮らすために…
生活支援・介護予防

老人クラブ・自治会・ボランティア・NPO 等

10−b 医の偏在

　図1は、医師国家試験合格者数の年次推移を示している。1946年の第1回医師国家試験から2018年に行われた第112回試験までに43万6,309人の合格者が輩出された。1952年（昭和27年）から1974年（昭和49年）にかけては、3,000人から4,000人のペースで、毎年医師が輩出されてきた。その後、1970年の秋田、杏林、北里、川崎医大の医学部の新設を皮切りに1979年の琉球大学まで1970年代に32大学で医学部が新設され、その結果、1970年に新設された医学部の第1期生が卒業した1976年から、1979年に新設された医学部の第1期生が卒業した1985年にかけて医師国家試験の合格者数は4,000人から8,000人に急増した。その後1985年から2015年にかけての30年間は、8,000人±500人程度で推移していた。その後2009年に医学部定員増が打ち出され、その成果が本格的に表れる2018年からは、9,000人程度の合格者が輩出されることが予想される。

　ここでは、医師国家試験合格時の年齢が全員24歳であったと仮定して、現在の20歳代（2010年から2019年卒業までの予測数を含む）、30歳代（2000年から2009年卒業）、40歳代、50歳代、60歳代、70歳代、80歳以上の各グループの合格者数を試算したところ、20歳代83,400人、30歳代77,217人、40歳代78,965人、50歳代79,724人、60歳代

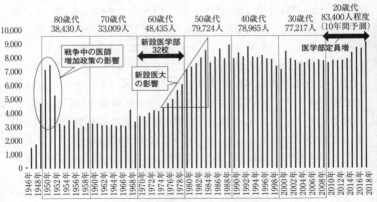

図1　医師国家試験合格者数推移

10

地域医療の抱える問題

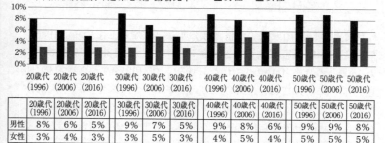

年代階級別性別「過疎地域」勤務比率　■男性　■女性

	20歳代 (1996)	20歳代 (2006)	20歳代 (2016)	30歳代 (1996)	30歳代 (2006)	30歳代 (2016)	40歳代 (1996)	40歳代 (2006)	40歳代 (2016)	50歳代 (1996)	50歳代 (2006)	50歳代 (2016)
男性	8%	6%	5%	9%	7%	5%	9%	8%	6%	9%	9%	8%
女性	3%	4%	3%	3%	5%	3%	4%	5%	4%	5%	5%	5%

図２　「過疎地域」勤務比率の性年齢階級別推移

48,435人、70歳代33,009人、80歳以上38,430人となった。この現在50歳代と60歳代と70歳代の医師国家試験合格者数の大きな差が、医師数の将来予測などに大きな影響を及ぼす。

　この図でまず認識してほしいことは、若い医師が増加した時期はきわめて限られていたことである。図１に示すように1970年代、医学部32校が新設され、国試合格者数が70年代の4万8,435人から80年代の7万9,724人となり、80年代は70年代と比べ10年間で若い医師が3万人ほど増えた。しかし、その後国試合格者数は90年代7万8,965人、2000年代が7万7,217人とほぼ横ばいで推移しており、この間若い医師の数は、毎年同じ水準である。2009年からの医学部定員増の影響で2010年代は、2000年代より6,000人ほどの若い医師の増加が期待できる。

　もうひとつ強く認識したいのは、これまで退職者がほとんどいなかった新設医大の卒業生がこれから退職を始める年齢になり、今後医師の退職者数の急増が始まることである。おおまかな言い方をすれば、これまでは毎年8,000人くらいの新人医師が生まれ、4,000人ほどがリタイアしていたので、１年当たりの医師数の「純増」は4,000人ほどだった。しかし今後10年は医学部定員増の影響で9,000人の新人医師が生まれるものの、6,500～7,000人の医師がリタイアしていくと考えられ、純増は2,000～2,500人ほどしか見込めない。従来のような年間4,000人の医師の増加を期待できなくなる。

　医師の増加スピードが鈍ることに加え、働き方改革や女性医師の

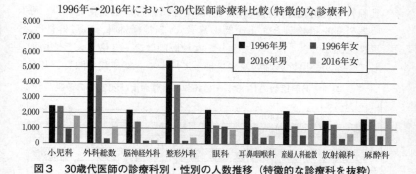

1996年→2016年において30代医師診療科比較（特徴的な診療科）

凡例：
- 1996年男
- 1996年女
- 2016年男
- 2016年女

図3　30歳代医師の診療科別・性別の人数推移（特徴的な診療科を抜粋）

更なる増加などを考えると、厚労省が予測しているように医師の労働力は増えず、むしろ地域、診療科によってはこれまで以上に深刻な医師不足が生じると、筆者は予想している。

　1996〜2016年の20年間で全国の医師数は24万908人から31万9,480人へと33％増えた。また、大都市医療圏41％増、地方都市医療圏30％増である一方、過疎地はわずか4％増である。

　図2は、「過疎地域」勤務比率の性年齢階級別の推移であり、例えば、1996年には、20歳代の男性勤務医の8％、女性勤務医の3％が過疎地に勤務していたことを示している。この図より、

(1)1996年から2016年まで女性臨床医の過疎地勤務比率は、男性医師と比べ一貫して低い

(2)近年、若い男性臨床医の過疎地勤務比率が、急激に低下していることが読み取れる。もともと過疎地での勤務比率が低い女性医師の増加と、男性若手医師の過疎地勤務比率の急速な低下が相まって、過疎地の若手医師が急減している。

　今後の医療提供体制に大きな影響を及ぼしそうな診療科を抽出し、その30歳代の医師数の推移を図3に示す。例えば、30歳代の小児科全体の医師数は1996年から2016年の20年間に25％増加しており、その増加は女性小児科医の増加によるものである。外科総数（外科、

10

地域医療の抱える問題

乳腺外科、消化器外科（胃腸外科）、肛門外科、気管食道外科、呼吸器外科を標榜科とする医師の総数）、脳神経外科、整形外科は、男性医師が大きく減少しており、女性医師は2〜3倍と大きく増加しているが、男性医師の減少を補っていない。30歳代の眼科、耳鼻

表1　外科医数の1996年→2016年の推移および2026年の予測

外科総数	全体					
	1996年		2016年		2026年	
全数	26,070		24,073		23,728	
	病院	診療所	病院	診療所	病院	診療所
全国 合計	20,112	5,958	20,067	4,006	20,861	2,867
20歳代	3,289	22	1,177	3	1,177	3
30歳代	7,562	281	5,413	82	5,209	37
40歳代	5,079	1,007	5,374	463	4,936	188
50歳代	2,118	1,126	4,700	908	4,428	560
60歳代	1,423	2,120	2,478	1,209	3,468	899
70歳代	511	1,205	679	751	1,344	854
80歳以上	130	197	246	590	299	325

外科総数	男					
	1996年		2016年		2026年	
全数	25,442		21,982		20,587	
	病院	診療所	病院	診療所	病院	診療所
全国 合計	19,546	5,896	18,175	3,807	17,978	2,609
20歳代	3,028	21	911	3	911	3
30歳代	7,318	268	4,393	49	3,970	37
40歳代	5,043	994	4,909	379	4,061	113
50歳代	2,113	1,119	4,574	856	4,042	461
60歳代	1,414	2,110	2,464	1,188	3,350	850
70歳代	502	1,188	679	745	1,344	823
80歳以上	128	196	245	587	299	323

外科総数	女					
	1996年		2016年		2026年	
全数	628		2,091		3,141	
	病院	診療所	病院	診療所	病院	診療所
全国 合計	566	62	1,892	199	2,883	258
20歳代	261	1	266	0	266	0
30歳代	244	13	1,020	33	1,239	0
40歳代	36	13	465	84	875	75
50歳代	5	7	126	52	385	99
60歳代	9	10	14	21	118	50
70歳代	9	17	0	6	0	32
80歳以上	2	1	1	3	0	3

科医師は全体で36％、31％の減少であるが、特に男性医師の減少が顕著である。産婦人科や放射線科は全体で増加しているが、男性医師の大幅な減少を上回る女性医師の増加の結果である。麻酔科も急増したが、男性が2％減少となった一方で、女性が247％増加し、30歳代では女性医師の数が男性医師の数を上回る状況になった。

　とりわけ事態が深刻なのは「外科」だ。**表1**に示すように、まず総数では1996年で2万6,070人、2016年で2万4,073人。内訳を見ると男性は2万5,442人から2万1,982人と3,460人の減少、女性は628人から2,091人と1,463人の増加となっており、男性の減少分を女性の増加分がカバーし切れていない状況が読み取れる。

　これに先ほど述べた医師の大都市志向が重なった結果、16年の大都市では30〜40代の男性外科医と女性外科医が多く、過疎地域では50代男性外科医が多いという現象が生まれている。また16〜26年では大都市は外科医の増加が期待でき、若手医師が加わることにより、外科医の年齢構成も16年と大きく変わらないと予測される。

　一方、過疎地は若手外科医が増えず、外科医の大幅な減少と更なる高齢化の進行により、現在の主力である50代医師が60代になっても主力となって外科を運営せざるを得ない状況が予想できる。実際、地域によってはこの事態が既に起きている。私が訪問したある地域の総合病院では、外科医3人が常勤していたが、一番若手が55歳、あとの2人は60歳代だった。

　この病院の光景は今後、全国で見られるようになると考えられる。現在の50〜60代がリタイアすれば過疎地では一気に医師がいなくなるし、更にいえばリタイアせずとも、この5〜10年で地域内に外科手術を行える外科医がいなくなる地域が続出することを想定しておかなければならない。

　外科医の減少に早急な対応がなされない場合、「肺癌で手術を受けたいと思っても日本国内では半年待ちなので、外国で手術を受ける」という近未来図も覚悟しなければならないだろう。

高橋泰「医師の地域偏在・診療科偏在は、どのような過程を経て進んだか？」
（『全日病ニュース』2019.7.1　No.943）

10

地域医療の抱える問題

　介護サービスは社会に定着し、その利用者は在宅サービスや居宅サービスを中心に増加している。一方で、高齢化はさらに進み、認知症の高齢者の割合、高齢者の単独世帯・夫婦のみの世帯の割合が増加すると見込まれている。**社会構造の変化や高齢者のニーズに対応**するために、社会全体で「**地域包括ケアシステム**」の実現が目指されている。地域包括ケアシステムとは、地域の事情に応じて高齢者が、可能な限り、住み慣れた地域でその有する能力に応じて自立した日常生活を営むことができるよう、医療、介護、介護予防、住まい及び自立した日常生活の支援が包括的に確保される体制のことをいう。

　課題文ａに「政府・厚生労働省は、なんらかの医学的管理や医療的ケアの必要な状態で退院していく人の受け皿を地域のなかで整備することを目標とした地域包括ケアシステムの構築を政策課題として掲げた」とある。高齢者自らが住まいや必要な支援・サービス、看取りの場所を選択するという尊厳の保持と、不安なく自立した生活を継続するための支援の仕組みを住み慣れた地域で実現することを目指す。そのためには自治体が中心的な役割を果たさなければならない。具体的には、高齢者のニーズや状況の変化に応じて、必要な医療や介護のサービスが切れ目なく提供される包括的かつ継続的な体制が不可欠である。地域包括ケアシステムは、在宅医療サービスと介護サービスとの連携によって、特定の施設への移動が不要になること、社会参加を通して生きがいや地域での役割を発見すること、自分らしい生活を実現すること、介護予防に繋がることなど、多くのメリットを有している。しかし、現実的にいくつかの課題を抱えている。

　まず、体制のあり方とその担い手が明確でないことである。地域包括ケアシステムは全国で一律・共通ではない。各地域の実情は様々な要因によって左右され、地域包括ケアシステムのあるべき姿は地域によって当然異なるが、医療・介護・生活支援といった要素が不可欠であり、専門分野の領域を超えて様々な職種が協働する**多職種連携**、それによる**ケアカンファレンス**の重要性が増しているのはど

の地域も同じである。地域の実情を最もよく知る市区町村が地域の実情・特性をふまえ、その地域にあった、しかも各地域で直面している喫緊の課題に対応しつつも、長期的な視野にたって、地域包括ケアシステムを作り上げ、連携をはかっていくことが必要である。

また、課題文bで「過疎地は若手外科医が増えず、外科医の大幅な減少と更なる高齢化の進行により、現在の主力である50代医師が60代になっても主力となって外科を運営せざるを得ない状況が予想できる」とあるが、一方で、「大都市は外科医の増加が期待でき、若手医師が加わることにより、外科医の年齢構成も16年と大きく変わらない」とある。**医師の偏在**や医師の高齢化が進んでおり、医療従事者の人材確保は喫緊の課題である。医療の地域偏在と診療科偏在、財政難によって地域医療が困難になる等、医療アクセスに関する問題さえ生じている。

他の課題としても、「医療」「介護」「生活支援・介護予防」に関わる多様化するニーズへの対応が挙げられる。多くの人が病院で最期を迎える状況が続けば受け入れ体制が追いつかなくなる一方で、最期を住み慣れた住まいで迎えたいと在宅医療を希望する高齢者も増加している。在宅医療における「住まい」には、自宅だけでなく、サービス付き高齢者向け住宅等も含まれる。そこを生活の中心にして、高齢者は生活支援・介護予防サービスの提供を受けつつ、老人クラブ・自治会・ボランティア・NPO等に参加しながら、生きがいや自分らしい暮らしを実現する。ケアマネージャー、ヘルパー、地域の相談員といった異なる運営組織の専門職は、それぞれの専門的観点から利用者に関わるが、常に利用者の情報や方針の共有を図り、利用者から見ると一つのケアチームのように見える一体的なケアサービスを提供することが求められている。

課題文aで説明されているように、政府・厚生労働省は医療制度改革として「患者の医療機関への在院日数を短くし、かかる医療費を抑制するため、医療機関を機能別に類型化し医療提供体制の再編」を進めてきた。患者の平均在院日数の短縮化によって、複数の慢性疾患を抱えながらも地域で暮らす人が増えているが、その際、問題となるのは、「入院病床の担う役割と機能を分けることで、円滑に退

10

地域医療の抱える問題

院し在宅等へ戻れるようにする仕組み」において、患者の状態に応じて必要な医療が身近に提供されるかどうかということである。「治す医療」から「**治し、支える医療**」への転換が行われ、病院で治療・入退院する病院完結型医療から、役割分担を明確にした**地域連携型医療**へのシフトチェンジが必要となる。病診連携システムがその一例であるが、それは、病院と診療所との役割の違いを考慮し、高度で専門的な治療や検査が必要な患者は先進医療機器を備え手術と入院ができる病院へ、病状の安定している患者は投薬による治療と健康診断を主とする初期診療（プライマリ・ケア）を行う地域の**かかりつけ医**（診療所）へ通うというように、患者にとって最適な医療を提供するという制度である。病院から再び在宅に戻る際には、必要な時に必要な医療や介護サービスが提供されることが重要となる。

　現在、地域医療において、Society 5.0の実現の基盤となるAIやIoTなどの情報技術を利用することが問題解消に繋がるとして期待されている。たしかに、このような新技術の利用は役立つ部分もあるが、課題文a・bで述べられていることからもわかるように、地域の持続可能な医療の実現に必要なのは何よりも「人」であり、医の偏在を解決して地域包括ケアシステムをより充実させることである。そのためにも、制度設計と実現への具体的な実践が求められる。

🔑 キーワード

🔑 地域包括ケアシステム

　高齢者の尊厳の保持と自立生活の支援のために、可能な限り住み慣れた地域で、自分らしい暮らしを人生の最期まで続けることができる地域の包括的な支援・サービス提供体制のこと。厚生労働省はその構築を推進し、各自治体は地域の特性に応じて取り組んでいる。

🔑 多職種連携

　異なる専門的背景をもつ専門職が、互いの専門性を活かして共有した目標に向けて共に働くこと。専門職種の積極的活用、連携による医療・介護の質の向上、効率的な医療・介護サービスの提供を目的に、多岐にわたるニーズに応え、質の高いケアを地域に提供する。

🔑 ケアカンファレンス

　ケアプランに沿う介護が行われているかを評価して、よりよい医療や介護サービスを提供する目的で、医療・介護の現場で実施される合同会議。利用者に関する情報共有、多職種との相互理解、問題の発見と改善策、ケアの品質改善を中心に話し合う。

🔑 医師の偏在

　地域偏在と診療科偏在がある。前者は、都市部に医師が集中し、周辺地域や過疎の地域では医師不足が生じる状況であり、後者は、特定の診療科の医師は確保できているが、別の診療科（たとえば外科など）が不足する状況を指す。相対的医師少数地区や診療科の医師確保が課題となる。

🔑 治し、支える医療

　急速な高齢化の進展により、複数の慢性疾患を抱える高齢者が増えている。高齢ゆえに完治が難しく、病気を抱えながら日常生活を送るための支援が必要とされ、「治す医療」から「治し、支える医療」への転換が求められるようになった。

🔑 地域連携型医療

　地域の中で個々に役割・機能をもつ医療機関が相互にネットワークを作り円滑な連携を図ることで、患者は急性期から回復期を経るまで、切れ目なく医療を受けることができる。病状に応じてより専門的な病院を紹介したり、病状が安定したら地域の医院や紹介元の診療所などを逆紹介したりすることによって、患者は継続性ある的確な医療も受けられる。

🔑 かかりつけ医

　「健康に関することを何でも相談でき、必要な時は専門の医療機関を紹介してくれる身近にいて頼りになる医師のこと」（日本医師会）。家庭医とも呼ばれ、地域医療、保健、福祉を担う総合的な能力をもつ。患者の日頃の健康状態を理解しており病気の予防や早期発見・治療に繋がる。

🔑 Society5.0

　狩猟社会（Society1.0）、農耕社会（Society2.0）、工業社会（Society3.0）、情報社会（Society 4.0）に続く、サイバー空間と現実空間が高度に融合することで、経済発展と社会的課題の解決の両立を可能とする人間中心の社会。医療・介護でも、AI、ビッグデータ等の利用が進む。

10

地域医療の抱える問題

その代表的問題としての生活習慣病と心の健康

11−a　生活習慣病

　生活習慣病には、肥満症、糖尿病、高血圧症、脂質異常症などがあり、体質を決める遺伝性素因に加えて、運動不足や塩分・糖分・脂肪過多などの食生活、喫煙・飲酒など、ライフスタイル（生活様式）による環境要因が発病の原因と病気の進行に重要であることより生活習慣病と呼ばれます（図A）。最近の肥満症や糖尿病などの増加は、人類の長い期間にわたる進化の過程から考えて戦後のわずか70年ほどの短期間に遺伝子の変化が起こることでは説明できないので、環境要因の変化によるもの、つまり日本人の食生活の変化、車社会に代表される運動不足、ストレスによる摂食過剰などが考えられています。

　生活習慣病は最終的には動脈硬化の進展と密接に関係するものが多く、ほとんどの生活習慣病が動脈硬化の危険因子ですが、生活習慣病をいくつも併せ持つことすなわち、肥満症、糖尿病、高血圧症、脂質異常症が同一患者さんに同時に重なって発病すること（重積すること）によってさらに動脈硬化を進めることが明らかになっています。生活習慣病は「生活習慣に起因する疾患」を定義する行

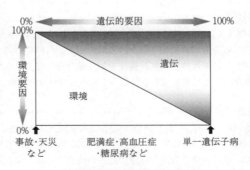

図A　生活習慣病の遺伝因子と環境因子

政用語であって、医学用語ではありません。医学的には、シンドロームX、インスリン抵抗性症候群、死の四重奏、内臓脂肪症候群などと呼ばれてきました。最近では、国際的に統一されて「メタボリックシンドローム（メタボリック症候群）」と呼ばれることが増えています。複数の生活習慣病が重積している患者さんでは個々の病気の重症度は軽くても併発することにより動脈硬化が進行しやすいことが知られています。

　動脈硬化が進むことによって、最終的には虚血性心疾患（心筋梗塞や狭心症）、脳卒中などが起こります。生活習慣病で恐ろしいことは、「サイレントキラー」といわれるように、初期にはほとんど自覚症状がないまま病気が進行していくことです。症状が出たときには取り返しがつかないほど悪化していることも珍しくありません。地域や職場の健診などの機会に定期的に検査されることが何よりも大切です。

　一方、環境要因としての食生活の偏り（塩分・糖分・脂肪過多など）、運動不足、喫煙、飲酒は主要な生活習慣病の増加に共通していることから、このような生活習慣を修正・改善することにより生活習慣病を同時に防ぐことができるのです。理論的には戦後の70年余りの間の生活習慣の変化によって増加している生活習慣病を、生活習慣の修正・改善により以前の発病頻度まで減少させることができることを意味しているのです。

　生活習慣病と成人病とはおおよそは同じものです。

　1950年代後半から40年間、厚生省（現厚生労働省）は壮年期以降（40歳以降）に発症する罹患率が高い脳卒中、癌、高血圧症、心臓病、糖尿病などに対し「成人病」という名称を用いてきました。この「成人病」は医学用語ではなく厚生省が用いてきた行政用語です。戦後、人々の暮らしが豊かになり、食事の欧米化や電化、自動車の増加が進み、以前のように身体を使わないでよくなる（運動量の減少）と同時にこれらの疾患が増加し、大きな問題になってきたと考えられています。これらの疾患が文明病、工業化社会病などと呼ばれるゆえんです。

しかしこれら「成人病」は、生活のスタイル（食生活・運動不足・喫煙・飲酒などの習慣）を変えることにより、その発症や進行を防ぐことができる部分が多いことが明らかにされてきました。成人病は英国では以前より「life-style related disease」つまり生活のスタイルと関連した疾患と呼ばれていました。厚生省は「成人病」という名称では加齢とともに自然に発症してくる、というニュアンスがあり、これに対してこれらの疾患は生活習慣を変えることによって予防できるものであるということを強調するために、1996年10月、厚生省の公衆衛生審議会において「生活習慣病」という名称に変更することが決定されました。これまで「早期発見、早期治療」つまり二次予防に重点が置かれていた成人病に対して、生活習慣病においては、自分で意識して生活のスタイルを変えることで病気の発症自体を防ぐという一次予防に重点が置かれたのです。健診の受診に加えて、生活習慣の改善、つまり脂肪・塩分を控えた食事、ウォーキングなどによる運動不足の解消、禁煙などの必要性が指摘されています。

　現在の生活習慣病と従来の成人病はこのように若干のニュアンスの相違があります。つまり従来の成人病ではどちらかといえば三大死亡原因である癌、脳卒中、心臓病がメインであったのに対し、生活習慣病では糖尿病、肥満症、高血圧症、脂質異常症、脳卒中、虚血性心疾患などの動脈硬化性疾患とその危険因子がメインにとりあげられています。これは生活習慣病が生活スタイルの変更により予防、あるいはいったん発症しても進行を防ぐことができる部分が大きいのに比べ、とくに癌は遺伝性素因の関与も多く、また環境因子の関与も解明されていない部分が多く、生活習慣の注意だけでは防ぎきれないので、一次予防より早期発見・早期治療などの二次予防が中心になるからです。

　患者が1〜5万人以下の稀な疾患（稀少疾患：rare disease）に対して、患者が100万人単位の非常に発症頻度の高い疾患をcommon diseaseと呼びます。

　生活習慣病は、すべてまさにcommon diseaseであり、たとえば

高血圧症は老年人口のおよそ1/3、糖尿病は境界域まで含めると全人口の1/10以上の罹患率といわれています。誰でもかかる可能性があるのがcommon diseaseです。一方common diseaseであることから、生活習慣病に対して油断が生じます。つまり、あまりにもありふれているために危機感が少なくなってしまうのです。「赤信号、みんなでわたれば怖くない」と同じ状況です。重大な病気を持っているという認識をしている人はむしろ少数派で、「ちょっと血圧が高いだけです」「時々尿に糖が下りるだけです」と大したことがないという意識の人、さらには肥満症などは病気のうちに入らないと思っている人も少なくないのです。

しかし、生活習慣病は、先ほど触れましたようにサイレントキラーと呼ばれ、初期のうちにはほとんど症状がなく、また知らない間にどんどん動脈硬化が進行し、気のついた時には心筋梗塞、脳卒中、失明、腎不全など取り返しのつかない病気を発病したり、そのための特殊医療が必要となったりしますので、著しくQOL（生活の質）を損なうことになります。

医療経済という切り口で考えても、これだけの人口が治療を受けるとなると医療費も膨大なものとなり、国民の生活を圧迫することになります。さらに生活習慣病が進行しますと先ほど述べたように特殊医療でますます膨大な医療費がかかります。この負担はわが国の経済にとっても深刻な問題です。

生活習慣病は望ましい生活習慣を実践することで予防でき、あるいは進行を防ぐことができます。ところがそれを怠ると国民人口のかなりの割合が生活習慣病を発症し、さらに重篤な疾患になってしまうのです。日本人の三大死因の二つ、心臓病と脳卒中は生活習慣病の末路です。うまくいけば健診費用だけですむ可能性もありますが、逆にとんでもない膨大な費用で国の健康保険制度を圧迫する可能性もあるのです。生活習慣病の特徴を正しく理解して生活習慣病対策に取り組むことは個人的にも社会的にも重要な課題です。

中尾一和「生活習慣病とは」（中尾一和 編著『京都大学健康市民講座
Ｑ＆Ａ生活習慣病の科学Neo』）京都大学学術出版会　2016年より

11−b 心の健康

　厚生労働省が５年ごとに実施している「労働者健康状況調査」における「仕事で強い不安、悩み、ストレスを感じる事柄の内容」によると、日本の労働者が感じる３大ストレス要因は、「職場の人間関係」「仕事の質」「仕事の量」となっています。

　「職場の人間関係」は不動の１位です。それに続く第２位は、平成14年では「仕事の量」でしたが、平成19年以降は順位が逆転し「仕事の質」が２位になっています。現代の労働環境では、量より質を求められてストレスを感じる人が増えているといえるでしょう。

　「労働者健康状況調査」の平成24年度調査結果では、およそ４割の労働者が「職場の人間関係」にストレスを感じていると回答しています。

　職場の人間関係は、多くの場合、数年単位で固定的に継続し、自分の意思だけで異動できないため、ストレスが持続し蓄積されていきます。

　また、指揮命令と従属の関係のもと、弱い立場にある部下はストレスを感じやすい状況におかれます。これはパワーハラスメントが発生する要因でもあります。上司の部下に対する態度や行動が、部下の抑うつ・不安などのストレス反応に関係していることが複数の研究で明らかになっていますが、特に「自分が上司に公正に扱われていない」と認識している人が多い職場では、人間関係の摩擦が多く、労働者のうつ病や心臓病などの発症リスクが上がると報告されています。また、意思決定のプロセスや根拠が明らかにされる公正性（手続的公正性）も、職場のストレス要因とされています。特に身分の不安定な非正規雇用社員では、手続的公正性が心身への健康に影響するという研究結果が報告されています。昨今、正社員、派遣社員、パート労働者など多様な雇用形態が職場に混在するようになってきていますが、そのような職場ではとりわけ、意思決定の根拠となる基準が明示され、決定内容について誰もが意見を表明できる機会があることが、ストレス軽減策として重要です。風通しのよい職場では、

上司・経営層との信頼関係が社員のやる気を高めると考えられます。

　「労働者健康状況調査」の結果を就業形態別にみると、正社員は「仕事の量」「仕事の質」をストレスとしている割合が高く、非正規社員は「雇用の安定性」をストレスとしています。

　正社員の解雇規制が厳しい日本では、非正規社員での雇用調節や、正社員の長時間労働が、需要の変動に対応するバッファー(注)として機能しており、その状況が、正社員と非正規社員両者に、異なる種類のストレスをもたらしていることが推察されます。

　仕事の質と量とを合わせて、仕事の要求度という指標で表したとき、仕事の要求度が高い状態、例えば非常に責任の重い仕事に取り組む時、約3倍うつ病を発症しやすいという研究報告があります。しかしその一方で、仕事の要求度が高くても裁量度が高い時、つまり仕事の段取りを自分で決められる状況では、ストレスを感じにくく疾病発生リスクが低いこともわかっています。ですから経営層や自営業者は、忙しい状況下でも裁量があるため、精神疾患を発症しにくい面があると言えます。

　また、仕事の遂行のために行われる「努力」の程度とその対価として得られる「報酬」とのバランスが悪い時にも健康に影響を生じることがわかっています。つまり、短期間で難しい仕事を要求されたとしても、それに見合った報酬が得られれば、人はあまりストレスを感じず、それに見合う報酬が得られない時、大きなストレスを感じるのです。ここでいう報酬には、金銭的報酬だけでなく、昇進や雇用の安定などキャリアの報酬と、上司や同僚からの評価や仕事のやりがいといった心理的な報酬も含まれます。難易度の高い仕事をやりきった社員を適切に評価することは、ストレス対策・健康増進にも通ずるのです。適正な人事評価システムを整備することが重要ですが、「よくやった」の一言で報われる（＝心理的報酬）ことがあることも、管理職に知っておいていただきたい事項です。

　業務そのものではなく、役割や立場にまつわるストレスも、労働者の健康に影響を与えるとされています。例えば、中間管理職の「経

営層からの指示と現場の部下の状況の板挟みになってつらい」という訴えや、家事育児の両立に葛藤する（多くの場合）女性のストレスは、「役割葛藤」と呼ばれます。指揮命令系統や責任の所在が曖昧であったり、自分の果たすべき役割や仕事の範囲が不明瞭であることもストレス要因となります。プロジェクトチーム制での仕事では、指揮命令系統が不明瞭になりやすいためか、疲労感や抑うつ感を訴える社員が多い印象があります。

　ストレッサーにさらされた時、例えば上司に叱責された時、「辛い」「落ち込む」「不安だ」といった心理的ストレス反応が現れます。また身体的ストレス反応として、胸がドキドキしたり冷や汗が出たり、血圧・体温が上昇します。やけ酒や過食など行動面の反応がみられることもあります。これらの反応は、ストレッサーに対抗するために心身を適応させようとする一時的・可逆的な変化です。ストレッサーから離れて休息・睡眠など適切な対処を行えば回復するものです。しかし適切な対処が施されないと、適応限界を超え、疾患に進展していきます。

　嫌なことがあった時、あなたにはどのような反応が起こりますか？　ストレス反応は多種多様な症状として自覚されますが、たいてい人によっておこるストレス反応の出方は決まっているようです。頭痛が出る人、めまいを起こす人、タバコを吸いすぎてしまう人、それぞれ自分特有の警告アラームを知っておくといいでしょう。アラームを無視すると疾患に進展します。

　ストレス反応に引き続いて発症する身体疾患は心身症と言われ、胃潰瘍（いかいよう）や高血圧、気管支喘息（ぜんそく）などが知られています。ストレスが、心身症を引き起こす機序は概ね明らかにされていますが、精神疾患を引き起こすメカニズムは未だ明確には解明されていません。うつ病を例にあげると、ストレッサーに対抗しようと過剰に分泌されたホルモンが神経細胞を障害したり、それに引き続いて神経伝達物質が減少することが、意欲低下や不安症状をもたらすのではないかと考えられていますが、現段階では仮説レベルです。

11

現代人の健康問題

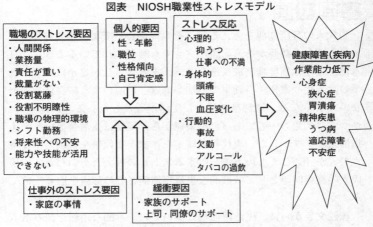

図表　NIOSH職業性ストレスモデル

アメリカ労働安全衛生研究所（NIOSH）が提唱している職場に
おけるストレッサーが疾病発症を招くまでの過程

　同じストレッサーにさらされても発症する人とそうでない人が
いるのは、遺伝的素因が関与していると考えられています。職業性
ストレスモデル（**図表**）には、ストレスから疾患に進展する過程に
おいて、遺伝的素因に加えて様々な修飾要因が相互に影響し緩衝
し合っていることが示されています。これは発症を予防するために
重要な視点です。ストレッサー自体に手を打つことができればそれ
に越したことはありませんが、現実的には難しいことも多く限界が
あります。そこでこれらの修飾要因に働きかけることが疾病の未然
予防のために有効な手立てとなります。職場で出来る修飾要因への
働きかけとして、特に重要なのが、周囲（上司や同僚）の支援です。
過度なストレッサーにさらされている状況でも、上司や同僚に相談
しやすい職場であれば、ストレス反応は軽減し、疾病発生が予防で
きることが様々な調査研究で報告されています。

メンタルヘルス実務研究会『産業医と弁護士が解決する 社員のメンタル
ヘルス問題』中央経済社 2016年より

（注）バッファー―緩衝装置。

論点整理

　現代人の健康問題を考える際、その背景として現代社会の特徴をおさえておく必要がある。課題文ａでも触れられているように、日本は、戦後、高度経済成長を経て、人々の暮らしが豊かになり、食事の欧米化や電化、自動車の増加が進み、以前のように身体を使わないでよくなる（運動量の減少）生活が普及した。これに伴って、かつては疾患の中心であった感染症から、現在は生活習慣病へと疾病構造がシフトした。現代社会はまた、様々な競争や管理の下で多くの人が「こころ」の不調を訴えるストレス社会ともいわれる。現代人の健康問題として特徴的な生活習慣病と心の健康を取り上げてみよう。

　課題文ａからは、生活習慣病についての基本的な情報を読み取ることができる。

　多くの疾病は、遺伝要因と環境要因が関わる**多因子疾患**である。なかでも、肥満症、糖尿病、高血圧症、脂質異常症などに代表される疾病は、体質を決める遺伝性素因に加えて、ライフスタイル（生活様式）による環境要因が発病の原因と病気の進行に重要であることから、**生活習慣病**と呼ばれる。ただし、生活習慣病という呼称は行政用語であり、医学用語ではない。医学的には国際的に統一されて「**メタボリックシンドローム（メタボリック症候群）**」と呼ばれることが増えている。

　生活習慣病は最終的には動脈硬化の進展と密接に関係するものであり、動脈硬化が進むことで虚血性心疾患（心筋梗塞や狭心症）、脳卒中などが起こる。複数の生活習慣病が重なっている患者の場合、動脈硬化が進行しやすい。生活習慣病は、初期にはほとんど自覚症状がないまま病気が進行していく（サイレントキラー）。また、患者の発症頻度が高く、例えば肥満症を病気と考えない人がいるように、あまりにもありふれているために危機感が少なくなり、生活習慣病に対する油断を生みやすい。

　一般に、疾病の予防には３種類がある。**一次予防**は、疾病・事故の発生を未然に防ぐ段階のもので、健康増進や予防接種などがある。

二次予防は、早期発見・早期治療によって疾病の悪化を防ぐ段階のもので、健康診断などがある。**三次予防**は、発病後の治療によって重篤化や再発を防ぐ段階のもので、後遺症防止やリハビリテーションなどがある。

先に確認したように、生活習慣病はライフスタイルによる環境要因が発病の原因と病気の進行に重要である。それゆえ、二次予防・三次予防もさることながら、一次予防により重点が置かれることとなる。食生活の偏り（塩分・糖分・脂肪過多など）、運動不足、喫煙、飲酒は主要な生活習慣病の増加に共通していることから、このような生活習慣を修正・改善することにより生活習慣病を防ぐことができる。日本人の三大死因の二つ、心臓病と脳卒中は生活習慣病の末路であることも考えれば、**課題文 a** の最後にあるように、「生活習慣病の特徴を正しく理解して生活習慣病対策に取り組むことは個人的にも社会的にも重要な課題」であると言える。

次に、現代人の健康問題として心の健康について考えてみよう。

課題文 b は、厚生労働省「労働者健康状況調査」をもとに、職場環境における心の健康について説明している。

まずは、**課題文 b** 後半から、こころの疾病発生までの過程について確認してみよう。人がストレッサー（ストレスの原因となる外界からの刺激）にさらされた時、心理的ストレス反応（抑うつ・不満感など）や身体的ストレス反応（頭痛・不眠など）が起こる。これらの反応は、ストレッサーに対抗するために心身を適応させようとする一時的・可逆的な変化であり、ストレッサーから離れて休息・睡眠など適切な対処を行えば回復する。しかし、適切な対処が施されないと、適応限界を超え、疾患に進展する。ストレス反応に引き続いて発症する身体疾患は心身症（狭心症・胃潰瘍など）と呼ばれ、ストレスが心身症を引き起こす機序は概ね明らかにされている。一方、精神疾患（うつ病・適応障害など）を引き起こすメカニズムは未だ明確には解明されていない。

ストレスから疾患に進展する過程において、遺伝的素因に加えて個人の特性によってストレスを強めたり弱めたりする修飾要因（図

表の個人的要因、仕事外のストレス要因、緩衝要因）が相互に影響し緩衝しあう。予防という観点からは、ストレッサー自体に手を打つことには限界があるので、修飾要因に働きかけることが有効な手立てとなる。

以上の過程を、**課題文b**前半では職場環境を例として具体的に説明している。日本の労働者が感じる3大ストレス要因は「職場の人間関係」「仕事の質」「仕事の量」である。「職場の人間関係」の場合、多くは数年単位で固定的に継続するため、ストレスが継続し蓄積する。職場の上下関係は公正性に欠けるとき、パワーハラスメントの原因となったり、人間関係の摩擦につながったりするだけでなく、非正規雇用の労働者にとっては雇用の安定性へのストレスと感じられもする。「仕事の量」や「仕事の質」の場合、仕事の裁量度や仕事の報酬とのバランスを欠くとき、大きなストレスとなる。これらストレスの修飾要因に対して職場でできる働きかけとして特に重要なのは周囲（上司や同僚）の支援である。（なお、心の健康に限らず労働者の健康管理全般の専門家として**産業医**が産業保健に果たす役割は大きいと言える。）

以上のような職場環境での心の健康についての知見は、同様に、家庭・学校・地域社会など社会生活のあらゆる場面に当てはまる。地域の精神保健福祉の活動機関として、**保健所**や**精神保健福祉センター**がある。また、市町村にも窓口が設置されている。医療と福祉制度を組み合わせるかたちで、地域社会での精神保健福祉についての支援がなされている。

🔑 キーワード

🔑 喫煙対策

2003年、WHOで「たばこの規制に関する世界保健機関枠組条約」が採択され、喫煙は世界的に公衆衛生上の重要課題と位置づけられ、日本でも「健康増進法」の改正（2020年）など対策が推進されている。日本循環器学会などが作成した「喫煙ガイドライン」では、喫煙は喫煙病（依存症＋喫煙関連疾患）とされ、禁煙治療には保険適用がなされる。

生活習慣病

食習慣、運動習慣、休養、喫煙、飲酒などの生活習慣が、その発症・進展に関与する疾患群と定義される。かつては成人病と呼ばれることもあったが、成人病は加齢に注目した疾患群の呼称であり、現在では生活習慣病とは概念的に異なるとされる。本来は医学用語ではなく行政用語である。

メタボリックシンドローム

内臓脂肪型肥満を基盤に、高血糖、脂質代謝異常、高血圧が重なり、動脈硬化を原因とする狭心症、心筋梗塞・脳血管障害（脳卒中、脳梗塞、脳血栓など）・大動脈瘤などの発症リスクが高まった病態である。内臓脂肪の蓄積があり、かつ血圧、血糖、血清脂質のうち2つ以上が基準値から外れている状態として診断されるが、日本と海外では基準値が異なる。

産業医

医学に関する専門的な立場から、職場における労働者の健康管理等を行う医師。医師免許の他に、厚生労働省令に示された要件を満たす必要がある。通常の医師が患者に対して治療を行うのとは違い、産業医は、労働者に対して健康診断など、また事業者等に対して健康診断や健康管理についての勧告などを行う。50人以上の労働者を使用する事業場では産業医の選任が法律で義務付けられている。

保健所と市町村保健センター

保健所は、地域保健法に基づき、広域的・専門的なサービスとして、疾病の予防、衛生の向上など、地域住民の健康の保持増進に関する業務を行う。所長は原則医師である。一方、市町村保健センターは、地域保健法に基づき、地域的・一般的なサービスとして、保健福祉事業を行う。保健所は必要に応じて市町村保健センターへの技術的助言などを行う。

精神保健福祉センター

精神保健福祉法に基づき、都道府県単位の精神保健福祉活動の中心となる施設。保健所の行う活動に対して技術指導・技術援助を行う。従来の精神保健福祉施策は、精神保健福祉センターの指導・援助の下で保健所を中心として実施されていたが、近年、地域住民にとってより身近な市町村が窓口となって実施されることも多くなっている。

格差が健康に与える影響とは？

12−a 健康格差

表1は、わが国において過去1年間に病院に行ったかどうかを、所得階級別に示したものである。所得階級は十分位で区分されていて、最低所得階級である階級1で病院に行った人は76.6％であるが、最高所得階級はそれが84.9％で、8.3％ポイントの差がある。それほど大きくはないが、多少の差があることを示している。なお健康ではなかったが行けなかった人は1.9％いて、ゼロではない。さらに、所得階級の低い人ほど行かなかった確率が高くなっている。

ところで健康ではなかったが病院に行かなかった人の理由を問うた図1では、「自己負担の割合が高い」などの経済的な理由を挙げる人が40％弱に達していて、他の理由よりもかなり高い比率になっている。表1では所得格差は受診率の差に影響は一見さほどないようであるが、図1によると現実にはかなりの影響力があると判断してよい。特に低所得者が受診をためらうのである。

では受診の決定に効果をおよぼす要因は何だろうか。それは国民

表1　過去1年間の所得階級別の医療受診状況

等価世帯所得十分位	総数	行った (%)	行かなかった (%)				不詳 (%)
			小計	健康であったため行く必要がなかった	健康ではなかったが、行けなかった	理由不詳	
総数	7,882	82.8	10.9	8.2	1.9	0.8	6.3
階級1	788	76.6	15.1	10.3	3.8	1.0	8.2
階級2	788	78.6	14.0	9.9	3.3	0.8	7.5
階級3	788	79.1	14.5	10.9	2.9	0.6	6.5
階級4	788	83.0	11.3	8.2	1.9	1.1	5.7
階級5	788	85.3	9.4	6.3	1.9	1.1	5.3
階級6	788	84.5	11.4	8.9	1.6	0.9	4.1
階級7	788	83.4	10.3	8.1	1.1	1.0	6.3
階級8	788	87.9	7.0	5.8	0.8	0.4	5.1
階級9	788	84.8	8.8	7.5	0.6	0.6	6.5
階級10	790	84.9	7.5	6.5	0.5	0.5	7.6

出所：国立社会保障・人口問題研究所『社会保障実態調査』2007年

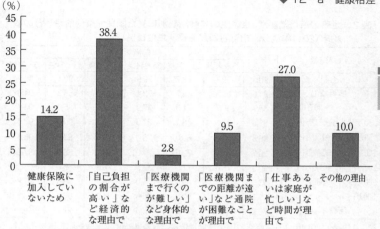

**図1　過去1年間に医療機関に「健康ではなかったが、行けなかった」
とした人の行けなかった理由**
出所：国立社会保障・人口問題研究所『社会保障実態調査』2007年

健康保険制度（以下、国民健保）に加入している人の保険料未納率
で類推できるように、保険料を未納しているため医療保険の給付
サービスが受けられないと予想し、病院に治療費が払えないことを
恐れて受診をためらう人もいるということだろう。後で説明するよ
うに日本の公的医療保険制度は、①組合健保、②協会けんぽ、③公
務員共済、④国民健保、を四つの柱としている。その中で自営業者
や引退者、無業者の多い国民健保では保険料を納入していない人が
かなり存在する。

　表2で現状を見てみよう。これは所得階級別と年齢階級別に国民
健保の保険料の収納率を示したものであるが、100％から収納率を
引いた数字が未納率となる。この表で明らかなことは、所得階級が
上がると未納率が低下することと、年齢を重ねると未納率の低下が
あることである。これを逆の目線で見ると、未納率の高い人は所得
の低い人（年間所得が30万円未満の人は15％前後に達している）と、
若年層（年齢25歳未満では40％前後に達している）ということになる。

　若年層に未納率の高い理由は二つあって、第一は若年層は失業者
や非正規雇用労働者である割合が高く、所得がないかそれとも低い

表2　世帯の所得階級別、世帯主の年齢階級別に見た国民健康保険料（税）の収納率（2011年度分、市町村国民健保、単位は％）

所得階級	年齢階級						
	合計	25歳未満	25〜34歳	35〜44歳	45〜54歳	55〜64歳	65〜74歳
合計	90.3	59.1	72.7	79.9	82.3	90.1	96.9
所得なし	84.6	61.5	64.7	72.4	77.2	88.3	94.5
〜30万円未満	85.7	46.7	71.5	77.2	78.1	85.4	93.9
30万円以上〜 50万円 〃	87.5	61.6	68.4	77.9	81.1	90.0	93.5
50万円 〃 〜100万円 〃	89.8	62.2	66.0	75.0	79.4	89.7	95.8
100万円 〃 〜200万円 〃	90.7	57.4	72.6	74.0	78.3	88.3	97.2
200万円 〃 〜300万円 〃	90.6	78.6	77.5	81.5	78.8	89.6	97.2
300万円 〃 〜500万円 〃	93.3	89.5	89.0	85.0	86.9	93.5	97.8
500万円 〃 〜	97.1	—	92.9	95.6	94.9	97.2	98.7
所得不詳	70.2	44.8	50.7	63.3	65.6	71.1	89.8

注：(1)本表は2012年9月末現在の国民健保世帯における2011年度保険料収納率を集計したものである。
　　(2)世帯主の年齢は2012年9月30日現在、世帯の所得は2011年のもの。
　　(3)本表は擬制世帯を除いて集計している。
　　(4)本表は被調査世帯のうち、前年度1年間継続して当該被保険者の世帯であった世帯について集計しているため、国民健康保険事業年報における収納率の算出方法とは異なっている。

出所：厚生労働省『国民健康保険実態調査』2012年度

ので、保険料を払える経済的な余裕がないというものである。第二は、若い人は病気になる確率が低いので、保険制度への関心が低く、意図的に保険料を払わない人がいるというものである。第二の点は、90％を上回る65歳から74歳までの高齢者の非常に高い収納率と対極にあることでわかる。高齢者は病気になる確率が高いと自覚しているので、多少無理をしてまでも保険料を払って医療費の出費に備えているのである。

　25歳未満の若年層のみならず、25歳から34歳と35歳から44歳までの若年・中年層も低所得を中心にして、20％から30％の未納者がいることが気になる点である。確かに若年・中年層は病気になる確率は高くないが、保険料が未納であれば、病気になったときに病院に行くことをためらう可能性がある。これらの年齢層の人の病気はそれほど重くないことが多いが、万が一重い病気だった時に受診をせずに早期発見の遅れることがあれば、取返しのつかない事態になる

かもしれない。

　「日本は世界に誇れる皆保険の国である」と国民は信じてきたし、政府もそれを宣伝してきた。しかし今や、アメリカほどの無保険者の数の多さ（国民のほぼ15％程度とされる）ではないが、かなりの数の無保険者のいる国になっており、日本の健康格差を象徴する一つの特色になりつつある。

　日本の医療保険制度の最大の難点は、制度の乱立である。これも歴史的な経緯によるものであるが、組合健保（主として大企業が個別に運営する）、協会けんぽ（主として中小企業を中心に加盟して、政府が運営する）、国民健保、公務員共済の四大制度がある。これに75歳以上の人が加入する後期高齢者医療制度が五番目として加わる。それぞれの制度の解説は他書に譲り、ここではこれらの乱立による効果（メリット、デメリット）を考えてみよう。

　メリットとしては、職業や所得階級別に制度が作られているので、当事者同士の連帯感や絆の強さに訴えることが可能である。特に組合健保や公務員共済では、加入者に長期勤続者が多いし、賃金・収入も比較的高く、安定して保険料が支払われるので、制度は安定している。保険サービスの質は良いし、制度自体の財政状態も悪くない。財政状態のよい組合健保は資金が豊富にあるとみなされて、財政状態が赤字の国民健保にお金をまわすことをしばしば要求されてきた歴史がある。一方で協会けんぽは中小企業用なので、組合健保や公務員共済のようには安定して保険料が確保できないこともあるので、不安定な制度になることがある。自営業者や無業者用の国民健保においては、保険料収入が安定しないことは容易に想像できる。

　デメリットとしては、自営業者、引退者（75歳まで）、無業者などの加入する国民健保では、低所得の人が多いので保険料収入総額は多くなく、したがって給付額も少額になってしまう。これらは国民健保の財政状況が悪化する要因となっているので、国費（税金）の投入が多くなる。さらに、貧困者は保険料を払うことができないこともあるので、そういう場合には「無保険者」になってしまうこ

とがある。病院に行くことをためらう人がいるという健康格差の問題は既に指摘した点である。

　筆者のスタンスは、メリットよりもデメリットの方が大きい、というものである。職業や所得階級別に保険制度をつくると、恵まれた制度に加入できる人びとにとっては問題ない。しかし、協会けんぽや国民健保に代表されるような、恵まれない保険制度の中にいる人の方が実は多いのである。このことは医療保険制度に加入している人の間での健康格差と称すべきものであり、格差の発生を促す原因になっている。制度の乱立が健康格差を生んでいるのである。

橘木俊詔『21世紀日本の格差』岩波書店　2016年より
（省略した箇所がある）

12-b　子どもの健康

　近年、子どもの貧困問題が注目されています。厚生労働省の国民生活基礎調査（2013年）によると、相対的貧困状態にある17歳以下の子どもは16.3％、6人に1人となっています。2015年調査では13.9％（7人に1人）とやや改善されているものの、OECD（経済協力開発機構）加盟国の中では、依然として最低水準にあります。

　低所得層の食生活が偏りがちであるとの指摘が、多くの研究者によってなされています。新潟県立大学の村山伸子教授らが2013年9〜12月、東日本の4県6市町村で実施した調査では、低所得世帯の子どもが「休日の朝食を食べない、または食べないことがある」と答える割合は、一般世帯の1.6倍でした。「家庭で野菜を食べる頻度が低い（週2、3回以下）」は2.0倍、「インスタント麺やカップラーメンを週1回以上食べる」は2.7倍と、それぞれ大きな差が見られました。村山教授は「貧困家庭の子供の食事は主食に偏りがちで、栄養バランスが崩れている可能性がある」としています。

　また、日本医科大学の可知悠子助教らは2015年、全国から無作為に抽出した6歳から18歳までの子ども794人を対象に分析を行っています。その結果、青年期では、世帯を月間の家計支出額にもとづい

て３つのグループに分けた場合、下位３分の１の世帯（平均家計支出額16.5万円）は、上位の世帯（平均家計支出額45.2万円）に比べて肥満の割合が3.4倍高いことが判明したとしています。可知助教は「家計支出が低い世帯では、家庭で炭水化物や脂質に偏った食事を採る傾向にある。適切な食育指導などの対策が必要だ」と述べています。

　大阪府歯科保険医協会が2012年から経年的にとりくんでいる「学校歯科治療調査」では、学校歯科健診で「要受診」と診断されたにもかかわらず、歯科受診をしていない小・中・高校の子どもの割合が65.3％（2016年調査）ときわめて高く、私たちに衝撃を与えました。また、むし歯が10本以上ある、あるいは歯の根しか残っていないような未処置歯が何本もあるなど、咀嚼（噛むこと）が困難な「口腔崩壊」の状態にある子どもが「いる」と答えた学校が、全体の45.4％にのぼることも明らかになりました。

　近年子どものむし歯が急激に減少しているなかで、この調査結果は何を意味しているのでしょうか。多くの養護教諭が、口腔崩壊の個々の事例で「生活が苦しい状況を指摘」していると、同調査では述べています。先の研究者たちの指摘する食生活の偏りとともに、同協会は生活習慣やネグレクトなど「家庭に何らかの問題を抱えていることが伺える」としています。

　1994年にわが国も批准した「子どもの権利条約」には「到達可能な最高水準の健康を享受すること並びに病気の治療及び健康の回復のための便宜を与えられることについての児童の権利を認める。締約国は、いかなる児童もこのような保健サービスを利用する権利が奪われないことを確保するために努力する」（第24条）と記されています。口腔の健康は子どもの心身の成長・発達に大きな影響をもっています。むし歯を放置したあげく口腔崩壊にいたった子どもたちが「口を見せて笑わない」「好き嫌いが多い」などという養護教諭の具体的指摘は、子どもの人権にかかわる問題であると考えます。その背景に貧困・格差があるとすればなおさらです。

　2017年は国連子どもの権利委員会に報告書を提出する年です。私たちもこの報告のための一助になればと思い、今回兵庫県の学校歯

科治療調査を行いました。調査に当たっては、大阪歯科保険医協会の調査内容を全面的に参考にしました。ご協力に感謝する次第です。

(1) 調査の目的

今回の学校歯科治療調査の目的は次の3点でした。

一つは、公的に行われている学校歯科健診の結果を受けて、そこで口腔の異常を指摘された子がきちんと治療を受けているかどうかを調べることです。

2点目は、いわゆる口腔崩壊の子どもがどの程度いるのかを知ることです。なお調査に際し、口腔崩壊について次のように仮定義しました。

【口腔崩壊】

①むし歯が10本以上ある
②歯の根しか残っていないような未処置の歯が何本もある
③①または②により咀嚼が困難な状態

3点目は、学校での保健指導の現状を把握することです。

調査は、2017（平成29）年3月の1か月を期間として実施しました。兵庫県には小学校、中学校、高等学校、特別支援学校が、公立、私立合わせて1409校あります。そのすべての学校に調査の依頼書を送りました。

そのうち274校から回答がありました。回答率は19.5％でした。各校には年度末の忙しい時期にご協力いただき、深く感謝する次第です。

(2) 未受診率——高校では84％にも

回答校の検診受診者は合計11万人余でした。そのうち「むし歯などの口の異常がある」と診断された「要受診」の子どもは、全体のおおむね3割、3万4869人にのぼりました。中学校でやや減りますが、これは乳歯と永久歯が生え替わる時期のためと推測されます。

高校になるとまた増える傾向です。特別支援学校は4割と、少し高い結果を示していました。

歯科健診が終わると、各学校では保護者宛に「歯・口腔の健康診断結果のお知らせ」という通知を出し、むし歯等があると歯科受診をすすめています。その通知には「受診報告書」がついていて、受診が終わると歯科医が確認印を押します。それを学校に提出する流れになっています。

受診率は、「要受診」の子どものうち「受診報告書」が学校に返ってきた割合です。なかには、治療しても「受診報告書」未提出の場合があるかもしれませんが、それは少ないと見ています。そして受診率の逆、100から受診率を引いたものが未受診率です。

この未受診率は、小学校で45.7%、中学校64%、高校84.3%、特別支援学校62.2%、全体で65%でした（図）。要するに、3人に2人は治療に行っていなかった可能性が高いということです。しかも、学年が上がるごとに大きく増えています。高校生にいたっては、5人のうち4人以上の割合です。

また、「未受診」の子どもの全検診者に占める割合は約2割、全生徒中おおむね5人に1人がむし歯などを放置していることになります。

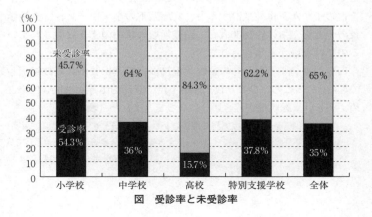

図　受診率と未受診率

表　口腔崩壊の子どもの家庭状況（複数回答）

	小学校 (45校)		中学校 (11校)		高等学校 (34校)		特別支援学校 (7校)		全体 (97校)	
経済的困難	14	31.1%	4	36.4%	11	32.3%	2	28.6%	31	32%
ひとり親	19	42.2%	2	18.2%	14	41.2%	1	14.3%	36	37.1%
共働き	11	24.4%	5	45.5%	7	20.6%	0	0.0%	23	23.7%
DV	2	4.4%	0	0.0%	1	2.9%	0	0.0%	3	3.1%
無関心	7	15.6%	3	27.3%	5	14.7%	0	0.0%	15	15.5%
心身不安定	5	11.1%	1	9.1%	0	0.0%	0	0.0%	6	6.2%
理解不足	18	40%	4	36.4%	7	20.6%	3	42.9%	32	33%
障がい	3	6.7%	1	9.1%	1	2.9%	5	72.4%	10	10.3%
外国人	3	6.7%	0	0.0%	3	8.8%	0	0.0%	6	6.2%
その他	6	13.3%	2	18.2%	6	17.6%	1	14.3%	15	15.5%

(3)　口腔崩壊──背景に厳しい家庭状況も

　口腔崩壊については、先ほどの定義に該当する子どもがいるかどうかを尋ねました。1人でもいれば「いた」という回答になります。養護教諭の一定の主観的な判断も入りますが、それも含めて口腔崩壊の子が「いた」のは97校でした。100校近くで、35.4%におよびました。このうち公立高校は30校、52.6%と高い割合を示しました。

　口腔崩壊児童・生徒の人数は合計346人でした。全体のほぼ0.3%です。ここでも公立高校では192人と、口腔崩壊児全体の半分以上を占めました。単純推計すると、兵庫県下の小・中・高校、支援学校の子どもたちの約1800人が、口腔崩壊の状態のまま放置されているのではないかと類推されます。

　口腔崩壊の子どもたちの家庭状況について選択肢から複数選択してもらったところ、ひとり親、理解不足、経済的困難が上位3位を占め、厳しい家庭状況が浮き彫りになってきました（**表**）。

　　　　　加藤擁一「「学校歯科治療調査」から見る子どもの貧困と口腔崩壊」
（兵庫県保険医協会 編著『口から見える貧困　健康格差の解消をめざして』）
　　　　　　　　　　　　　クリエイツかもがわ　2017年より

論点整理

　健康格差とは、各人の置かれた社会的・経済的状況によって健康状態に差が存在するということを意味する。具体的には、生育、居住、就労、年齢、保険医療制度の利用状況などによって生じる。そうした状況は政治的、社会的、経済的な要因によって形作られ、あらゆる社会に健康格差は存在する。

　課題文 a に「表1では**所得格差**は受診率の差に影響は一見さほどないようであるが、図1によると現実にはかなりの影響力があると判断してよい」とあるように、近年、経済的理由から受診を躊躇するケースが増えており、特に低所得者ほどその割合は高くなっている。たとえば、昨今、非正規雇用形態の社会的な広まりなどによって、雇用情勢や雇用環境は悪化している。収入が比較的不安定な就労実態に起因する低所得者の増大を考慮すると、3割という医療費の自己負担は、低所得者層にとって許容範囲を超える金額になることがある。

　必要な医療サービスを受けるために医療保険制度があるが、主要先進国では次の三つの異なる制度がとられている。一つ目は、国営医療制度である。イギリスでNHS（国民保健サービス）が医療全般を運営しているように、税収を投入して医療費の財源とし、すべての国民が医療給付を受けられるという国営による医療制度である。二つ目は、社会保険制度である。国が医療保険制度を運営するが、その財源は社会保険料で調達し、国民と企業の双方が負担する制度である。日本もこのカテゴリーに入る。三つ目は、アメリカに代表される、市場による医療保険制度である。ごく一部の貧困者と高齢者に対する国家による健康保険制度はあるものの、医療保険は民間会社によって運営されるのが原則で、医療機関も民営が中心である。 ▶16

　日本における医療保険制度は社会保険方式であるが、徐々に税方式の方向に向かっている。税収を充当する公費負担は医療給付の総額のうち38.3％、保険料収入は49.4％、本人負担が11.7％となっており、税と保険料の比率がほぼ4対5（本人負担の割合が1）^{*1}であり、

医療費の財源は実質的に税と保険料が中心となっている。職業や所得階級別に保険制度が乱立する日本の現状では、恵まれない保険制度の中にいる人びとが多い。国民健康保険は低所得者層の加入割合が大きく、保険料を払うことができない貧困者が無保険者になってしまうこともあり、医療費の出費を心配して診療や通院をためらう人もいる。かつて日本の**皆保険制度**は世界に誇れるものであったが、現在ではかなりの数の**無保険者**も存在する。つまり、職業や所得による格差が原因で、健康格差につながっている現状が見られる。一方で、このような現状の中、働く人々の安全と健康を確保してより快適な職場環境を形成する**産業医の役割**も注目されている。

　課題文 b では、**子どもの貧困**問題が取り上げられている。日本では、社会的な貧困率の上昇を上回る勢いで子どもの貧困率が上昇している。相対的貧困状態にある子どもは 7 人に 1 人（13.9％：2015年度）[*2] であり、それはOECD加盟国の平均を上回る状況である。貧困の連鎖や貧困がもたらす社会的損失・**社会的排除**が問題となっている。貧困による**教育機会の差**は、貧困家庭とそうではない家庭との間で、学歴、就職、収入などの面で格差を拡大させてしまう。貧困家庭で育ち教育機会に恵まれなかった子どもが好条件の仕事に就けず、さらに貧困状態に陥ってしまい、世代を超えて貧困が連鎖する。また、子どもの貧困の実態把握は難しく、見た目は普通に見えたり、周囲の人に知られることを嫌って生活の困難については言わなかったりして、周囲のおとなが気づかないことが多い。つまり、「貧困」＝「貧」（厳しい経済状況）＋「困」（自己肯定感の低下、授業についていけないなどの学力低下、健康状態の低下、就学支援制度について知らないなどの情報ギャップ）ということでもある。子どもの貧困対策では、食生活・栄養状態や生活習慣の改善を図るために、**スクールソーシャルワーカー（SSW）**の活用が注目されている。たとえば、欠食、むし歯、においといった身体的な要素や引っ越し回数の多さなどから、緊急的支援の必要の特定に至るケースが多い。口腔について見ても、学校歯科検診を受けているにもかかわらず、「高い未受診率＝口腔ケアの放置」と

いう現状があり、そこから学校保健指導の限界や厳しい家庭状況が見えてくる。家計支出が低い世帯では栄養に偏りがある食事を採る傾向にあり、肥満・生活習慣病や糖尿病予備群となってしまう子どもがいる。学校保健とは、学校において、児童生徒等の健康の保持増進を図ること、集団教育としての学校教育活動に必要な健康や安全への配慮を行うこと、自己や他者の健康の保持増進を図ることができるような能力を育成することなど学校における保健管理と保健教育のことである。学校医・学校歯科医・養護教諭・栄養教諭などの学校保健従事者の役割や学校保健安全法の役割を理解して、学校保健の重要性を啓発していくべきである。

そもそも人間として質の高い暮らしを送るために、口腔は身体の健康にとって非常に重要な器官である。歯が生えかわる幼少期、歯周病や口臭が気になる成人期といった、それぞれの年代に合わせたケアも必要である。たとえば、若年層では、むし歯、歯の喪失による咀嚼機能の低下、構音機能の低下により適切に明瞭な発音ができないなど、QOLの低下に繋がる可能性もある。

課題文 a・b からわかるように、貧困が全世代にわたって健康格差をもたらしている。特に子どもはバルネラビリティが高く、貧困の影響を受けやすい。ネグレクト状態にある家庭環境では、子どもの生活習慣の乱れ、心身の発育や人格形成への悪影響を引き起こすなど、子どもの健康やその将来に与える影響が大きい。格差社会の拡大は依然として続いており、その対策が急務である。

＊1　厚生労働省、令和元年度「国民医療費の構造（財源別）」
＊2　厚生労働省、2015年度「日本の子どもの貧困率」

12

格差社会と医療

🔑 キーワード

🔑 健康格差

生育、居住、就労、年齢、保健医療制度など、政治的・社会的・経済的状況により生じる健康と医療の質の格差。生まれによって健康格差が生じることは、憲法第25条「すべて国民は、健康で文化的な最低限度の生活を営む権利を有する」という「生存権」を揺るがす。

🔑 所得格差

職業、地域、産業、階層、世代、性別などによって生じる所得の格差。所得が平等に配分されていれば格差は小さく、偏りがあれば格差は大きくなる。格差を示す尺度に、社会の平等さや不平等さを表す「ジニ係数」がある。

🔑 国民皆保険制度と無保険者 ▶16

国民すべてが公的医療保険に加入するという国民皆保険制度は、公的保険によって国民の誰もが重い負担なしに全国の医療機関で医療を受けられる制度である。様々な事由から未加入状態である無保険者は、治療時に高額な医療費が発生するなどのデメリットを抱える。

🔑 子どもの貧困

厚生労働省によると、日本の子どもの7人に1人が貧困の状態にあり、そのうち半数がひとり親世帯である（2018年度）。先進国の中でも最悪の水準である。こうした状態を放置すれば貧困の連鎖が固定化され、子どもの将来の選択肢は狭められるなど大きな社会的損失となる。

🔑 社会的排除

社会の様々な領域で、個人あるいは集団が、構成員の地位・資格を喪失して、人間としての尊厳を失う社会的な疎外。居住、教育、就労、保健、医療やその他の社会的サービスへのアクセスが困難になったり、社会的交流から排除されたりする。社会的包摂とは対極の状態。

🔑 教育機会の差

教育基本法に「教育の機会均等」を謳っているが、実際には生まれ育つ環境により受けることのできる教育機会に差がある。出身家庭の社会経済的地位は本人にとって変更不可能な条件であり、「機会の格差」が将来的な学歴や所得などの「結果の格差」に繋がっている。

🔑 スクールソーシャルワーカー ［school social worker］ ─────●

　子どもが生活において抱える問題に対して解決を図る専門職。家庭や学校の先生、関係機関と連携・調整を取りながら、子どもを取り巻く問題解決や状況改善のための支援をする。子どもが抱える問題には、日常生活の悩み、いじめ、虐待、暴力行為などがある。

🔑 ヴァルネラビリティ ［vulnerability］ ────────────●

　もろさ、よわさ、傷つきやすさ、などと訳される。暴力を受けやすい、被害を受けやすい、影響を受けやすいなど、様々な場面での脆弱性を意味する。子ども、高齢者、障害者など、社会的弱者はヴァルネラビリティが高く、虐待やいじめなどを放置すると致命的な状況に陥ってしまうため、配慮や支援が必要である。

🔑 ネグレクト ［neglect］ ─────────────────────●

　幼児や高齢者など社会的弱者に対して、保護や養育義務を果たさず放任すること。具体的には、家に閉じ込める、食事を与えない、ひどく不潔にする、自動車の中に放置する、重い病気になっても病院に連れて行かないなど。長期化した場合、命に関わることもある。

13－a 医療とAI

1. 医療におけるAIとは？
医療AIは強力だが万能じゃない

　人工知能というとまさに人間の知能を模倣したもの、脳機能の代替物という印象を受けるが、これは多くの場合で過剰に捉えられてしまっている。わかりやすく言うと、現時点でのAIは「特定の何かを識別できるもの」であるに過ぎない。つまり、血管を画像から識別できるアルゴリズムであれば、動脈の画像を見せれば「血管だ」と返すし、毛髪の画像を見せれば「血管じゃない」と返すといった具合である。このアルゴリズムに何の改変も加えなければ、新生児と成人を区別することさえできない。したがって、今世間を大きく賑わせているほとんど全てのAIが、人間の「特定の非常に限られた機能」を抽出してコンピュータ上で再現しているだけということになり、要するに万能ではない。

　ただし、この再現された機能があまりに強力なため、時として人類の識別能力を大きく上回るケースがある。例えば、電子カルテの記録から小児疾患を識別するアルゴリズムでは、インフルエンザを含む複数の疾患で小児科専門医の診断精度を超えたとの報告がある。この研究結果は、権威ある学術誌Nature Medicineで公開され話題を呼んだ。また、AIは人間の目では識別できない微細な変化までを捉えることができるため、悪性腫瘍診断など医療画像との親和性が高く、放射線科領域における技術発達が著しい。さらに、AIは安定した結果をもたらし続けることにも利点がある。特に日本の医療現場においては、人員不足による業務過重、夜間・休日の頻回な呼び出し、当直明け通常勤務、など医師の判断を鈍らせる過酷な現状がある。一定の出力精度を保ち続けるAIによるサポートは、医師にとっての一種の保険ともなり得るだろう。

2.　AIの活用できる医療領域とは？

　次にAIを活用できる医療領域をみていきたい。医療は大きく分けて、疾患の発症を防ぐ「予防」、既に疾患に罹患している人を見分ける「診断」、診断名を持つ人の転機を改善する「治療」の３ステップがある。AIはこれら主要３ステップのいずれにも貢献が可能なだけでなく、医療保険制度や医療提供体制を含む医療システムへの活用もみられるようになっており、あらゆる医療領域への活用が期待されている。この背景には、医療職の高度専門性に伴う人的リソース不足があり、AIに活路を見出そうとする国々は少なくない。

画像診断でのAI活用

　放射線科、特に医療画像から疾患診断を行うプロセスは、医療AI活用の最たるものとして知られている。医療周辺技術の発達と高齢化の進展によって、施設あたりの読影を要する医療画像数は増加の一途だが、それに伴う放射線科医の増加は十分でない。AIは放射線科医の読影を助けることで、直接的に作業負担を軽減することができる。ただし、現状で正規の医療機器として承認を受けたAIデバイスは非常に限定的であることを知っておく必要がある。つまり、仮にAIが「悪性腫瘍がある」と診断したとしても、医師の確認なしに診断から治療に進むことは現時点でほとんどない。これは後述するAIの問題点にもなるが、アルゴリズムの妥当性の検証が不足していることと、AIを巡る法整備の遅れに起因しており、今現在、スクリーニングを除いた画像"診断"において正規に医師を代替する例は世界的にも稀有で、国内ではまだない。

　一方で、健康診断における胸部レントゲン読影や心電図解析などは近い将来、AIによって完全に代替される可能性が高い。これはあくまで健康診断での画像読影がスクリーニングであり、後の個別受診で確定診断を得るためである。スクリーニングでは偽陰性（疾患があるにも関わらず「疾患なし」と判断されてしまうこと）が問題となるが、アルゴリズムの調整によって十分にこの問題を回避できる。不眠不休で安定した結果を出し続けることができるAIは、人手とコストの観点からも、この種のスクリーニング実施機関から

前向きに受け入れられるだろう。

疾患診断でのAI活用

　近年自然言語処理技術の急速な発達により、診療録（カルテ）解析がより一般的となった。結果的に診療録からの疾患診断AIは非常にその精度を高めている。診療録は医師による所見の記載だけでなく、あらゆる検査結果・処方記録などが混在している。患者の病歴が長くなればなるほど診療録は膨大となり、優れた医師であってもその全てを限られた診療時間の間に捉えきることは難しく、患者の病態把握・他疾患リスクの把握などの面からもAIの利用が有効となるだろう。同様に、診療録だけではなく、生体センサーやモニター記録を統合したAIシステムの開発例もある。米フロリダ大学のこのシステムでは、集中治療室（ICU）における重篤な病態変化や致死的疾患の発生を予測するもので、まさにAIの有効な利用例と言える。さらに睡眠時無呼吸症候群など、診断に際して専門検査を要する疾患を、AIを利用することでより簡便に診断する手法の開発も進んでいる。

3. 医療分野におけるAIの問題点・課題とは？
AIの妥当性検証が不足

　医学研究者のなかには、AIアルゴリズムに対する懐疑的な目を向け続けるものも少なくない。アルゴリズムの示す高い精度にのみ目を奪われ、本質的な有効性が置き去りにされている、という意見である。

　アルゴリズムの構築の際、一般的には1つのデータセットのみを利用する。このデータセットを例えば8割と2割のように二分し、片側をアルゴリズム構築用の学習セット、残りをテストセットとする。つまり、学習セットから導かれたアルゴリズムがテストセットでも同等の精度を発揮するか確認し、精度が保たれていれば妥当なアルゴリズムであると結論づけるやり方である。ただしこの方法だけでは、実は真の有効性は検証されていない。なぜなら、そのアルゴリズムは「ある特定の集団データ」から導かれたものに過ぎず、対象集団を変えてしまうとその精度は保たれない可能性があるからだ。分かりやすい例を挙げると、英国人を中心としたデータセット

から得られたアルゴリズムは、日本人において有効であるとは限らないということである。対象集団を変えた多施設での解析、前向きの追跡研究など、従来の医学的エビデンス構築に基づいた精緻な検証が求められているのは間違いない。

Masaki Okamoto「医療AIの最新活用事例とは？」
（『The Medical AI Times』2020年12月15日）（省略した箇所がある）

13－b　インターネットの利用

　現在、日本ではオンライン診療（遠隔診療）が始まっています。医療機関で医師の診療を受ける際と同様、リアルタイムのビデオ通信などを通じて、オンライン上で診療を受けることが可能です。ウエアラブルデバイスで計測した血圧や脈拍、歩数などのデータを共有しながら診察を行うこともできます。今まで医療機関に行かなければ受けられなかった診察が、患者の持っているスマートフォンやパソコンから受けられるようになっているのです。

　リアルタイムでビデオ通信を行うことに関しては、オンライン診療では個人情報を扱うため、セキュリティーを確保した通信手段を用いることなどが2018年3月に策定された「オンライン診療の適切な実施に関する指針」に定められています。セキュリティーが担保されたリアルタイムのビデオ通信を手軽に活用する方法として、医療機関を対象としたオンライン診療用のビデオ通信システムを10社以上が開発しています。多くは診療の予約と診察のためのビデオ通信、診療費のオンラインでの支払いや薬の配送支援までが含まれたサービスを展開しています。

　オンライン診療は、通院が困難な寝たきりの人や、自覚症状が乏しく、つい治療を中断してしまう糖尿病や高血圧などの生活習慣病患者に対しとても有用です。医療機関を受診すると、長時間待たされるわりに診療時間は短いため、治療を継続するモチベーションが低下してしまう患者でも、オンライン診療ができることで医療機関を受診しやすくなり、治療中断が減ると考えられています。また、

近くに医療機関がない地域や疾患の専門医が近くにいない地域で
も、オンライン上で専門医の診察を受けられれば、医療の質の地域
格差を解消できるかもしれません。さらに在宅医療の場面では、医
療者の長距離移動による負担を軽減することも可能です。こうした
ことから、オンライン診療は患者にも医療者にもメリットとなるこ
ともあり、広がってほしいと考えています。

　ただし、医療現場にオンライン診療が普及する際には、いくつか
の課題があります。一つ目はツールの課題です。パソコンやスマー
トフォンを使うため、高齢患者が使いにくいというのは想像しやす
いと思いますが、これは医療機関側の導入障壁にもなっています。
医師は高齢になっても仕事を続ける人が多い職業です。医師の就労
率（特定の年齢で何％が現役で働いているか）が50％になるのは72
歳とされています。端的にいうと、72歳になっても半分の医師が現
役で医師を続けているということです。一般的に、高齢の人ほどス
マートフォンやパソコンとの親和性が低いので、なかなか使いたが
りません。ですから、高齢の医師が院長として一人で診察している
クリニックなどでは、スマホやパソコンが主体となるオンライン診療
のシステムは導入が難しくなる場合が多いのではないかと考えます。

　二つ目の理由は、医療現場は慢性的に忙しいということです。開
業直後のクリニック以外は、いい医師が医療を提供していれば自然
と通院患者が増え、待合室の椅子に座りきれないほどになることが
普通です。クリニックでは、待ち時間が長くなってきて患者に申し
訳ないと思う半面、待合室でたくさんの人が待っていて前の人の診
察が終わったらすぐに次の人が入ってくるというように、回転率を
高めた方が経営効率は良くなりますから、常にたくさんの患者を集
めようとします。また、オンライン診療の運用に慣れるまでの初期
の導入コスト以上に、医療機関は一般的に変化を嫌うということが
高いハードルとなります。業務のフローが変わる場合は特にその傾
向が顕著になります。小さいクリニックであっても看護師をはじめ
とするコメディカル、受付の方を含めて共通で理解してもらう必要
があり大変なのです。逆に言うと、医療現場は変化の余白を取れな

いくらいに慢性的に忙しいということであり、医療機関の働き方に
対しての対応も求められています。

　三つ目は、コストパフォーマンスの観点です。現在の保険診療の制
度では、今まで通り医師と直接会って対面診療したときに比べ、オン
ライン診療を行ったときは診療報酬（保険点数というその医療行為
に対して支払われる価格）が低くなることです。対面診療で話した
り確認していたことを、オンライン診療で省略するわけではないので、
診察時間はどちらも同じ時間だけかかります。そのため、オンライン
診療でも対面診療でも時間は同じくらいかかるのに、医療機関の売り
上げは下がってしまうという実情もあります。この課題がネックと
なって、オンライン診療を導入しないと決めた医療機関もあります。

　オンライン診療は、保険診療と自費診療のどちらでも行えます。
ただし、2018年４月の診療報酬改定によって保険診療でオンライン
診療ができる疾患が決まってしまいました。糖尿病や高血圧などの
慢性疾患はオンライン診療ができるのですが、眼科や耳鼻科、泌尿
器科や整形外科などの疾患では保険診療でのオンライン診療がほと
んどできません。筆者は、患者が医療を受けやすい環境を整備する
ために、オンライン診療がさらに幅広い疾患で使えるようになるこ
とを求めています。

　オンライン診療は、2018年４月に保険診療として診療の項目に登
場し、やっと認められたといえる段階です。課題も多く、制度とし
てはまだまだ完成されたものでもないですし、技術革新とともに制
度も変わっていくべきと考えています。2030年には、オンライン診
療は必ず一般的な診療スタイルとして選択肢に入ってくると考えて
います。もちろん、対面診療がなくなるわけではありませんが、医
師が対面診療と同等の質でオンライン診療を提供できることが示さ
れれば、診療のオンライン化はさらに進むと考えています。

加藤浩晃『医療4.0─第４次産業革命時代の医療』
日経BPマーケティング　2018年より（省略した箇所がある）

　「医療とAI」について考察するには、AI（人工知能）についての正しい知識をもつことが不可欠となる。AIについて生半可な知識や、人間の知性をはるかに超える万能の機械といった誤った幻想に囚われていれば、妥当な論拠に乏しい説得力のない考察に堕してしまうだろう。他のテーマでも同じだが、正確な知識に基づいて考察することが肝要である。

　AIとは、記憶、学習、推論、判断などの人間の情報処理能力をコンピュータ上で構築したものである。つまり、「人間の『特定の非常に限られた機能』を抽出してコンピュータ上で再現しているだけ」（課題文 a）で万能ではない。**AIの高度な情報処理能力として知っておかねばならないのは、「ビッグデータの解析」と「ディープラーニング（深層学習）」の2つである。この2つの高度な情報処理能力の医療における活用の仕方と問題点について知っておく必要がある。**

　膨大なデータを短時間で解析できる**ビッグデータの解析**の活用として、課題文 a にあるように診療録（カルテ）の解析がある。大学の附属病院など大病院では患者数が多く、同じ疾患に罹った患者の電子カルテのデータも膨大な量になる。診療録の医師の所見、検査結果、処方記録などのデータは、医師が発症リスクの評価、疾患の診断、治療法の選択、予後の評価などの判断を行う際の大切な拠り所となるが、蓄積データが膨大なうえに、患者ごとに異なる疾患の多様性といった事情があるため、適切な判断を迅速に下すのがとても難しい。そこで、AIのビッグデータの解析能力を用いれば、膨大なデータを短時間に解析して患者の疾患の診断に有効利用できる。

　また、**ディープラーニング（深層学習）**の能力を用いれば、入力と出力の関係を学習させることを通して新たなアルゴリズムを構築できる。たとえば、血液検査、尿検査、血圧、体重などのデータから疾患の裏付けとなる特徴的な項目の数値を入力し、その後、その疾患が発症したかどうかを出力として設定してやれば、AIは反復学習を通して、ある疾患の発症リスクを予測するアルゴリズムを構築する。こうしたAIの学習能力は画像によるがんの診断に活用さ

れている。がんの診断に用いられた膨大な数のCTスキャンの画像をAIに与えれば、AIにがんの特徴を教えなくても、自力でがんの特徴を抽出して診断する。

しかし、AIのデータ分析や判断には落とし穴がある。電子カルテの場合、誤診が多ければ、誤った診断を下すことになる。AIには情報の真偽を判断する能力がないので、フェイクな情報を与えれば、誤った分析結果や判断を導き出すことになる。また、課題文aにあるように、対象集団が偏ったものであれば、その集団から導き出された分析結果や判断は普遍性をもちえない。**AIによる分析・判断は有用であるが、その分析・判断には誤りがあることもある。AIにすべての判断を委ねるのではなく、あくまで診断支援のツールとして活用し、最終的な判断は医師が責任を負うべきである。**

スマートフォンやパソコンなどのIT技術の進展に伴い、IT機器を用いた診療の普及が進みつつある。具体的には、「オンライン診療」「オンライン受診勧奨」「遠隔健康医療相談」などがある。

オンライン診療は、課題文bにあるように、通院が困難な寝たきりの人や、近くに医療機関のないへき地などでも診療を受けることができる点で、医療の質の地域格差を解消することが期待されている。診療に関しては、患者が自分の心身の状態に関する情報や、ウエアラブルデバイスで計測した血圧や脈拍、歩数などのデータを伝えたうえで、医師が問診をして患者が罹患している疾患名、治療方針、処方などを伝える。しかし、対面診療のように、触診・視診・聴診をしたり、血液検査や尿検査、心電図、レントゲン検査、CTスキャン、胃カメラなどの検査をしたりすることができないので、詳細な診察はできない。その点で、オンライン診療には限界があることを知っておくべきである。医師は患者から心身の状態に関する適切な情報を得るために、日頃から直接の対面診療と基礎的な検査をしていることが望ましい。こうした点を考慮すると、オンライン診療はかかりつけの医師が行う方が円滑に進めることができる。その他の問題点として、診察料の他にオンライン診療の手数料が別途必要になること、医師にとっては診療報酬が低いこと、高齢の医師

13

情報社会と医療

177

や患者などIT機器を使い慣れていない人には利用しにくいといった問題もある。

オンライン受診勧奨は、オンライン診療で患者を診察した後に、必要とあれば受診すべき適切な診療科を勧めるものであり、患者は病院で検査と対面診療を受け詳細な診察をしてもらう。ただし、厚生労働省の指針では、具体的な疾患名を挙げて、これに罹患している旨や医学的判断に基づく疾患の治療方針を伝達すること、一般用医薬品の具体的な使用を指示すること、処方等を行うことなどはオンライン診療に分類されるため、これらの行為はオンライン受診勧奨では行ってはならないとされている。

遠隔健康医療相談は、医師が行う場合は、患者の心身状態に応じた医学的助言を行うことができるが、医師以外の者が行う場合は、一般的な医学的な情報の提供に止まり、疾患の罹患可能性の提示や診断などの医学的判断はできない。

オンライン診療は、感染症の流行により医療機関を受診することが困難になった患者や、療養施設の患者への医療提供手段として利用されたことから、今後、IT技術の進展に伴ってますます普及していくものと見られる。今後の課題として、安全で適切な診療を行えるよう、患者の個人情報の保護などルールの整備が求められる。

🔑 キーワード

🔑 AI（人工知能）

人間が持っている情報処理能力をコンピュータ上に構築したもの。記憶、学習、推論、判断などの情報処理を高速で行うことができる。人の指示なしに自動的に作業する「自律性」と、学習能力を備えた「適応性」という2つの能力を兼ね備えている。

🔑 アルゴリズム［algorithm］

一般的には、ある問題を解く手順（計算方法や操作の仕方など）のことであるが、IT分野では情報処理の手順のことを指す。コンピュータにプログラムの形で与えられ、定式化された情報処理の手順の集合のことである。

🔑 ディープラーニング（深層学習）［deep learning］ ────●

人間の脳神経回路を模したニューラルネットワークを多層的にすることで、コンピュータ自らがデータに含まれる潜在的な特徴をとらえ、より正確で効率的な判断を実現させる技術や手法。音声認識や画像認識に利用されている。

🔑 ビッグデータの解析 ────●

ICT（情報通信技術）の進歩によってインターネット上で収集、分析できる膨大なデータを短時間で解析して、意思決定や将来予測、事象分析などに利用する。スマートフォンが発する情報、コンビニエンスストアの購買情報、カーナビゲーションの走行記録、医療機関の電子カルテなどのデータの解析を行う。

🔑 オンライン診療 ────●

遠隔医療のうち、医師－患者間において、情報通信機器を通して医師が患者の診察および診断を行い、診断結果の伝達や処方などの診療行為をリアルタイムに行うもの。

🔑 オンライン受診勧奨 ────●

遠隔医療のうち、医師－患者間において、情報通信機器を通して患者の診察を行い、医療機関への受診勧奨をリアルタイムに行うもの。患者からの症状の訴えや、問診などの心身の状態の情報収集に基づき、疑われる疾患等を判断して、疾患名を列挙し受診すべき適切な診療科を選択する。

🔑 遠隔健康医療相談 ────●

（医師）遠隔医療のうち、医師－相談者間において、情報通信機器を活用して得られた情報のやりとりを行い、患者個人の心身の状態に応じた必要な医学的助言を行うもの。

（医師以外）遠隔医療のうち、医師以外の者－相談者間において、情報通信機器を活用して得られた情報のやりとりを行うが、一般的な医学的情報の提供に止まり、疾患の罹患可能性の提示・診断等の医学的判断を伴わないもの。

13

情報社会と医療

環境問題が与える健康被害とは？

14−a 　SDGs（エスディージーズ）

　ユニバーサル・ヘルス・カバレッジ（UHC）は持続可能な開発のための2030アジェンダの重要な要素です。2019年の国連UHCハイレベル会合政治宣言において、UHCは持続可能な開発目標（Sustainable Development Goals: SDGs）の達成に不可欠であるとされています。UHCの恩恵は保健分野にとどまらず、貧困削減、経済成長、女性の地位向上、社会的平等、政治的安定や人間の安全保障など、SDGsを横断し幅広く開発へ貢献することが証明されています。

　しかし、特に低中所得国（low-and middle-income countries:LMICs）においては、UHCを公正かつ持続可能的に進めるにあたり多くの課題が存在します。そのひとつが結核、マラリアや顧みられない熱帯病（NTDs）など「貧困の病」と呼ばれる病気に対する薬やワクチン、検査機器など必須医療技術へのアクセスと提供の確保です。

　国連UHCハイレベル会合政治宣言では、「UHCは、安全で有効なサービスや医療品が必要な時に、公正かつ効率よく包括的に提供されることによって実現する」と述べられています。日本政府が資金を拠出する「新規医療技術のアクセスと提供に関するパートナーシップ（The Access and Delivery Partnership：ADP）」は、このUHCの重要課題に取り組んでいます。「すべての人たちの健康な生活と福祉のためのグローバル行動計画」に即し、国連開発計画（UNDP）が主導するADPは、コアパートナーであるUNDP、世界保健機関（WHO）、熱帯医学特別研究訓練プログラム（TDR）とNGOのPATHの４機関が結集し、それぞれの専門性を相乗的に提供しています。UHCとSDGs実現への取り組みの一環として、貧困の病に対する新規医療技術へのアクセスと提供を加速するべく、低

中所得国の政策的整合性向上と保健システム強化を支援しています。

ADPは結核、マラリアと顧みられない熱帯病に対する新規医療技術へのアクセスと提供に焦点を当てることでSDG目標3の達成に寄与し、それを通じて他のSDGs達成にも貢献します。ADPの活動はUNDP戦略計画：2018-2021とUNDPのHIV、保健と開発戦略2016-2021にも沿っています。両計画とも保健と開発の統合についての重要性、また強靭で持続可能な保健システムが保健課題の改善とさらなる幅広い開発を実現させるための基盤であることを確認しています。

回避可能、不必要で不平等な格差を是正するための公正性はアジェンダ2030とSDGsの中核を成し、「誰ひとり取り残さない」、そして「はじめに最も弱い立場の人々に手を差し伸べる」という誓約を裏付けるものです。WHOは公正性を「人々の集団の社会、経済、人口構造、地理的な特徴にかかわらず、集団間に回避または修正可能な相違がないこと」と定義しています。これに即してUNDPは、アジェンダ2030の実施において統合されたアプローチを提唱し、差別、地理、ガバナンス、社会経済的地位、外的要因や脆弱性など不公正な格差を生む主要な原因を分析し、公正性の向上に取り組んでいます。

UHCの公正性を向上させるためにはすべての人が安全、有効で安価な医療技術へ持続的にアクセスできることが必須です。多くの低中所得国で不公正な健康格差を改善するためには、医療技術へのアクセスが限定されている人々や健康状態が悪い人々に対する集中的な投資が必要となります。

顧みられない熱帯病は健康における不公正な格差の典型といえます。低中所得国の貧困層に集中する顧みられない熱帯病によって、現在も10億人以上が苦しんでおり、健康、経済や社会面で深刻な影響をもたらしています。極めて高い疾病負荷にもかかわらず、結核、

マラリアや顧みられない熱帯病のための新規医療技術は比較的開発されていないのが現状です。顧みられない熱帯病関連の医療技術の研究開発費も、2009年から2015年の間に減少しています。結核、マラリアや顧みられない熱帯病を終焉させるという2030年の目標設定とSDGターゲット3.3達成のために研究開発と保健システム強化を強調することによって、SDGsは貧困の病のための医療技術開発投資を増進させ、官民の医薬品開発パートナーシップを促し、このアンバランスの修正に寄与しています。

　新規医療技術の研究開発のみならず、導入に関しても課題が多いことが認識されています。たとえば、低中所得国の中には、新規医療技術の導入と使用にあたって必要となる制度や専門的能力が不足している場合があります。このような国において貧困の病に対する医療技術の迅速かつ効果的な導入と提供を可能にするため、ADPは包括的な支援と技術協力を実施し、UHC推進における公正性の向上に貢献しています。

　WHOは低中所得国で流通する医薬品の1割が規格外品（つまり、不良品）もしくは偽造品であると推定しています。これは人々の命を危険にさらし、不公正な健康格差を助長しています。

　国の薬事規制当局は、医療技術が導入される際にその安全性、有効性と品質を保証し、保健制度の中で重要な役割を果たします。この監督認可機能が効果的に実践されるためには、効率的な制度と専門的能力が必要です。薬事規制当局がその機能を有効かつ効率的、また安定性と透明性をもって遂行する能力は、医療技術の品質、安全性と有効性を保証するために不可欠です。ADPはアフリカやアジア諸国の薬事規制当局が国際的な基準に則して、その責任を果たすために必要な能力の不足要素を精査することを支援しています。

　ガーナ、インドネシア、マラウイとタンザニアにおいてADPは、

複数セクターの参画を必要とする新規医療技術の迅速な導入、品質保証、提供と安全性の監視に関する総合計画立案と能力向上を支援しています。その一環としてADPは新しいツールの導入もサポートしました。たとえばガーナでは、『メッドセーフティー』という新しいモバイルアプリの展開に貢献しました。このアプリは医療従事者と患者の両者が、医薬品の有害反応を迅速に報告することを可能にしています。

アフリカの地域レベルにおいてADPは、多国間における薬事規制と手続きの調整と統一化、つまり薬事規制の国際調和を支援し、加盟国が品質保証された新規医療技術の迅速なアクセスと導入を可能にする取り組みを促進しています。新規医療技術を導入する際には販売承認が必要となりますが、複雑かつ国ごとに異なるこの承認プロセスは新規医療技術の導入を遅らせる一因となります。低所得国や市場規模が小さい国では、販売承認申請をする商業的インセンティブが限られており、更なる障壁が存在します。

14

環境問題

煩雑な承認プロセスや、魅力のない市場ゆえの弱い商業的インセンティブは、供給側が販売許可を得て市場に参入することを消極的にさせます。その結果、新規医療技術の供給が限られ競争が減少することにより、価格の上昇・高止まりにもつながります。さらに、多数の国の異なる薬事承認申請に対応するための累積的なコストは、製品の価格を吊り上げ、新規医療技術開発のための資金を減少させます。

国によっては法律や規制枠組みの不備が、行政手続きを必要以上に煩雑にします。これらの障壁は、低中所得国の薬事規制当局が優先されるべき品質保証の任務を迅速かつ周到に果たすことを妨げます。その結果、新規医療技術を必要としている人々に、その恩恵を早く届けることを困難にします。

ADPはアフリカ連合（African Union: AU）の薬事規制規範法の策定と国レベルでの採択を支援することで、AU加盟国が新規医療技術の審査、承認、表示、流通や安全性監視などに関する国際統一基準を導入することを促進しています。規制制度を改善し国際的に調和させることで、承認プロセスの透明性と効率を向上させ、品質保証された医療技術が必要としている人々により早く届くことを可能にします。

国連開発計画（UNDP）駐日代表事務所「ユニバーサル・ヘルス・カバレッジの実現にむけて」UNDPホームページ　2021年より（省略した箇所がある）

14-b　気候変動と感染症

　気候変動に起因する気温上昇や降水パターンの変化が生態系に大きな影響を与えた結果、熱帯感染症の媒介生物・宿主の発生量増加や地理的分布の拡大をもたらす可能性がある。

　現在のところ温帯や亜寒帯において、媒介生物が急速かつ広範に増加することで熱帯感染症が流行、病原体が定着するといった劇的変化は確認されていない。例えば、日本国内においては、2014年に代々木公園（東京都渋谷区）を中心にデング熱ウイルスの媒介蚊が確認された。この事象と気候変動の因果関係（気象学的有意性）は不明であるが、この感染現象は、病原体・媒介生物などの条件が整えばアウトブレイクは起こり得ることを示唆している。

　しかし、日本においても媒介生物の地理的分布は確実に変化しており、デング熱の媒介蚊であるヒトスジシマカの北限は、1950年頃には北緯37度付近（栃木県日光市付近）までの生息であったが、2005年頃には北緯39度〜40度付近（岩手県大船渡市から秋田県八森町付近）まで生息域が北上している。このような媒介生物の分布変化は世界中で報告されており、感染症の疾患構造を大きく変える要因となる。

　また、途上国を含め交通インフラの発展もまた、病原体の遠隔地拡散のリスクを高めているが、熱帯感染症には有効な治療法や予防手段が存在しない疾患も存在する。媒介動物の定着と病原体の侵入

は、熱帯感染症のエピデミックやパンデミックのベースとなるため、これらの要因のコントロールが保健政策上で極めて重要なポイントとなる。本章では、臨床医学と公衆衛生学の観点から、治療と予防の現状と課題を説明する。

　熱帯感染症に関わる病原微生物には、主に、細菌、ウイルス、寄生虫の3種類がある。それぞれの生物学的構造を**表1**にまとめる。なお、寄生虫には、ヒトノミやケジラミなどの外部寄生虫と、回虫などの内部寄生虫に分類できるが、本章では後者の内部寄生虫の原虫と蠕虫（ぜんちゅう）を取り上げる。

（1）感染経路

　感染経路には、皮膚や粘膜の接触等による直接感染、咳やくしゃみによる飛沫感染、水や食品を介する経口感染（水系感染）、蚊など媒介生物（ベクター：vector）の吸血等によるベクター感染（水平伝播）などがある。この中でも、気候変動との関連性が高いのは経口感染とベクター感染である。

　特にベクター感染症は、全感染症の17%以上を占めており、全世界で年間100万人以上が死亡している。主なものを**表2**に示す。

（2）顧みられない熱帯病

　エイズ、結核、マラリアは、その罹患数や社会的影響から三大感染症と呼ばれており、その中でもマラリアは代表的な熱帯感染症の一つに数えられる。これらの感染症は途上国に限らず、先進国においても罹患数が多いため、各国の製薬企業や研究機関において治療薬の研究開発が進んでいる。

　しかしながら、三大感染症以外の熱帯感染症の中には、有効な治療薬やワクチンが存在しないものがある。その背景として、三大感染症と比較して先進国における罹患数が少ないことで、医薬品開発に投入した資本の回収が難しく、製薬企業が積極的に開発に踏み切れないことがある。これらの熱帯感染症が気候変動の影響で拡大する可能性は排除できず、治療法の確立が急がれる。

　熱帯感染症の中で、罹患数が多く治療薬開発などに課題があるも

表1　病原体の種類と生物学的構造

病原体	カテゴリー	大きさ	特徴	その他
ウイルス	真核生物でも原核生物でもない（非細胞性生物）	0.02～0.3μm	生細胞内でのみ複製可能であり、ウイルス自体は核酸とタンパク質の種で構成される。	細胞ではないので自己増殖はできない。主な予防法にワクチン、治療法に抗ウイルス剤があるが、後者の種類は少ない。
細菌	原核生物	0.5～10μm	細胞分裂で増殖する。	主な予防法にワクチン、治療法に抗菌剤がある。
寄生虫	真核生物	1μm～数十cm	原虫（単細胞生物）と蠕虫（多細胞生物）に分けられる。	熱帯感染症の病原体の多くを占める。主な予防法にワクチンがあるが、その大半が開発段階にある。治療法に抗原虫剤があるが、種類は少ない。

（出典）　荒川宜親ほか編『病原微生物学―基礎と臨床―』東京化学同人、2014、p.1 を基に筆者作成。

表2　主な媒介生物と熱帯感染症

媒介生物	生物学的特徴	疾患
ヤブカ	代表的なネッタイシマカは全世界の熱帯・亜熱帯地域に生息しているが、国内では未定着。卵は乾燥に強い。（注1）	デング熱、リフトバレー熱、黄熱
ハマダラカ	ハマダラカ属は世界に約460種生息し、100種程度がマラリアを媒介するが、このうち高緯度地域に生息可能な種もある。なお、卵には乾燥耐性がない。	マラリア
イエカ	イエカ属は世界に600種以上生息、国内では約30種生息する。越冬可能な種もある。	リンパ系フィラリア（象皮症）、ウエストナイル熱
サシチョウバエ（スナバエ）	サシチョウバエ亜科は世界に約500種生息し、このうち30種程度が感染症を媒介する。	リーシュマニア症
サシガメ	カメムシ目であるが、吸血性がある。オオサシガメは日本に生息するサシガメのうち脊椎動物から吸血する唯一の種である。	シャーガス病
ツェツェバエ	ハエ目であるが、針状の口器を持ち吸血性がある。	ヒトアフリカトリパノソーマ病（睡眠病）
ブユ	ハエ目であるが、刃状の口器を持ち吸血性がある。	オンコセルカ症（河川盲目症）
巻貝（淡水産）	淡水域に棲息する巻貝が、寄生虫の中間宿主となる。過去に甲府盆地等で多く発症した日本住血吸虫症では、ミヤイリガイが中間宿主となっている。（注2）	住血吸虫症

（注1）　日本国内の主なヤブカはヒトスジシマカである。
（注2）　寄生虫が幼体と成体で宿主を変える場合、幼生期の宿主を中間宿主という。
（出典）　"Vector-borne diseases, fact sheet, no. 387," March 2014. WHO Website <http://www.who.int/mediacentre/factsheets/fs387/en/>を基に筆者作成。

のは「顧みられない熱帯病（neglected tropical diseases: NTDs）」
と呼ばれる。

　日本国内において、気候変動が感染症に影響すると予想される事象
として、既存の感染症の拡大、熱帯感染症の発生が考えられる。(**表3**)。
　ベクター感染症の中でも、特に蚊媒介性感染症に対する注意が必
要であり、本稿では、既に国内にベクターが存在するデング熱とマ
ラリアの病態と疫学情報を中心に説明する。
　(1)　デング熱
　デング熱はデングウイルスによって発症するウイルス感染症で、
感染後の潜伏期間は3〜14日程度である。臨床症状は38度以上の
発熱、頭痛、筋肉痛、関節痛に加えて、解熱前後から皮膚発疹が現
れる。媒介生物にネッタイシマカやヒトスジシマカがある。
　デング熱ウイルスには4種類の血清型が存在する。異なる血清型
のウイルスに再感染した場合、初感染で産生された抗体が再感染し
たウイルスの細胞侵入を誘導し、結果としてウイルス増殖を引き起
こす。本来、病原体を中和する役割の抗体が、細胞への感染を増強
させるといった相反する作用を抗体依存性感染増強現象（antibody-
dependent enhancement: ADE）という。ADEによって、デング
出血熱、重症型デング熱と呼ばれる重症化した状態に移行する可能

表3　日本国内で予想される感染症への温暖化影響

感染経路	予想される事象
水系感染	海水温の上昇に伴う、水系感染症の分布域の拡大（ビブリオ・バルニフィカス感染症の北海道への拡大など）
ベクター感染	ヒトスジシマカ（ヤブカ）の分布域の北上、北海道への侵入・定着 日本脳炎の発生拡大（北海道） コガタアカイエカの東北地方における生息密度の上昇 ネッタイシマカの侵入（四国以南） ネッタイシマカの定着（九州、沖縄） 都市部における蚊の発生密度の上昇（関東、中部） デング熱の小流行（東北〜四国） デング熱の流行（四国以南）

(出典)　倉根一郎「感染症への地球温暖化影響」『地球環境』vol. 24 no. 2, 2009, p.281
を基に筆者作成。

性がある。なお、デング熱に関しては、市場化されたワクチンと抗ウイルス薬が存在しない。デング熱ワクチンの研究開発を困難にしている要因として、適当なモデル動物が存在しないこと、そして、感染防御に関する分子生物学的なメカニズムが十分に解明されていないことが挙げられるが、ワクチン開発に関してはADEの影響を十分に考慮する必要がある。

　WHOの推定では、毎年5000万人〜1億人がデング熱に罹患している可能性がある。例えば、南北アメリカ大陸では、2013年に235万人のデング熱患者数が報告されているが、そのうち重症型デング熱患者数は3万7687人であった。世界規模でデング熱の罹患数は増加傾向にある。

（2）　マラリア

　マラリアはマラリア原虫によって発症する寄生虫感染症で、熱帯熱マラリア、三日熱マラリア、四日熱マラリア、卵型マラリアの4種類が存在する。感染後の潜伏期間は、熱帯熱マラリアで10〜15日、その他のマラリアで2週間〜数か月である。臨床症状は、40度近い高熱、震え、悪寒を繰り返す。致死率は熱帯熱マラリアで数％程度。媒介生物はハマダラカである。

　現在、マラリアのワクチンは存在しない。治療薬にはクロロキン、メフロキン、ファンシダール、プリマキン、アルテミシニン等があるが、薬剤耐性を示すマラリア原虫も出現している。例えば、熱帯熱マラリア原虫のトランスポーター（Plasmodium falciparum chloroquine resistance transporter: PfCRT）の遺伝子変異によって、PfCRTを構成するタンパクの構造が変化しクロロキンの体外排出が促進される。これによって、マラリア原虫はクロロキンに対する薬剤耐性を獲得する。

竹内勝之「気候変動と疾患構造の変化」
（国立国会図書館調査及び立法考査局『ライフサイエンスをめぐる諸課題：
科学技術に関する調査プロジェクト調査報告書』）
国立国会図書館調査及び立法考査局　2016年より（省略した箇所がある）

論点整理

　地球温暖化に伴う気候変動は、ヒトの健康と生活に様々なリスクをもたらす。真夏日、猛暑日や熱帯夜の増加が予測され、熱中症のリスクの高まりが懸念される。温暖化は大気に供給される水蒸気の量に影響を与え、湿潤な地域の多くでは降水量が増加して極端な大雨（豪雨被害）が予測される。また、もともと雨の少ない乾燥した地域の多くでは降水量が減少してさらに砂漠化が進むと予測される。さらに、異常気象、海面上昇、土壌汚染などに起因する環境破壊によって居住地域を離れざるをえなくなる**環境難民**の増加も見込まれる。気候変動に関する危機感は世界中に広がっている。2015年12月、フランスのパリで開催された第21回国連気候変動枠組条約締約国会議（COP21）において、**京都議定書**に代わる2020年以降の温室効果ガス排出削減等のための新たな国際枠組みとして、**パリ協定**が採択された。温室効果ガス排出国のすべての国による取り組みが実現し、温室効果ガス排出国に排出削減目標を定めることが課せられた。

　SDGs（エスディージーズ）は、2015年9月の国連サミットで加盟国の全会一致で採択された「持続可能な開発のための2030アジェンダ」の中核であり、2030年までに持続可能でよりよい世界の実現を目指す国際目標である。地球上の「**誰一人取り残さない（leave no one behind）**」ことを誓う。その中で、目標13「気候変動に具体的な対策を」の他にも、目標7「エネルギーをみんなに　そしてクリーンに」や目標12「つくる責任　つかう責任」など、気候変動と関連のある目標が設定されている。

　課題文aにある「**ユニバーサル・ヘルス・カバレッジ**」（UHC：Universal Health Coverage）とは、すべての人が適切な予防、治療等の保健医療サービスを、支払い可能な費用で受けられる状態のことをいう。つまり、誰でもどこでも、お金に困ることなく、必要な質の高いプライマリー・ヘルスケアを受けられる状態を指す。「UHCはSDGsの達成に不可欠である」とあるように、SDGsの目標3「すべての人に健康と福祉を」のターゲットの1つとして、すべての人々が生涯にわたり健康的な生活を営むことができるようにな

ることを目指す。具体的には、妊産婦や幼児の死亡率の低減、HIV/AIDS、マラリア、結核といった感染症対策、生活習慣病などの非感染性疾患の予防などがあげられる。途上国には、経済的な理由から、医療・保健サービスへのアクセスもかなわず、健康を脅かされ、不安な毎日を過ごす人が数多く存在する。例えば、デング熱や狂犬病など「顧みられない熱帯病（NTDs）」と呼ばれる感染症の蔓延は、健康における格差の典型ともいえる。そこで、心身の健康やウェルビーイングを実現するためにUHCを推進する国際的な動きが高まり、2019年9月の国連総会において、「ユニバーサル・ヘルス・カバレッジ：より健康な世界を構築するために共に動く（Universal Health Coverage: Moving Together to Build a Healthier World）」がテーマに掲げられ、UHC政治宣言が国連加盟国により承認された。

　国連気候変動に関する政府間パネル（IPCC：Intergovernmental Panel on Climate Change）は、第6次評価報告書で「人間の影響が、大気、海洋及び陸域を温暖化させてきたことには疑う余地がない」として、地球温暖化の原因が人間の活動によるものと断定した。また、「人為起源の気候変動は、極端現象の頻度と強度の増加を伴い、自然と人間に対して、広範囲にわたる悪影響とそれに関連した損失と損害を、自然の気候変動の範囲を超えて引き起こしている」と結論づけ、水や食料の供給、健康や自然災害の分野で、気候変動の影響が広がると予測している。日本の取り組みとしては、「環境と成長の好循環の実現」を掲げ、SDGsの達成や地球温暖化対策を推進し、2050年に**カーボンニュートラル**を達成することを表明している。他にも、気候変動に対する適応策・緩和策、感染症の監視体制の強化、公衆衛生対策の強化に取り組むことも急務である。

　課題文bに「気候変動に起因する気温上昇や降水パターンの変化が生態系に大きな影響を与えた結果、熱帯感染症の媒介生物・宿主の発生量増加や地理的分布の拡大をもたらす」とあるように、実際に日本でデング熱の媒介蚊であるヒトスジシマカや熱帯性のマラリアを媒介するハマダラカの生息域が拡大しており、既存の感染症の拡大や熱帯感染症の発生への対策が必要である。このように気候変

動がもたらす影響は、気象災害による直接的被害だけではない。きれいな空気、安全な飲み水、十分な食料、安全な住居といった人間の基本的な生活をおびやかす重大な影響も与える。害虫の発生と穀物の病気の発生、干ばつなどによる食料生産の減少や飲み水の不足、間接的には栄養失調や飢饉により発達・発育障害なども生じるおそれがある。

　環境問題における健康被害をもたらす人為的な要因は、他にもいくつかある。例えば、生物の生殖機能に影響を与える化学物質「**内分泌かく乱化学物質**」（環境ホルモン）である。DDTをはじめとする農薬が野生生物や自然生態系に悪影響を及ぼしていると、レイチェル・カーソン氏は著書『沈黙の春』（1962年）においてその危険性に警鐘を鳴らした。また、大気中に浮遊する直径2.5μm（マイクロメートル）以下の極小の粒子である「PM2.5」は、細い気管支や肺の奥まで入りこみぜんそくや気管支炎など呼吸器系の病気のリスクを高める。ガソリン車やストーブの燃焼、物の焼却などから発生し放出されるため、国内規制のみでは対処できず地球全体での取り組みが不可欠である。そして忘れてはならないのは、「放射性物質」である。2011年3月に発生した東京電力福島第一原子力発電所の事故により、大量の放射性物質が環境中に放出・飛散され、多くの方が避難生活を余儀なくされた。このような環境汚染に対しては、汚染された環境の回復だけでなく、専門家による健康への影響に関する調査・分析を継続的におこなう必要がある。

14

環境問題

気候変動

　さまざまな要因により、気候が比較的短期的に変動すること。気候システムに外部から強制的な要因が加わることで生じる。要因は大きく分けて2つあり、太陽活動の変化や海洋の変動といった自然的要因と、温室効果ガスの排出や森林破壊といった人為的要因である。

環境難民

　大気汚染、海面上昇、砂漠化、森林伐採など、何らかの環境の変化によって居住地からの移動を余儀なくされた人々。環境はゆっくりと変化するため、一般的な難民と比べて喫緊の課題と認識されにくい。開発や事故など、人為的な発生原因による事例も増えている。

パリ協定

　2020年以降の地球温暖化対策の国際的枠組み。その目的は、①世界の平均気温を産業革命以前のプラス2℃以下、さらにプラス1.5℃に抑える努力をすること②できるだけ早く世界の温室効果ガス排出量を抑え、21世紀後半に排出量と吸収量のバランスをとることである。

SDGs（エスディージーズ）

　持続可能な開発目標。持続可能でよりよい社会の実現を目指す世界共通の目標。2015年の国連サミットにおいて、全ての加盟国が合意した「持続可能な開発のための2030アジェンダ」の中で掲げられた。2030年を達成年限とし、17のゴールと169のターゲットから構成されている。

顧みられない熱帯病（NTDs）

　主に熱帯地域で蔓延する感染症で、三大感染症（エイズ、結核、マラリア）と比べて貧困層での罹患率が高く治療薬やワクチン開発の採算が取れないため、あまり関心が向けられず十分な対策がとられなかった。蔓延の主な原因は劣悪な衛生環境であり、それにより低い生産性や貧困を招いている。

気候変動に関する政府間パネル（IPCC）

　気候変化、影響、適応および緩和方策に関して、科学的、技術的、社会経済的な見地から包括的評価を行うことを目的として、1988年に国連環境計画と世界気象機関により設立された。定期的に報告書を作成し、気候変動に関

する最新の科学的知見を評価する。

カーボンニュートラル［Carbon Neutral］

　温室効果ガスの排出量をゼロにすることは現実的に難しいため、排出量と吸収量を均衡させることで、全体として「差し引きゼロ（ニュートラル）」にすること。温室効果ガスの排出量の削減に加えて、植林、森林管理など吸収作用の保全・強化を図る必要がある。

内分泌かく乱化学物質

　ホルモン活性を有する化学物質が生体の内分泌系の機能を変化させることにより、健全な生物個体やその子孫、あるいは集団（またはその一部）の健康に有害な影響を及ぼす可能性がある外因性物質。以前は、環境ホルモンと呼ばれていた。ヒトや動植物の重要な発達過程に望ましくない影響を与えることが疑われる。

14

環境問題

15-a　パンデミック

20世紀に発生したパンデミック
「スペイン風邪」（1918 ～ 1919）

　日本では通称「スペイン風邪」と呼ばれるスペインインフルエンザは、20世紀に発生した3つのパンデミックのなかで最も大きな被害をもたらしました。WHOなどによれば、1918（大正7）年から1919（大正8）年にかけて全世界で約5億人がスペイン風邪にかかり、4000万人が死亡したといわれています。致死率は2.0 ～ 2.5%。一見、致死率は低いようにみえますが、普通の季節性インフルエンザの致死率が0.1%（1000人に1人、超過死亡を含めて）なので、40 ～ 50人に1人というのは、異常に高い値といえます。その謎はやがて解き明かされることになります。

　日本でも当時の人口5500万人のうち、約2300万人が患者となり約38万人の死亡者が出たという記録が残っています（内務省統計）。

　わずか2年間で、世界でこれだけの規模の死者を出した感染症は過去に例がなく、人類史上最悪の疫病となりました。

　スペイン風邪は「風邪」という名前はついていますが、その症状や**伝播力**（ヒトからヒトへ感染する力）は私たちが見知っている一般的な風邪とはまったく異なります。スペイン風邪にかかると40度近い高熱が出て、重度の肺炎、肺水腫を引き起こします。発症してからわずか数日で呼吸困難に陥り、死に至ることも多くありました。伝播力はきわめて強力で、患者を看病する家族、医師も次々に倒れ、ごく短時間のうちに患者数がどんどん増えていきました。

　スペイン風邪ウイルスがこれほど多くの人を殺した理由は十分にはわかっていません。ウイルスそのものが他のインフルエンザウイルスよりも病原性が強かったことはわかっています。しかし、スペイン風邪で死亡した人の多くが細菌の二次感染による肺炎による

ことも明らかになっています。

　当時は、インフルエンザの原因ウイルスはまだ発見されておらず、もちろん有効なワクチンや抗ウイルス薬も存在しませんでした（ヒトインフルエンザウイルスの発見は1933年）。肺炎の原因菌を殺す抗生物質さえありません。医学的な予防や治療手段のないなか、唾液などの飛沫感染だけでなく空気感染もするこのウイルスから逃れる手立てはほとんどなく、死者も増えていったのです。

　スペイン風邪の流行の特徴は、普通のインフルエンザではほとんど死亡することのない15〜35歳の健康な若者層で最も多くの死者が出たという点です。死亡者の99％が65歳以下の若い年齢層に発生したというのは、過去にも、それ以降にも例のない現象でした。

コラム　スペイン風邪の正体を90年後に突き止めた！

　スペイン風邪が発生した1918年当時は、ウイルスを分離する技術、つまり検査対象からウイルスを採取し、細胞内で増殖させて確認する技術がまだ初歩的な段階だったため、スペイン風邪ウイルスを分離できず、病原体の正体はつかめませんでした（ヒトインフルエンザウイルスの発見＝分離成功は1933年）。

　スペイン風邪の本格的な研究の道が開けたのは1990年代半ばです。きっかけとなったのはアメリカ陸軍病院病理学研究所のジェフリー・タウベンバーガーらがスペイン風邪で死亡した患者の病理組織からウイルス遺伝子を取り出し増幅し、解析したことでした。ところが、保存状態のよくない古い組織サンプルからのウイルス遺伝子の増幅は困難をきわめました。そんななか、1997年に彼らはアラスカの永久凍土からスペイン風邪で死亡し埋葬されていた遺体を発掘しました。発掘した遺体の肺組織を使って完全な形でウイルス遺伝子の増幅に成功したタウベンバーガーらは、2005年にはウイルスの遺伝子情報（RNAの塩基配列）をすべて解読したのです。

　スペイン風邪ウイルスの遺伝子情報が初めて明らかにされたことで、その正体がA型インフルエンザウイルスのH1N1亜型である

15

感染症と人類

ことが判明しました。ウイルスの表面に「HA」と「NA」タンパク質の突起をもつA型ウイルスは、すべて野鳥（特にカモ）に由来しています。スペイン風邪ウイルスは、鳥インフルエンザウイルスがヒトに感染するヒト型インフルエンザウイルスに変異したものだったのです。

コラム　スペイン風邪はなぜ死者が多かったのか？

　全世界で2000万〜4000万人もの死者を出し、史上最悪といわれるスペイン風邪。感染すると40度近い高熱が出て、重度の肺炎を起こし、数日足らずで死亡した症例もあったといいます。スペイン風邪のウイルスは、どうしてこのような強い病原性を示したのでしょうか。

　スペイン風邪ウイルスについては、米国のタウベンバーガーらが、アラスカの永久凍土に埋葬されていた遺体から採取したウイルスをもとに、その遺伝子の全暗号（全塩基配列）を、2005年に解読しています。
　この解読結果をもとに、河岡義裕教授のチームが、2008年、スペイン風邪ウイルスの人工合成に成功しました。河岡教授らは、この合成ウイルスをヒトに近いカニクイザルに感染させ、どんな症状が現れるか、実験しました。
　実験では10頭のサルを用意し、そのうちの7頭の鼻や気道にスペイン風邪ウイルスを入れて感染させました。比較対照のため、残りの3頭に普通の季節性インフルエンザウイルスを同じように感染させました。
　結果は明白でした。スペイン風邪ウイルスに感染したサルは、次々に倒れ、感染8日目に全頭が死亡しました。
　一方、季節性インフルエンザウイルスを感染させた3頭のサルは、最後まで食欲が落ちることもありませんでした。

　この実験ではさまざまな事実が明らかになっています。季節性インフルエンザウイルスに感染したサルの肺と心臓は組織が正常なままだったのに対し、スペイン風邪ウイルスに感染したサルの肺では、肺の60〜80％の領域で炎症（肺炎）を起こしていました。短時間

のうちに肺でウイルスが急激に増殖した結果、組織が破壊されてしまったのです。

　ウイルスに感染したサルの肺胞で何が起きていたか、よくわかる顕微鏡写真があります。季節性インフルエンザウイルスを感染させたサルでは、肺胞の中が白く抜け、空気の入っている領域が見えます。正常な肺胞は空気の通り道であり、ここで酸素交換が行われて、呼吸ができるのです。

　これに対し、スペイン風邪ウイルスを感染させたサルでは、空気ではなく血液の混じった浸出液が肺胞に充満しています。ここが液体で満たされてしまうと十分な酸素交換はできません。感染8日目のサルは、肺の中に大量の水がたまり、ほとんど呼吸ができない「溺死」寸前の状態でした。

　これらの病理所見は、スペイン風邪で死亡した患者の病理所見にそっくりでした。

　スペイン風邪ウイルス（H1N1型）は、全身感染はなく、呼吸器だけの局所感染しかしません。それでもこうした突出した強い病原性を示すのは、なぜでしょう。

　感染したサルの肺や気管支では、ウイルスが爆発的に増殖して、組織が破壊されています。ウイルスを攻撃する免疫機構も十分に働いていないようです。感染した組織の細胞を詳細に調べた結果、2つのことがわかりました。

1　ウイルス増殖を止めるように働くインターフェロンが十分に分泌されず、抗ウイルスの免疫反応が正常に機能していないこと。

2　好中球（白血球の一種）が非常に多く存在し、炎症反応が進んだこと（サイトカインストーム）。

　どちらも免疫機構の異常を示しています。1はウイルスの異常に速い増殖、2は組織破壊的な激しい炎症反応の原因です。好中球は炎症性細胞ともいわれ、感染部位から分泌された過剰なサイトカインによって呼び集められ、気管支や肺で活発に働き、炎症を起こしたのです。

　スペイン風邪が、通常のインフルエンザと比較にならないほどの

15

感染症と人類

大量の死者を出したのは、感染者に異常な免疫反応を引き起こし、呼吸器組織を破壊したからと考えられます。

河岡義裕・今井正樹『猛威をふるう「ウイルス・感染症」にどう立ち向かうのか』ミネルヴァ書房　2018年より（省略した箇所がある）

15-b) 多剤耐性菌

　1940年代にペニシリンGの工業的生産が開始され、**黄色ブドウ球菌**が惹起する化膿性疾患や肺炎などの治療薬として利用されるようになった。まもなくして、ペニシリンのβ-ラクタム環を分解する酵素（ペニシリナーゼ）を産生することで、ペニシリン耐性を獲得した黄色ブドウ球菌が出現した。このようなペニシリン耐性菌に対抗するために、ペニシリナーゼに分解されない抗菌薬の開発がおこなわれ、半合成狭域抗菌薬である**メチシリン**が1960年に導入された。しかし、その1年後には、このメチシリンにさえ耐性を示す**メチシリン耐性黄色ブドウ球菌（MRSA）**がイギリスで分離されたのである。

　わが国において、MRSAは1980年代初頭から増えはじめ全国に拡散していった。現在、入院患者から分離される黄色ブドウ球菌の50〜70%はMRSAであり、その制御は一筋縄ではいかない。この章では、わが国におけるMRSAの状況とメチシリン耐性化機構について解説する。また、**バンコマイシン耐性黄色ブドウ球菌**（Vancomycin-resistant *Staphylococcus aureus*：VRSA）についても触れてみたい。

　MRSA感染症は、感染症法で五類感染症の定点把握疾患に分類され、全国にある基幹定点の病院から報告がなされている。その報告によると、MRSA感染症はここ数年のあいだ、23,000〜24,000件を推移している（**図1**）。

　また、わが国における薬剤耐性菌感染症のより詳細なデータは、厚生労働省「**院内感染対策サーベイランス事業（JANIS）**」のホームページ（http://www.nih-janis.jp/index.asp）で閲覧することが可能である。JANISは、医療機関における院内感染の発生状況、薬

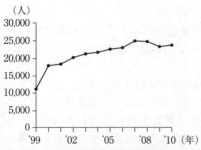

図1　MRSA感染症報告数の推移
（国立感染症研究所感染症疫学センターの『感染症発生動向調査年別報告数一覧（その2：定点把握）』を元に作成）

剤耐性菌の分離ならびに発生状況を調査・収集することで、院内感染対策の情報を共有することを目的としたサーベイランス事業で、1,087の医療機関（2013年2月現在）が参加している。

では、JANISが公開している情報とはどのようなものであろうか。2012年の年報からMRSA感染症の実態について解説してみよう。

15

感染症と人類

JANISで集計された2012年（1〜12月）における薬剤耐性菌感染症の新規な発症患者の総数は、17,743人であった。このなかでMRSA感染症による新規患者数の割合は93.4％であり、薬剤耐性感染症のほとんどはMRSAに起因していることがわかる（**図2**）。また、MRSA感染症を起こした新規患者について疾患別にみたのが**図3**である。**人工呼吸器関連肺炎**を含む肺炎が37％と最も多く、次いで菌血症16％、皮膚・軟部組織感染症12％と続いている。年齢別で分けてみると、MRSA感染症の新規患者数は高齢者に集中してお

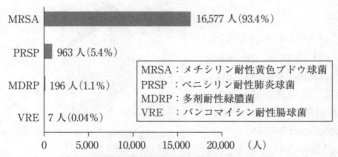

図2　薬剤耐性菌感染症の新規発症患者数（2012年1〜12月）
（厚生労働省の『院内感染対策サーベイランス事業（JANIS）検査部門（一般向け）期報・年報の2012年年報』を元に作成）

り、60歳以上の患者が83％を占めていた。

このようにMRSAは、薬剤耐性菌感染症の主要な起因菌であり、MRSA感染症のリスクファクターとして、高齢であることがあげられる。

黄色ブドウ球菌は、通性嫌気性のグラム陽性菌である。顕微鏡で観察するとブドウ状の配列をなしていることが、本菌名称の由来になっている。この菌は栄養が乏しく乾燥した環境でも長期間にわたって生き延びることが可能であり、また、ヒトや動物の皮膚、鼻咽腔、消化管などにも常在している。通常は無害であるが、皮膚の切創や刺創などに、化膿症や膿痂疹、毛囊炎、癤、癰、蜂巣炎などを惹起する。また、エンテロトキシンを含む複数の毒素を産生するので、食中毒や腸炎などの起因菌としても知られている。

黄色ブドウ球菌がメチシリン耐性を獲得したものがMRSAなので、MRSAも黄色ブドウ球菌と同じような症状を惹起する（図4）。MRSA感染症を疾患別にみると、肺炎や菌血症の起因菌として分離されることが多く（図3）、重症化した場合は種々の抗菌薬に耐性を示すので、その治療が困難となる。MRSA感染のリスクファクターとして、高齢であること以外に、免疫不全患者、術後患者、気管内挿管患者、未熟児・新生児であることなどがあげられる。

MRSAは院内感染型であるHA-MRSA（hospital-associated MRSA）とは別に、市中感染型として、CA-MRSA（community-associated MRSA）の存在が報告されている。このCA-MRSAは、入院歴や抗菌薬使用などの院内感

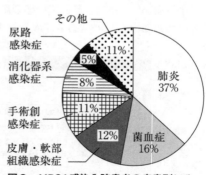

図3　MRSA感染入院患者の疾患別にみた割合（2012年1～12月）

（厚生労働省の『院内感染対策サーベイランス事業（JANIS）検査部門（一般向け）期報・年報の2012年年報』を元に作成）

染のリスクがないヒトから分離されるMRSAとして定義されている。実際に外来患者から分離される黄色ブドウ球菌の10～30％はMRSAであり、院内感染型と市中感染型のMRSAが混在している。

CA-MRSAでは、小児や若年層の健常人が感染し学校などで流行することがあり、皮膚・軟部組織感染症が主な疾患である。なお、米国で分離されるCA-MRSAは、**白血球溶解毒素**（Panton–Valentine leukocidin：PVL*）を産生する株が大半を占めている。一方、わが国でのCA-MRSAにおけるPVL産生株は3～5％であり、米国と比べてその分離率はかなり低い。PVL産生は肺炎の重篤化に関与すると推察されているが、その詳細は不明である。

図4　MRSAの感染過程

黄色ブドウ球菌は、4種類の**細胞壁合成酵素**（penicillin binding protein：PBP）を有している。一方、MRSAは、**PBP2'**（penicillin binding protein 2 prime）とよばれる細胞壁合成酵素の遺伝子を外来から取り込むことで、薬剤耐性を獲得している。すなわち、メチシリンを含むβ-ラクタム系抗菌薬は、このPBP2'に対する親和性が低いので、菌体の細胞壁合成を阻害することができない。このPBP2'は、**SCC**（staphylococcal chromosomal cassette）*mec*とよばれる比較的大きなDNA断片上の***mecA***にコードされている（**図5**）。

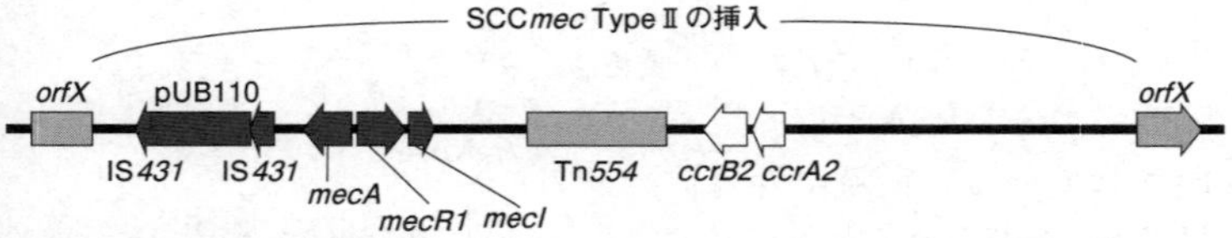

図5　SCCmec獲得によるメチシリン耐性化機構

　MRSA株では例外なく**SCCmec**を有しており、この遺伝子カセットは、S.sciuriより獲得したと推察されている。SCCmec上にはmecAのほかに、mecAの発現を制御するmecIとmecR1がコードされている。MecIは、mecA発現の抑制因子として機能している。一方、MecR1は、環境中に存在する低濃度のβ-ラクタム系抗菌薬を感知することで、MecIによる抑制を解除し、mecA発現を誘導するシグナルトランスデューサーとして機能している。SCCmecは、11種類の異なるタイプが存在（2013年7月現在）している。**図5**ではタイプⅡのSCCmecを示しているが、実はほとんどのタイプで、mecIやmecR1に欠損が起きている。したがって、このような制御系に欠失をもつSCCmecを取り込んだMRSAでは、mecAが恒常的に発現している。

　SCCmecの染色体への挿入ならびに切り出しは、orfX遺伝子上に存在する特異的配列（attBscc）を介しておこなわれる。この部位特異的組換えには、SCCmecにコードされるCcr（cassette chromosome recombinases）とよばれるレコンビナーゼが関与している。また、トランスポゾン（移動可能な遺伝子）であるTn554内には、エリスロマイシン、スペクチノマイシンがコードされている。さらに、挿入配列IS431を介してトブラマイシンとブレオマイシン耐性遺伝子を含む薬剤耐性プラスミドpUB110がSCCmec上に組み込まれている。このように、SCCmec上には、mecAだけではなく他の薬剤耐性遺伝子もコードされているので、SCCmecの獲得はβ-ラクタム系抗菌薬だけではなく、他の抗菌薬にも耐性を獲得する結果となる。

　＊PVL：ロイコシジンは、細菌によって産生される二成分性の孔形成毒素の総称である。PVLは、LukS-PVとLukF-PVより構成され、白血球を特異的に破壊する。

阿部章夫『もっとよくわかる！感染症―病原因子と発症のメカニズム』
羊土社　2014年より

論点整理

　時代、地理、気候、交通手段などの条件によって、感染症の広がり方は異なる。課題文 a では、世界的流行、いわゆる「**パンデミック**」の事例として、大量の感染死者が出た1918年の「スペインインフルエンザ」（通称「スペイン風邪」）を取り上げている。スペイン風邪ウイルスの研究・実験から、ウイルスの増殖の速さと組織破壊的な激しい炎症反応という免疫機構の異常性が判明した。**サイトカインストーム**が生じると、一度壊れた呼吸器組織は元に戻らず重篤な症状や死亡に繋がってしまうのである。

　ヒトと動物の間でインフルエンザウイルスが感染を繰り返すうちに、ウイルスがヒトの間で流行しやすい型に変異したものを新型インフルエンザという。それに対する免疫を人類は持っていないので、感染の拡大に繋がる。重症急性呼吸器症候群（SARS）や中東呼吸器症候群（MERS）など、呼吸器感染症を引き起こすこれらの感染症は、**人獣共通感染症（ズーノーシス）**である。ズーノーシスが問題となる背景には、人口増加や経済活動が引き起こす環境変化により、病原微生物の自然宿主である野生動物とヒトとの接触機会が増えたことがあげられる。現代社会では飛躍的に交通機関が発達し、世界中で人の往来が盛んなため、世界保健機関（WHO）は新たなパンデミックの発生を警戒している。SARSやMERSの他にも、アジア風邪、香港風邪、2009年新型インフルエンザ、**新型コロナウイルス感染症**（COVID-19: coronavirus disease 2019）が世界的に流行した。

　日本における感染症対策として、「**感染症法**」（「感染症の予防及び感染症の患者に対する医療に関する法律」）がある。重篤性、感染力、感染経路などを総合的に勘案して、１類〜５類の５種の感染症と、緊急時の対応として「指定感染症」、「新感染症」「新型インフルエンザ等感染症」の分類を設定し危険度に応じた措置を定めている。感染症予防の基本的な対策としては、①感染源を排除する病原体対策、②接触感染、空気感染、飛沫感染の感染経路対策、③宿主の抵抗力を向上する感受性者対策の三原則があり、これらを徹底することが感染症リスクの低減に繋がる。

また、防疫の代表的な手法であるワクチンを予防的に接種することで、体内で免疫を作り出し、病気にかからないようにしたり、かかっても症状が軽く済むようにしたりする。身近な人にうつすことを防ぎ、社会全体でも流行を防ぐ効果もある。一方、ワクチン接種により副反応が生じることがある。その多くは発熱、腫れといった短期間で治る比較的軽度なものであるが、まれに重いアレルギーなど重症の副反応が起きることもある。子宮頸がんの発生に関わるヒトパピローマウイルス（HPV）の感染を予防するHPVワクチンは、接種後に全身の痛みや腫れ、赤み、まれに重い症状（重いアレルギー症状、神経系の症状）が起こるケースがあり、接種との因果関係がはっきりせず、ある期間勧められなくなった。しかし、世界的にその有効性が認められ、厚生労働省の専門家会議で接種による有効性が副反応のリスクを明らかに上回ると認められたため、2022年4月に定期接種の積極的勧奨が再開された。

　ヒトや動物に寄生して感染症をもたらす病原体には、主にウイルス、細菌、真菌（カビなど）が含まれる。そのうち、体内に入った場合、病気や感染症を引き起こす可能性のある微生物を病原菌という。細菌や真菌は細胞分裂で増殖する。細菌に対しては、細胞に作用して増殖を抑える抗菌薬（抗生物質と合成抗菌薬）が有効な治療薬となる。真菌に対しては、細胞膜を破壊あるいは細胞膜の合成を阻害する抗真菌薬がある。他方で、ウイルスは細胞膜を持たず、宿主の細胞機能を利用して増殖するので、治療薬はほとんどない。

　感染症との闘いの歴史において、抗菌薬であるペニシリンの発見は最も重要なものである。1928年にフレミンは培養実験で青カビがブドウ球菌の発育を阻止することを発見し、その培養液中に含まれる抗菌物質をペニシリンと名づけた。ペニシリンの実用化以来、その効果は多くの感染症に有効で、肺炎や梅毒、敗血症、破傷風などの治療に用いられた。また、ペニシリン以外にも結核の特効薬のストレプトマイシンや抗生物質のテトラサイクリンなどが開発された。しかし、ペニシリンを乱用して適正に使用しなかった結果、細菌は有効な生き残り手段としてペニシリンに対する耐性を獲得した。さ

らなる抗菌薬を開発するも、細菌は再び耐性を獲得する。つまり、「新たな抗菌薬の開発→耐性の獲得→新たな抗菌薬の開発→耐性の獲得」を繰り返し、MRSA（メチシリン耐性黄色ブドウ球菌）やVRE（バンコマイシン耐性腸球菌）といった多剤耐性菌を出現させてしまった。多剤耐性菌とは、抗菌薬が効かなくなった薬剤耐性菌のうち、多くの抗菌薬が効かなくなったものを指す。課題文 b では、MRSAについて、院内感染型だけでなく市中感染型が存在することや、感染過程、薬剤耐性を獲得する仕組みが説明されている。今も院内感染の主要な菌であるMRSAは、「種々の抗菌薬に耐性を示す」ので治療が困難となる場合もある。

1970年代に薬剤耐性菌による感染症が再発・流行し始め、これらの疾患を「再興感染症」と呼んだ。電子顕微鏡の開発により、光学顕微鏡では見えなかったウイルスを同定できるようになったことで、新しく発見・同定された病原体の疾患を「新興感染症（エマージング感染症）」と命名した。たとえば、エイズ（AIDS・後天性免疫不全症候群）は、HIV（ヒト免疫不全ウイルス）を病原体とする新興感染症に分類される。HIVはSIV（野生のサルやチンパンジーに見られる免疫不全ウイルス）が変異して人間にも感染するようになったと言われている。現在では、日和見感染症などの合併症治療とHIV感染の治療によって免疫力を回復させ、自分らしい生活を送ることも可能である。HIVは通常の接触で感染伝播することはない。主な感染経路は、性行為による感染、血液による感染、母子感染の3つであり、現在の感染経路の多くは性行為による感染である。社会的啓発、適切かつ効果的な性教育、患者の人権や個人情報の保護など、社会的サポートが求められる。1980年代、加熱処理をせずにウイルスの不活性化を行っていない血液凝固因子製剤を血友病患者の治療に使用し、多数のHIV感染者とエイズ患者を生み出した薬害エイズ事件が起こった。医薬品による被害を繰り返さないために、患者の安全は最優先されるべきである。

フレミングが発見したペニシリンによって、人類は感染症を克服したかのように見えた。しかし、抗菌薬で病原体を撲滅できた事例はな

く、新しい薬剤開発と多剤耐性菌は終わりなき様々な闘いを続けている。多剤耐性菌が増え続けることは、今まではできていた感染症の治療が困難になり、人類の生命・健康が脅かされることを意味する。これ以上多剤耐性菌を増やさないために、院内感染防止の徹底的な対策に加えて、抗菌薬で治療効果が期待できる場合に限り適正に処方・使用することの徹底、安全な医療サービスの提供が求められる。

🔑 キーワード

🔑 パンデミック［pandemic］

　ある感染症や伝染病が、爆発的に全世界的に急激に広まる状態。世界的な大流行。健康被害だけでなく、社会的・経済的影響も甚大になる。WHOは、世界インフルエンザ事前対策計画における警報として、感染症の流行の段階を6つのフェーズに分類し定めている。

🔑 サイトカインストーム［Cytokine Storm］

　感染症などをきっかけに、細胞から分泌される生理活性物質サイトカインが大量に放出される状態。サイトカインは通常、ウイルスや細菌に対する生体防御を担うが、過剰な炎症反応によって、免疫のコントロールが困難になり、臓器や器官に致命的な傷害を与える。

🔑 人獣共通感染症（ズーノーシス）［zoonosis］

　ヒトと動物のどちらにも感染できる病原体による感染症。ヒトの健康問題という立場から見て、動物由来感染症とも呼ぶ。感染動物との接触、媒介昆虫などのベクター、病原体で汚染されている畜産物の食品などを介してヒトへと感染する。医学と獣医学が協働した対応が重要となる。（2023年1月現在）

🔑 新型コロナウイルス感染症（COVID-19）

　新型コロナウイルス「SARS-CoV-2」がヒトに感染することで発症するウイルス性呼吸器疾患。2019年に中国武漢市で検出され、WHOは2020年3月に「パンデミックである」と発表した。高齢者や基礎疾患を持つ人ほど、重症化や死亡リスクが高く、症状の持続期間も長くなりやすい。（2023年2月現在）

🔑感染症法

　ウイルスや細菌など、集団感染を引き起こす病原体からの感染発生を予防し、蔓延を防止する目的で作られた、行政の感染症対策を定めた法律。感染症の重大さによってグループ（類型）分けをして、就業制限、入院、交通の制限など、適応する措置を定めている。

🔑再興感染症

　既に知られていた感染症で、公衆衛生上ほとんど問題にならない程度まで発生数が減少したもののうち、再び出現・増加している感染症、あるいは将来的に問題となる可能性のある感染症。デング熱、ジカ熱、結核、劇症型溶血性レンサ球菌感染症、マラリアなど。

🔑新興感染症（エマージング感染症）

　近年に初めて認知され、局所的あるいは国際的に公衆衛生上問題となっている感染症。発生初期は原因や感染経路がわからないため、急速に広まってしまう危険性がある。重症急性呼吸器症候群（SARS）、中東呼吸器症候群（MERS）、エボラ出血熱など。

🔑日和見感染症

　健康な状態では問題とならない病原体に、免疫力が低下した人が感染することで引き起こされる感染症。通常は感染しないことから日和見（なりゆきをうかがう）と呼ばれる。免疫低下時に発症すると、治療が困難になり、しばしば重症化して死に至ることもある。

🔑発生動向に注意すべき感染症

　感染症法に基づき、感染症の情報収集体制が強化され、国立感染症研究所は感染症法に規定された感染症患者の発生動向の調査・集計を行っている。キーワードですでに挙げた感染症以外にも、マダニを媒介して感染する重症熱性血小板減少症候群（SFTS）、動物からだけでなく人から人へも感染するサル痘（エムポックス：mpox）、感染防御機能が低下した患者や抗菌薬を長期間使用する患者が感染するカルバペネム耐性腸内細菌科細菌（CRE）感染症などの発生動向に注意が必要である。（2023年3月現在）

医療の公共性

医学・医療の専門家として、「制度」を考える

16-a 医療保険制度

　医療制度は、歴史、経済、政治、風土、文化等の所産であり各国固有の形態をとる。**図1**は、主要6カ国の医療制度の基本骨格を対比したものである。各国の制度設計が大きく異なることは一目瞭然であるが、重要な相違点は次の3つである。

　第1に、ファイナンスの仕組みが異なっている。すなわち、日本、ドイツ、フランスでは社会保険方式が採用されているが、英国やスウェーデンでは公衆保健サービスと同じように租税財源をもとに政府（国・地方自治体）が自ら医療供給を行っている。その対極に位置するのが米国である。高齢者等を対象とするメディケアおよび低所得者を対象とするメディケイドを別にすれば、米国には統一的な公的医療費保障制度は存在しない。そして、同じ社会保険方式といっても、日本はドイツやフランスとは保険集団の括り方が大きく異なっている。日本では、被用者保険に属さない者は地域保険(国民健康保険)が「受け皿」となることによって国民皆保険を実現している。ドイツの疾病保険法は労働立法として発足し、今日なおその色彩が残っている。また、フランスの医療保険制度の特徴は、職域や職能により多数の疾病金庫(保険者)が設けられていることにある。いずれにせよ、日本のような地域保険はドイツやフランスには存在しない。

　第2に、日本のみ医療供給と医療財政の公的・民間の組合せが異なっている。つまり、西欧4カ国では、医療供給（特に病院）は公的セクター中心で医療財政も公的に統制されている（「公」と「公」の組合せ）。米国では医療財政は民間保険中心であるが、医療供給も民間セクター中心である（「私」と「私」との組合せ）。これに対し、日本の医療制度は、医療財政については公的医療保険でほぼ100％カバーされ価格も統制されているが、医療供給は医療法人など民間セクター中心である（「公」と「私」の組合せ）。

	供　給	財　政	（参考）財政の制度設計	
日　本	・「私」中心（「公」の占める病床の割合は約3割） ・フリーアクセス（ゲートキーパー機能は非常に弱い）	「公」 （社会保険方式）	・国民皆保険 ・社会保険方式 ・「保険料」のほか「税」の割合も約3割と高い	75歳：後期高齢者医療制度／国民健康保険／被用者保険
ドイツ	・「公」中心（「公」の占める病床の割合は約9割） ・ゲートキーパー機能は弱い	「公」 （社会保険方式）	・国民の9割を対象（自営業者・高所得者は公的医療保険に任意加入） ・社会保険方式 ・原則として「保険料」	9割の国民を公的医療保険でカバー／自営業者等は任意加入
フランス	・「公」中心（「公」の占める病床の割合は約7割） ・ゲートキーパー機能は弱い	「公」 （社会保険方式）	・全国民が対象 ・社会保険方式 ・保険料が約8割、その他一般社会拠出金等が約2割	自営業者の被用者保険（特別制度）／公務員等の被用者保険（一般制度）／民間セクターの被用者保険（一般制度）
イギリス	・ほぼすべてが「公」 ・ゲートキーパー機能は非常に強い	「公」 （税方式）	・全国民を対象 ・保健サービス方式 ・「税」方式	税方式で国民全員をカバー
スウェーデン	・ほぼすべてが「公」 ・ゲートキーパー機能はそれほど強くはない	「公」 （税方式）	・全国民を対象 ・保健サービス方式 ・「税」方式	税方式で国民全員をカバー（県単位）
アメリカ	・「私」中心（「公」の占める病床の割合は約25%） ・ゲートキーパー機能はマネージド・ケアのタイプの保険では強い	「私」 （メディケア・メディケイドを除く）	・公的医療保障は、高齢者・障害者、低所得者のみ ・メディケアは社会保険方式 ・メディケイドは「税」により低所得者をカバー	65歳：公的医療保険（メディケア）／民間保険に任意加入

図1　医療制度の国際比較

注：1）各国の医療制度のイメージを掴むための極めて粗い比較である。
　　2）供給の「公」・「私」は病院に着目したものである。また、「公」には、日本の場合は日赤、済生会など公的医療機関、ドイツやフランスでは公益病院を含む。
出典：筆者作成。なお、供給と財政の「公」・「私」比較のアイディアは広井良典『医療の経済学』（日本経済新聞社1994）に拠っている。また、財政の制度設計の図は「社会保障国民会議サービス保障分科会」第4回（2008年5月20日）資料を参考にしている。

第3に、日本はフリーアクセスが認められている。これと対極をなすのが英国であり、患者は総合医（GP：general practitioner）の診断を受け、その紹介状がなければ病院では受診できない。つまり総合医のゲートキーパー機能が非常に強い。また、ドイツ、フランス、スウェーデン等でも、英国ほどゲートキーパー機能が強いわけではないが、日本のように患者が大病院の外来で自由に受診するのが一般的なわけではない。これは病院と診療所の区分とも関係する。つまり、欧米では病院と診療所は明確に分かれているが、日本では、大病院、中小病院、有床診療所、無床診療所というように、病院と診療所が連続的な関係にある。なお、日本でフリーアクセスが認められているのは、日本の医療機関が「私」中心で自由開業医制を採っていることと表裏の関係にあるが、医療保険制度と無関係なわけではない。たとえば、大病院の外来受診についてファイナンスサイドから一定の制御を行うこともできるからである。

　以上、日本の医療制度の際立った特徴として、①職域保険と地域保険の二本建てにより国民皆保険を実現していること、②ファイナンスは「公」、デリバリーは「私」中心に組み立てられていること、③フリーアクセスが尊重されていること、の3点だけ挙げたが、なぜこのような特徴が生まれたのか、また、それが医療制度全体の枠組みとどのように関わっているのかは、歴史を丹念に繙き分析しなければならない。

　他方、医療制度には普遍性もある。各国固有の形態をとりながら、ある国で採られた医療政策が他国の制度に多大な影響を及ぼすことがある。古くは、ビスマルク（Otto von Bismarck）の宰相下で制定されたドイツの疾病保険法が西欧諸国を席捲し、わが国の健康保険法もそれを模倣し制定されたことはその典型例である。時代を現在に引き寄せれば、米国で開発されたDRG（diagnosis related group：診断群分類）は諸外国の医療政策に大きなインパクトを与えた。国により診断群の分類や活用方法の相違はあるものの、先進諸国の中でDRGの影響を受けていない国は皆無に等しい。また、その当否は措くにしても、米国の経済学者が提唱した「管理された

競争」（managed competition）と呼ばれる市場原理を基本とする
考え方が、英国、ドイツ、オランダ等の医療制度改革に採り入れら
れたことも実例として挙げられる。

　このように諸外国の医療政策担当者や研究者は互いに他国の政策
の動向に多大な関心を寄せており、実際、自国の医療政策の立案に当
たって他国の政策を参考にすることはしばしばみられる。それはなぜ
か。1つの理由は、各国の制度は異なっていても、医療制度や医療政
策の目標や評価基準（①医療の質、②アクセスの公平性、③コスト）
そのものは共通だからである。2つ目は、医療のパフォーマンスを評
価する絶対的基準がない以上、相対評価を通じ自国の医療制度や政
策の改善すべき課題を明確化するためである。3つ目の理由は、高齢
化の進展や医療の進歩により医療費の増加が不可避である一方、高い
経済成長は期待できないという共通の「悩み」を抱えており、他国の
医療政策から何かよいヒントを得られないか模索しているためである。

　いずれにせよ、医療制度や医療政策には固有性と普遍性の2つの
側面がある。そして、固有性を重視する者は、他国の政策を導入す
ることは「木に竹を接ぐ」危険性があることを強調する。一方、普
遍性を重視する者は、他国の医療制度や政策から学ぶべきことは
多々あり、わが国の政策に積極的に反映させるべきだという結論に
結びつく。筆者は、そのいずれに偏るのも適当ではないと考えるが、
どちらかといえば普遍性よりも固有性を重視する立場を採る。

島崎謙治『日本の医療――制度と政策　増補改訂版』東京大学出版会　2020年より

16-b　医療政策

　序章で、人口構造の変容や経済の低成長に伴い国民皆保険は形骸
化するリスクがあるが、それを回避するために必要な改革の内容・
道筋を明らかにすることが本書の目的であることを述べた。

　総括的な結論を3つにまとめて述べる。

　第1は、医療政策の制約条件である。近未来の日本の人口構造は
大きく変容し、未曾有の「超高齢・人口減少社会」が出現する。後

16

医療の公共性

期高齢者の急増は医療費を増加させるとともに、医療保険制度における世代間扶養の性格を一層強める。また、人口構造の変容は経済等の「バイパス」を通じても影響を与える。これらのインパクトは甚大であり、かつ、相当程度「与件」と考えざるをえない。医療制度の財政制約が厳しくなるだけでなく、生産年齢人口の激減に伴い医療の人的資源の制約も厳しさを増す。

　第2は、医療提供体制の改革である。超高齢社会では「生活を支える」医療の重要性が高まる。これに伴い医療政策の守備範囲は介護や「住まい」さらには"まちづくり"まで一挙に広がる。地域包括ケアや在宅医療の本質は「生活を支える」ことにあるが、関係者の意識改革など克服すべき課題は多い。高齢化に伴い医療費が増加することは避けられないが、医療の生産性の向上・効率化が求められる。その一環として医療機能の分化と連携の推進は重要である。地域医療構想の策定については、地域医療の将来像に関し関係者が認識を共有する意義は高いが、現状のまま進めると「画餅に終わる」危険性が高い。むしろ、診療報酬による政策誘導等の効果の方が大きい。「医師不足」が指摘されるが、医師の総数は増加している。新規養成数を増やすのではなく、診療科別の配分や地域偏在の是正に努めるべきである。なお、地域医療構想や診療報酬を含め医療提供体制の改革全般についていえることであるが、地域の実情等は異なっているうえ医療は複雑系であることに留意すべきである。国は制度の細部まで規律しようとしがちであるが、複雑系では「急所」だけ押さえ、後は関係者の創意工夫を活かす方がうまくいく。

　第3は、医療保険制度の改革である。社会保険方式は給付と負担を自律的に決定するなどの利点があり、今後とも社会保険方式を維持すべきである。医療保険制度の一元化は適当ではなく所得捕捉の相違等の問題があるため現実的でもない。今般の国民健康保険の改革（財政責任の都道府県移管）の実施に当たっては、ガバナンスが緩まないように留意する必要がある。医療費の財源については、社会保険料は今後ともその中心となる。公費については現状でもファイナンスできておらず、消費税率の引上げは避けて通れない。世代間の

医療給付と負担の不均衡を是正するため高齢者の負担の見直しを行う必要がある。混合診療の解禁は適当ではなく保険外併用療養費制度の改善で対応すべきである。医療保険制度の改革については、国民が必要とする医療は公的医療保険できちんとカバーした方が、医療の質や安全性を確保できるだけでなく医療費の総額も制御できる。

　最後に課題を３つ述べ、本書の結びとしたい。

　第１は、将来の備えを早急に行うことの重要性と将来世代に政策選択の余地を残すことの必要性である。2025年は10年先だと考えている人がいるが、これは３つの意味で間違っている。１つ目は、わが国は既に超高齢・人口減少社会に突入しており、救急搬送時間の長期化や医療スタッフの不足等の形で問題が顕在化しているからである。そして、本書で強調したように、さまざまな改革がこの数年の間に進行する。２つ目は、世代間の負担の議論は高齢化が進むと一層行いにくくなるからである。世代間対立を回避するためには、一刻も早く議論を始めることが肝要である。３つ目は、医療提供体制の改革は制度論だけで片づかず、意識・教育・経営等の問題が絡み合うため、ある方向を打ち出してから実現まである程度時間がかかるためである。逆算すると残された時間はほとんどない。

　また、併せて強調したいことは、完璧に将来を予見することは不可能だということである。「高齢化や人口減少、恐れるに足りず」といった論調も散見されるが、古今東西を問わず、人類は国家レベルでこのような「超高齢・人口減少社会」を経験したことはない。未経験の事象に対しては謙虚さが求められよう。さらにいえば、将来のリスクは日本国内の人口構造の変容だけではない。世界経済や国際政治の変動リスクも高い。そうしたなかで将来の政策的対応の余地を残す必要がある。端的にいえば、将来世代につけ回しを続けることは許されないということである。

　第２は、専門家の責任である。本書では、国民（住民）が主体的に医療の問題に参画し自律的な意思決定を行うことを強調したが、これは専門家の役割が小さくてよいことを意味しない。医療政策を

16

医療の公共性

意思決定プロセスに載せていくためには、専門家が医療制度の構造を解きほぐし、将来の医療のあるべき姿の全体像を示す必要がある。これは一義的には政治家およびそれをサポートする官僚の役割・責任であるが、国や他人任せにするのではなく、各専門職能集団も自らの利益のためでなく公益的な観点に立ち、それぞれのビジョンを示す必要がある。また、保険者機能がしばしば強調されるが、保険者が被保険者のエージェント（代理人）だというのであれば、被保険者が医療の何に不満があり何を期待しているのかを明確にし、医療提供の問題を含め積極的に関与する必要がある。

第3は、民主主義の成熟である。国民皆保険は複雑な構造物であり、寄木細工のような微妙なバランスの上に成り立っている。したがって、それを解くのは複雑な連立方程式を解くのと似ている。部分解は全体解を保証しない。では、どうすればよいのか。国民皆保険の構造や特質について理解したうえで、それを堅持するのか、次に社会保険方式の意義を尊重するのかといったように、比較的合意が得られやすい順番に従って、一つひとつ合意を取り付けていくよりほかない。そして、合意が得られない場合は、食い違いが生じる論拠について相手方の主張を冷静に受け止めたうえで、実証的なデータと対案を持ち寄って理解を求め合うことが必要である。要は、話し合いの場において、「共通の問題に対する解をさがすためには徹底的に吟味しあう理性への信頼をハラにすえて臨む」（佐伯胖『「きめ方」の論理—社会的決定理論への招待』〔東京大学出版会1980〕309頁）ということであるが、これは民主主義の基本そのものである。その意味では、国民皆保険の将来は日本の民主主義の成熟にかかっているといっても過言ではない。

島崎謙治『医療政策を問いなおす—国民皆保険の将来』
筑摩書房　2015年より（省略した箇所がある）

論点整理

『医師法』第1条は「医師は、医療及び保健指導を掌ることによって公衆衛生の向上及び増進に寄与し、もって国民の健康な生活を確保するものとする」と定めている。**医療は強い公共性を有し、医師には個々の患者に対する診療だけでなく、地域住民・国民の健康な生活の維持、医学的知識の普及・啓発などの役割が求められ、医学・医療の専門家として、医療保健制度の確立への協力も求められる。**

課題文aは「医療制度は、歴史、経済、政治、風土、文化等の所産であり各国固有の形態」をとるとした上で、日本の医療制度の際だった特徴をあげている。その一つはファイナンス（医療財政）の仕組みであり、日本では「社会保険方式が採用され」、「被用者保険に属さない者は地域保険（国民健康保険）が『受け皿』となる」、つまり、「職域保険と地域保険の二本建てにより国民皆保険を実現している」ことである。次に、「医療供給と医療財政の公的・民間の組合せ」について、日本の医療財政は公的医療保険でほぼ100%カバーされ価格も統制されているが、医療供給は民間セクター中心である。三つ目はアクセスであり、日本では「病院と診療所が連続的な関係」にあり、フリーアクセスが認められ、患者は「大病院の外来で自由に受診する」ことができる。

上記のように、日本では、**すべての国民が公的医療保険に必ず加入することが義務づけられており、全員が保険料を払うことで、お互いの負担を軽減する制度**となっている。2008年（平成20年）以降は、74歳以下は医療保険制度（被用者保険か国民健康保険への加入）、75歳以上（一定の障害のある65歳以上）は「後期高齢者医療制度」（後期高齢者国民健康保険への加入）の対象となる。**国民皆保険制度**は、誰でも安価でレベルの高い医療を受けられ、どこの医療機関でもどの医師の医療でも受けられ（フリーアクセス）、窓口で自己負担分の医療費を支払うことにより、保険の給付として医療サービスを受けられる（現物支給）。**費用負担の公正さと医療サービスへのアクセスしやすさ、公平さにより、日本人の高い健康水準と長寿をもたらしたといえる。**

16

医療の公共性

一方、失職などにより無保険者になってしまうケースや国民健康保険に加入しているにもかかわらず、保険料滞納により、実質的な無保険状態に追い込まれるケースも増えている。また、自己負担額はその診療にかかる医療費の1～3割（年齢や収入により異なる）であり、保険医療機関や保険薬局の窓口で支払う医療費が1カ月で上限額を超えた場合、その超えた額を支給する「高額療養費制度」もあるが、それでも、自己負担分が支払えないため、受診を控える人もいる。すべての国民に「健康で文化的な最低限度の生活（憲法第25条）」を保障すべく、こうした人々を救済する手立てが必要である。

　国民医療費の財源は、社会保険方式を基本としつつ、国民皆保険を維持するため、患者（被保険者）の「自己負担」と「保険料」に加えて、「公費」負担がある。課題文bでは、「社会保険方式を維持すべき」であり、「医療費の財源については、社会保険料は今後ともその中心となる」としたうえで、「公費」については消費税率の引き上げ、高齢者負担の見直しに言及している。高齢化の進展による医療費は増大しつつあるのは確かである。しかし、医療費財源に占める「公費」の対GDP比はG7の平均を下回っており、そもそも、日本の社会保障財源（福祉・医療・年金）の対GDP比はヨーロッパ各国に比べて低い状況にある。医療保健制度の財政状況については、こうした点も十分に踏まえて検討する必要がある。

　課題文bでは、日本は「未曾有の『超高齢・人口減少社会』」を迎え、「生産年齢人口の激減に伴い医療の人的資源の制約」も厳しくなることも指摘されている。超高齢社会では、地域包括ケアや在宅医療など「『生活を支える』医療の重要性」が高まり、「医療の生産性の向上・効率化」が求められる。地域の実情を踏まえ、「地域医療の将来像に関し関係者が認識を共有」し、「診療科別の配分や地域偏在の是正 ▶10 」に努めるなど、医療供給体制の改革も必要である。

　課題文aにあるように、「各国の制度は異なっていても、医療制度や医療政策の目標や評価基準（①医療の質、②アクセスの公平性、

③コスト）そのものは共通」であり、他国の医療制度や政策は、自国の医療制度や政策の改善すべき課題を明確化する。また、他国の医療制度にも学ぶべき点はある。

　「国民皆保険は複雑な構造物」であり、「微妙なバランス」の上に成り立っている。また、日本社会も日本社会を取り巻く状況も「完璧に将来を予見すること」はできない。国民皆保険制度を含め、日本の医療制度の改革については、「専門家が医療制度の構造を解きほぐし、将来の医療のあるべき姿の全体像を示」し、十分な話し合いのもと、一つ一つ「合意を取り付けていく」ことが必要となる。いずれにしても、課題文bにあるように、**「世代間の医療給付と負担の不均衡」**による**「世代間対立を回避」**するためにも、国民が必要とする医療の質や安全性の確保をどう実現するか、早急に検討する必要がある。

16

医療の公共性

🔑 社会保障制度

　　最低限度の生活を確保するとともに、安定した生活を維持して通常の社会生活を享受することができるようにすることを目的とする国の制度が社会保障制度である。社会保障制度は「社会保険」「社会福祉」「公的扶助」「保健医療・公衆衛生」からなり、「医療保険」は「社会保険」の1つに位置付けられる。

🔑 社会保険制度

　　医療保険、年金保険、介護保険など、病気やけが、老齢、障がい、失業などの際に備え、生活の安定を図ることを目的とした制度である。

🔑 社会福祉制度

　　障害者、高齢者などが円滑に社会生活を行えるよう支援し、また、母子家庭の子育てや児童の生活に対して、公的に支えていく制度である。

🔑 公共扶助

　　生活困窮者に対して、最低限度の生活を保障し、自立を支援していく制度であり、生活保護制度がこれにあたる。

🔑 保健医療・公衆衛生

　　医療・保健サービス、食品の安全性の確保など、国民の健康を維持し、疾病を予防し、衛生的な環境を確保する制度である。

🔑 医療保険制度

　　医療保険は、保険に加入している被保険者が、あらかじめ保険料を支払っておくことにより、一定の金額を自己負担するだけで医療サービスを受け取ることのできる仕組みである。患者の医療費負担を抑えるために、国や地方公共団体、勤務先の企業などが医療保険にかかる費用の一部を負担している。

🔑 被用者保険

　　職域ごとの健康保険であり、以下の四種類である。
・**政府管掌健康保険（全国健康保険協会管掌健康保険）**
　　中小企業等の従業員とその家族（被扶養者）を対象とする。全国健康保険協会が運営する。

- **組合管掌健康保険**

  健康保険組合に加入している企業の従業員と被扶養者を対象とする。運営は健康保険組合であり、単独の企業が設立した組合と複数企業による組合がある。
- **共済組合**

  公務員、教職員（私立）などとその被扶養者を対象とする。運営は各共済組合である。
- **船員保険**

  船員とその被扶養者を対象とし、全国健康保険協会が運営する。

🔑後期高齢者医療制度

　国民健康保険は、市町村（特別区を含む）が保険者として運営し、世帯単位で加入するのに対し、後期高齢者医療保険は、都道府県ごとに全市区町村が加入する「後期高齢者医療広域連合」が運営し、市区町村が各種届出の受付や被保険者証等の引き渡し等の窓口業務、保険料の徴収などを行い、個人単位で加入する。

16

医療の公共性

医学研究としての疫学とは何か？

17-a　相関関係と因果関係

　ある学校の生徒100人に数学と物理の試験を受けてもらった結果が、**図1**左のようになったとしましょう。数学の成績が良かった生徒は物理の成績も良く、逆もまた然りという傾向が見て取れます。つまり、数学の成績と物理の成績には何らかの関係があることが推察されます。

　この関係の強さを定量化するのが、**相関係数**(correlation coefficient)という量です。この量は、データの二つの変数を使って計算される量で、－1から1までの数値を取ります。相関係数が正の値であるとき、片方の変数が大きくなればもう片方も大きくなることを意味し、二つの変数には「**正の相関がある**」といいます。逆に、相関係数が負の値であるときには、片方が大きくなればもう片方は小さくなることを意味し、「**負の相関がある**」といいます。

　一般に、値の絶対値が大きい程（つまり、値が負なら－1に、正なら1に近い程）強い関係があることを意味します（ただし、例外的な状況も存在します）。普通、適当な変数を二つ取ってきて相関

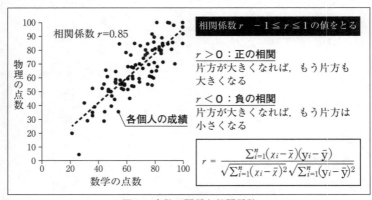

相関係数 r　－1 ≦ r ≦ 1の値をとる

$r > 0$：正の相関
片方が大きくなれば，もう片方も大きくなる

$r < 0$：負の相関
片方が大きくなれば，もう片方は小さくなる

$$r = \frac{\sum_{i=1}^{n}(x_i - \bar{x})(y_i - \bar{y})}{\sqrt{\sum_{i=1}^{n}(x_i - \bar{x})^2}\sqrt{\sum_{i=1}^{n}(y_i - \bar{y})^2}}$$

図1　変数の関係と相関係数

係数を計算すると、正の相関も負の相関も認められません。したがって、相関の絶対値が大きいときには、それらの変数の間に何らかの関係があることを示すヒントになることがよくあります。

　ある事象が別の事象に影響を与えているとき、「その二つの事象の間には因果関係がある」といいます。例えば、薬を飲んだら病気が治るとか、勉強したらテストでいい点が取れる、筋トレをしたら筋肉が増える、といった状況がそれにあたります。こうした「原因と結果の関係性」を明らかにすることは、ほとんどのデータ分析の目的となっているといっていいでしょう。しかし、データだけからこのような因果関係を結論付けることは、しばしば非常に難しいです。その理由と対処法について解説していきましょう。

　変数の間に強い因果関係がある場合、一般にそれは変数間の相関として表れます。しかし、逆に相関があったとしても、それは因果関係を意味しません。試験勉強にかけた時間数が数学のテストの点数にどう影響したかを考えたいとします（図2）。この例では、1時間勉強するごとに、平均3点増えるという因果関係が存在しているとします（そのようなデータを仮想的に作成しました[*1]）。「勉強した時間が長いほど、テストの成績が良くなる」わけですから、勉強した時間数とテストの成績の間には相関が認められます（図2左）。

　次に、ある地域における8月の各日のアイスの売り上げ個数と、その日に発生した熱中症患者数のグラフを見てみましょう[*2]（図3）。ここにも正の相関関係が認められますが、アイスの売り上げが上がると熱中症患者数が増えてしまうという因果関係があるのでしょうか？　もしそうなら、熱中症患者数を減らすためにアイスの販売を規制する必要があると主張する人も出てくるかもしれません。

　しかし実際には、お気づきの通り、ここに含まれていない変数である「気温」が、アイスの売り上げ個数と熱中症患者数の両方の原因となっています。このように、分析に含まれていない変数の影響によって、見かけの因果関係が生じることがあります[*3]。

17

疫学

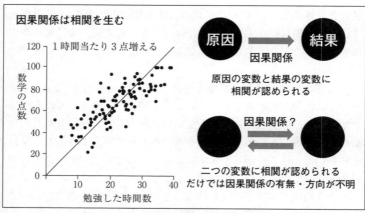

図2　相関だけでは因果関係は言えない

　最後にもう一つ、例を紹介しましょう。図4に、アメリカにおける数学の博士号取得者数の推移と、原子力発電所のウラン貯蔵量の推移を示します。当然、この二つの変数の間には何の関係性もありません。しかし、この二つの変数の間には $r=0.95$ という、強い正の相関があります。

　結論から言うと、これは完全な偶然によるものです。いくつものデータの関係性を調べていくと、たまたま似た動きをする変数のペアが見つかることがあります。このような場合、手元のデータの中では同じ動きをしていても、また新たにデータを取得すると全く相

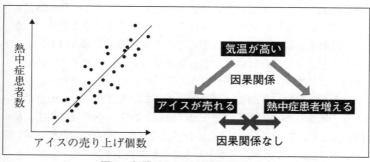

図3　相関があっても因果関係はない

関がないかもしれません。

　この節で紹介した、相関と因果関係について考えると、変数間の関係性にはいくつかのパターンがあることがわかります。それぞれの場合について何が可能になるかを見ていきましょう（**図5**）。

　まず、強い直接の因果関係があってそれが特定できている場合、原因となる変数を操作することによって（**介入**；interventionといいます）、結果を変化させることができます。また、対象のメカニズムに関する理解が得られれば、それに基づいて別のデータ応用につなげることができます。（自明な例ですが）テスト勉強の時間数が数学のテストの成績に影響を与えるという因果関係が明らかになれば、勉強時間を増やすことで点数を上げることができますし、数学だけでなく、物理でも同様の関係が成り立っていると期待することもできるでしょう。

　次に、直接の因果関係ではないものの、間接的に因果関係がある場合を考えましょう。武器軟膏というものをご存じでしょうか？16 ～ 17世紀ごろのヨーロッパで信じられていた治療法で、戦闘で傷つけられた際に、傷口にではなく武器の方に（！）軟膏を塗るこ

17

疫学

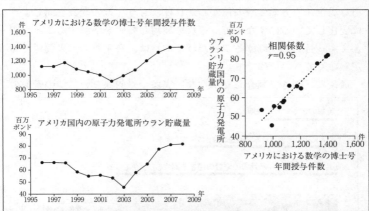

*Tyler Vigen氏の運営するウェブサイト"spurious correlations"（https://tylervigen.com/spurious-correlations）には、このように因果関係は存在しないにも関わらず高い相関を示すデータがいくつも集められています。

図4　全く関係ない二つの変数

とで、傷の治りが早くなるというものです。

実は、これには科学的な根拠があるといわれています。というのも、当時の薬は衛生状態が悪かったり、人体に有害な物質が含まれていることが多かったので、それを利用して傷を悪化させるより、武器の方に軟膏を塗って、身体の方には何もしない（＝自然治癒に任せる）方がむしろ早く治ったということのようです。武器に軟膏を塗っても身体には何の効果もありませんが、それによって傷口に軟膏を塗らないことには効果があるので、間接的な因果関係となっています。「武器に軟膏を塗ることで不思議な力が働く」という当時の人々の解釈は間違っていますが、因果関係そのものは存在するので、この介入（武器軟膏を用いる・用いない）によって結果の変数（治りやすさ）に影響を与えることができます。

因果関係がない場合はどうでしょうか？ 既に紹介したアイスクリームの売り上げと、熱中症患者の数の間の関係を考えてみましょう。この二つの間には因果関係がありませんから、アイスクリームの売り上げを操作しても、熱中症患者の数は影響を受けません（逆もしかりです）。しかし、このように二つの変数の間に強い相関がある場合、片方の変数の値がわかれば、もう片方の変数も同じように変化しているはずなので、それを利用して値を予測することができます。目的が予測することだけであれば、必ずしも因果関係を特定しなくてもいいのです。

最後に、図4で紹介したような、実は全く関係ない二つの変数の

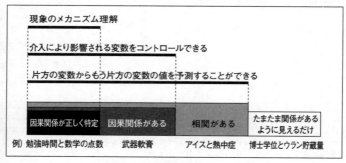

図5　変数間の関係と可能になること

間に見せかけの関係がたまたま見える場合を考えましょう。この時、当然ですが、介入による結果の操作や相関を使った予測を行うことを含めて**何もできません**。しかし、見せかけの関係性に騙されて、こうした主張を行ってしまうケースは現実によく目にします。

*1　他の要因による効果（「各学生のもともとの優秀さ」など）については、考えなくてもいいものとします。

*2　架空のデータです。

*3　擬似相関などとも呼ばれますが、相関自体は「擬似」ではなくちゃんと存在しています。

江崎貴裕『分析者のためのデータ解釈学入門─データの本質をとらえる技術』
ソシム株式会社　2020年より（省略した箇所がある）

17-b　仮説と検証

　疫学は、実験動物や培養細胞ではなく、実際の人口集団を対象として、疾病とその規定要因との関連を明らかにする科学であり、明確に規定された人間集団の中で出現する健康関連のいろいろな事象の頻度と分布およびそれらに影響を与える要因を明らかにして、健康関連の諸問題に対する有効な対策樹立に役立てることを目的とする。疫学研究のデザインには大きく分けると、地域相関研究・断面研究・症例対照研究・コホート研究・無作為割付臨床試験（介入研究）などがあり、因果関係を明らかに出来るという点においては一般にコホート研究や介入研究ほど信頼性の高い情報が得られると考えられる。また研究の規模や調査の精度により、得られた情報の評価は異なる。

1．コホート研究（Cohort Study）

　コホート研究には、大別すると①前向きコホート研究、②後ろ向きコホート研究、③コホート内症例対照研究の３つの研究デザインがある。一般にコホート研究という場合は前向きコホート研究を指す場合が多い。前向きコホート研究では、健康な集団の日常的な食生活を調査し、その後一定期間追跡調査を行い、疾病の罹患や死亡

17

疫学

を確認する。調査しようとする食品や栄養素の摂取量が多い集団と少ない集団とで罹患率や死亡率を比較する。疾病頻度の指標として、罹患率や死亡率を調査し、相対危険度を関連性の指標として評価を行う。本研究デザインでは、疾病に罹患する前に調査するので思い出しバイアスの影響を受けず、栄養と疾病の時間的前後関係を正しく評価出来る。調査には費用と時間がかかり、数年から数十年の追跡調査が必要となる場合が多い。これに対して後ろ向きコホート研究では、特定の要因（ダイオキシンや環境ホルモンなど）に高濃度に曝露した集団を対象に追跡調査を行い、疾病の罹患や死亡を確認する。対象集団の疾病発症頻度を性別や年齢分布が等しい一般集団での期待値と比較する。疾病頻度の指標として、罹患率や死亡率を調査し、標準化死亡比などを関連性の指標として評価を行う。本研究デザインでは、疾病に罹患する前の曝露要因を調査するので、曝露と疾病の時間的前後関係を正しく評価できる。数年から数十年の追跡調査が必要であり、個人の曝露要因を定量的に評価出来ないことや交絡要因の影響を十分に制御できないことが多い。コホート内症例対照研究では、前向きコホート研究の参加者から血液などの生体試料を採取保管しておき、追跡調査で疾病の罹患や死亡を確認した症例群と健常である対照群の生体試料を測定し、血中濃度などを測定比較する。そのため疾病頻度は比較出来ない。関連性の指標としてはオッズ比を用いる。本研究ではコホート研究の一部の参加者の生体試料を分析するのみで良く、また疾病に罹患する前の曝露要因を調査するので、曝露と疾病の時間的前後関係を正しく評価出来る。但し前向きコホート研究と同様に費用と手間がかかり、数年から数十年の追跡調査が必要となる場合が多い。

2. 症例対照研究（Case-control Study）

　症例対照研究では、疾病に罹患した症例群と性別・年齢などをマッチさせた健常者からなる対照群を選び、過去の日常的な食生活を調査し両群で比較する。疾病頻度は比較出来ないため、関連性の指標としてオッズ比を用いる。比較的簡単に調査が行え、追跡調査が不要という長所があるが、思い出しバイアスの影響を受けやすく、

また症例と特性のそろった対象を選択することが困難な場合がある。

3. 疫学研究の結果の因果関係について

　疫学研究の重要な目的の1つは、結果（疾病）と原因（曝露要因）との因果関係を明らかにすることであるが、研究を行う上で、①偶然（chance）、②バイアス（bias）、③交絡（confounding）の要因が研究結果に影響を及ぼすことを十分に考慮しなくてはならない。「偶然」とは測定値の確率変動が研究結果に及ぼす影響のことである。「バイアス」とは曝露要因と疾病との実際の関連性を過大に評価したり、あるいは逆に過小に評価したりして、誤った研究結果を導き出してしまうことをいい、大きくは情報バイアス（思い出しバイアスや過剰診断バイアス等）と選択バイアス（対象集団の選択の問題等）がある。一方、「交絡」は疫学研究で曝露要因と疾病との関連性を解析する際に考慮しなくてはならない最も重要な要因の1つでもある。交絡とは曝露要因と疾病との関連性が第3の要因によって過大評価されたり過小評価されたりしてしまう現象をいう。これら第3の要因を交絡要因または交絡変数という（図）。疫学研究を行う際には曝露要因と疾病との関連性を検討する上で交絡要因を十分に考慮する必要がある。交絡要因を考慮（制御）する統計学的な方法としては層別化解析や多変量解析がある。これらの方法を用いて交絡要因の影響を取り除くことを補正（adjustment）という。

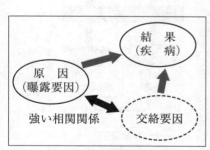

図　交絡要因

杉浦実「コホート研究と症例対照研究」
（『日本食品科学工学会誌』（58巻（2011）12号））より

■コホート研究と症例対照研究（ケースコントロール研究）

・コホート研究は、コホート（集団）を一定期間にわたって追跡調査する研究方法である（**前向き研究**）。特定の要因に曝露した集団（**曝露群**）と曝露していない集団（**非曝露群**）を長期間観察することで、要因と疾病の関連性を調べる。

・症例対照研究は、ある疾病の患者群（**症例群**）と疾病に罹患していない群（**対照群**）を設定し、過去に遡ってそれぞれの群の曝露の有無を比較することで、要因と疾病の関連性を調べる方法である（**後ろ向き研究**）。

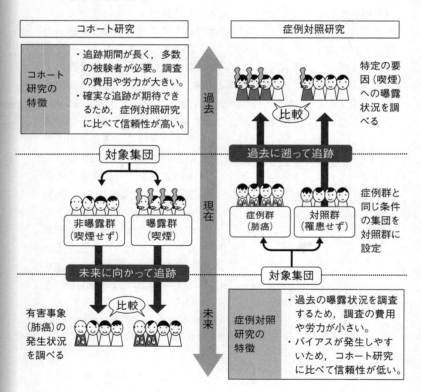

コホート研究と症例対照研究の比較

コホート研究	名　　称	症例対照研究
・疾病の発症や死亡の有無について追跡調査する	調査の方法	・過去の曝露状況を調べる
・母集団から要因の有無別に対照群が抽出されるため偏りは小さい	バイアス	・対照群を抽出する段階で偏りが発生していることが多い
十数年単位での長期間	追跡期間	な　し
費用・労力が大きい	コスト	費用・労力が小さい
・現時点で起こっていることであり妥当性が高い	曝露情報の妥当性	・記憶に頼るので妥当性が低い（想起バイアスの影響を受けやすい）
・診断方法が変化しうるため統一しないと正確性が低い	診断の正確性	・抽出の段階で診断方法を統一できるので正確性が高い
調査困難	まれな疾患	調査可能
計算できる	罹患率	計算できない
直接計算できる	相対危険度	オッズ比で近似する（まれな疾患の場合）
直接計算できる	寄与危険度	計算できない

医療情報科学研究所 編『公衆衛生がみえる2020-2021』第4版　p.21
メディックメディア　2020年より

17

疫学

論点整理

　医学研究は、「基礎研究」「臨床研究」「疫学研究」に大別される。実験室で細胞やマウスなどを用いて行われる基礎研究、実際の患者を対象とした臨床研究に対して、疫学研究は大規模な人間・人口集団を対象としている点に特徴がある。

　課題文ｂにあるように、**疫学**（epidemiology）とは、実際の人口集団を対象として明確に規定された人間集団の中で出現する健康関連の事象の頻度と分布および要因を明らかにして、有効な対策樹立に役立てることを目的とする科学である。それゆえ、医学や健康科学において人間を集団で考える場合には必須の学問であり、社会レベルで疾病予防や健康維持について議論する公衆衛生においても欠かせない知見を提供する。（なお、疫学における用語には注意が必要である。一般の用語法とは異なり、疫学では健康に関するすべての事象を疾病（disease outcome）と呼ぶ。例えば、疫学では80歳まで生きることも疾病である。また、健康に影響を及ぼす因子に、特定の集団や個人がさらされることを曝露（exposure）と呼ぶ。例えば、疫学では飲酒や喫煙の習慣が曝露である。）

　一般的な疫学研究の手順について考えてみよう。疫学研究は大きく３つの段階を踏むと言われる。

　第一段階では、目的の設定と対象者の選定（対象集団の絞り込み）が行われる。さらに、集められたデータの頻度や分布をもとに要因についての仮説が立てられる。

　第二段階は、第一段階で立てられた仮説を検証し、因果関係を推測する段階である。

　（第一段階と第二段階は人為的な操作を加えることはない。研究者が対象者に介入せず、あるがままの状態を見るという観察のみによる方法であり、**観察研究**（observational study）と呼ばれる。）

　第三段階は、第二段階で推測された因果関係について、対象者を意図的・人為的に操作することによって実験的な検証を行う段階である。（第一、第二段階の観察研究に対して、人為が介入する第三段階は**介入研究**（intervention study）と呼ばれる。）

それぞれの段階をさらに具体的にみていこう。

第一段階は、疫学調査の第一ステップとも言いうる段階である。大規模な人間・人口集団を設定し、集団における疾病の頻度と分布を、人・場所・時間別に正確かつ詳細に観察・記述（記録）することで価値の高いデータを収集する。その上で、集められたデータに基づき疾病の要因について仮説を立てる。疾病の要因について仮説を立てることは、集められたデータを基に因果関係を想定することだが、これは一般に容易な作業ではない。課題文ａで述べられているように、データの二つの変数の相関関係がそのまま因果関係を意味するわけではないからである。それゆえ、仮説は検証されねばならない。仮説の検証が第二段階の目的となる。

第二段階である仮説の検証には様々な方法があるが、代表的な検証方法が課題文ｂにある「**コホート研究（cohort study）**」と「**症例対照研究（case-control study）**」である。

コホート研究にも様々な方法があるが、主要な方法は、研究開始の時点で疾病にかかっていない人間集団を、ある要因をもつ集団（曝露群）ともたない集団（非曝露群）に分け、その後一定の期間追跡調査を行い、両群の疾病の罹患率や死亡率を比較するというものである。仮説によって示された疾病の要因について、曝露群と非曝露群を設定することで、結果として疾病が発生するかどうかを調査して、仮説の検証をするのである。

コホート研究は、「疾病の要因（原因）→疾病の発生（結果）」という、自然な時間の流れに沿った観察をする研究であり、前向き研究（prospective study）と言われるゆえんである。

一方、症例対照研究は、研究開始の時点で疾病にかかっている集団（症例群）とかかっていない集団（対照群）を選定し、それぞれ過去にさかのぼって疾病の要因との関連を比較する方法である。結果として発生している疾病について、症例群と対照群を過去にさかのぼって比較することで、仮説によって示された疾病の要因との関連を計量して、仮説の検証をするのである。

症例対照研究は、「疾病の発生（結果）→疾病の要因（原因）」と

いう、時間の流れに逆行した観察をする研究であり、後ろ向き研究（retrospective study）と言われるゆえんである。

　課題文bにあるように、コホート研究・症例対照研究のいずれの研究においても、**偶然・バイアス・交絡**などの影響に十分注意しなければならない。さらに、コホート研究は症例対照研究と比較して信頼性の高い情報が得られるとも言われるが、あくまでも相対的である。例えば、コホート研究に時間や労力、コストがかかるのに対して、症例対照研究にはそれほどかからないという利点がある。どの方法にも長所・短所があるのであり、それぞれの研究方法に十分習熟した上で研究結果を評価しなければならない。

　第三段階である介入研究についてもふれておこう。疫学研究の第二段階では、仮説を検証し、要因と疾病との因果関係を推測したが、ここで推測された因果関係を疾病の予防や予後改善に生かすために、さらなる検証が行われる段階である。この段階では、想定される疾病の要因（塩分過多の食事など）に対して、研究者による人為的な介入（因果関係の推測により得られた要因を対象者から除去したり適用したりすること）がなされる。（例えば、薬剤による治療効果を評価する臨床試験もここに含まれる。）介入は、研究者が被験者に対して行うもので、単なる観察とは大きく異なる。介入研究はその点で人体実験であり、第一段階や第二段階の観察研究よりもさらに、被験者の健康や生命に対する倫理的配慮が必要となる（ヘルシンキ宣言 ▶p240 ）。この段階の疫学研究は、臨床疫学と呼ぶことができる。臨床医学に関する諸問題を疫学的手法で解決しようとする研究であり、臨床疫学はEBMの根幹をなしている。 ▶p55

キーワード

誤差

　疫学における誤差は、想定される真の値（true value）と実際に観測した値とのズレのことである。全くの偶然で確率的に生じる偶然誤差（random error）と、特定の要因によって引き起こされる系統誤差（systematic error）に分けられ、特に後者はバイアス（bias）とも呼ばれる。

🔑 偶然誤差

偶然誤差は、原因が明らかでなく、測定のたびに値が変動する誤差である。偶然誤差は、標本のサイズ（サンプルの数）を大きくしたり、複数のデータを平均化したりすることで小さくなる。

🔑 系統誤差（バイアス）

系統誤差は、特定の要因によって引き起こされる一方向に偏った誤差である。調査対象の選択過程で起こる選択バイアスや調査対象から情報を得る過程で起こる測定バイアスなどがある。系統誤差は、調査方法の改善や調査機器の管理などにより小さくなる。

🔑 交絡

原因（曝露要因）と結果（疾病）の両方に関係する要因（交絡要因）によって、原因と結果の関連性の評価が影響を受けること。例えば、飲酒（原因）と肺癌（結果）の関係性が見られたとしても、飲酒の際の喫煙が交絡因子として働いた可能性が考えられる。

🔑 研究デザイン

対象や介入方法、評価・測定方法、評価期間などの違いによる、様々な研究の種類のこと。疫学研究においては研究対象に何らかの介入を行うかどうかで「観察研究」と「介入研究」に大別され、コホート研究や症例対照研究は前者の、臨床試験であるランダム化比較試験は後者の代表的研究デザインである。

🔑 ランダム化比較試験

介入研究においては、対象者を、介入を受ける介入群と介入を受けない対照群に分け、介入の効果を比較する。新薬の治験の場合、新薬を投与する集団とプラセボ（偽薬）を投与する集団に分けるように、対象者を無作為に介入群と対照群に振り分けることをランダム化と呼び、ランダム化を行った介入研究をランダム化比較試験（RCT：randomized controlled trial）という。

17

疫学

医療および医学研究に関する倫理規定を集めたものであり、世界中のすべての医療従事者が守るべき規範を定めたものである。

WMA（World Medical Association　世界医師会）
　1947年に設立され、医学教育・医学・医術および医の倫理における国際水準をできるだけ高め、また世界のすべての人々を対象にしたヘルスケアの実現に努めながら人類に奉仕することを目的としている。全世界の医師を代表するNGOの国際的な連合体として、医の倫理や社会医学に関するテーマを協議している。現在では115ヵ国の医師会が加盟し、日本医師会も加盟している。

日本医学協会
　現役の医師や看護師、保健師、管理栄養士、薬剤師等医療従事者、医療関係者、教員、一般市民などで構成され、医学教育および医療制度に関する調査研究や医療問題の解決に取り組み、日本の医療の改善のために活動する団体である。

日本医学協会「医道綱領」

　医道は人類の文化とともに古く、人類の文化とともに新しいものであります。社会の構造や制度の変化、科学技術の進歩等に応じて、医療のあり方にも種々の変化は起こりますが、人命の尊厳と人間愛とが不変である限り医道の綱領もまた不変であります。

1. 人間の生命を、その地位身分にかかわらず、何よりも尊重します。病める人々の医師に寄せる信頼と、その医師に対して無防備であることを思い、この人々の疾病を治療し、苦痛をのぞくことに献身し、精神の慰安と希望を与えることに努め、その秘密を守ります。
2. 医学の伝統を尊び、よき師よき友に対する尊敬と感謝とを忘れず、後進の育成に努め、常に医学の研鑽に励みます。
3. 利欲に迷うことなく、いかなる圧迫にも威嚇にも屈することなく、自己の良心と名誉とにかけて医道を貫きます。
4. 医療と健康の保全とに関する医師としての社会的使命を忘れることなく、より良い体制を国民のために追求し、その実現に努力します。

　医道の実践は、医師も人間である以上、必ずしも容易ではありません。それに向って医師が最大の努力を払うことは当然ではありますが、それと同時に、社会一般の広い理解と強い支援とが必要であります。

日本医師会「医の倫理綱領」

　医学および医療は、病める人の治療はもとより、人びとの健康の維持増進、さらには治療困難な人を支える医療、苦痛を和らげる緩和医療をも包含する。医師は責任の重大性を認識し、人類愛を基にすべての人に奉仕するものである。

1. 医師は生涯学習の精神を保ち、つねに医学の知識と技術の習得に努めるとともに、その進歩・発展に尽くす。

2. 医師は自らの職業の尊厳と責任を自覚し、教養を深め、人格を高めるように心掛ける。
3. 医師は医療を受ける人びとの人格を尊重し、やさしい心で接するとともに、医療内容についてよく説明し、信頼を得るように努める。
4. 医師は互いに尊敬し、医療関係者と協力して医療に尽くす。
5. 医師は医療の公共性を重んじ、医療を通じて社会の発展に尽くすとともに、法規範の遵守および法秩序の形成に努める。
6. 医師は医業にあたって営利を目的としない。

「WMAジュネーブ宣言」（日本医師会訳）

1948年9月、スイス、ジュネーブにおける第2回WMA総会で採択
1968年8月、オーストラリア、シドニーにおける第22回WMA総会で改訂
1983年10月、イタリア、ベニスにおける第35回WMA総会で改訂
1994年9月、スウェーデン、ストックホルムにおける第46回WMA総会で改訂
2005年5月、ディボンヌ・レ・バンにおける第170回WMA理事会および
2006年5月、ディボンヌ・レ・バンにおける第173回WMA理事会で編集上修正
2017年10月、米国、シカゴにおける第68回WMA総会で改訂

医師の誓い

医師の一人として、
私は、人類への奉仕に自分の人生を捧げることを厳粛に誓う。
私の患者の健康と安寧を私の第一の関心事とする。
私は、私の患者のオートノミーと尊厳を尊重する。
私は、人命を最大限に尊重し続ける。
私は、私の医師としての職責と患者との間に、年齢、疾病もしくは障害、信条、民族的起源、ジェンダー、国籍、所属政治団体、人種、性的志向、社会的地位あるいはその他いかなる要因でも、そのようなことに対する配慮が介在することを容認しない。
私は、私への信頼のゆえに知り得た患者の秘密を、たとえその死後においても尊重する。
私は、良心と尊厳をもって、そしてgood medical practiceに従って、私の専門職を実践する。
私は、医師の名誉と高貴なる伝統を育む。
私は、私の教師、同僚、および学生に、当然受けるべきである尊敬と感謝の念を捧げる。
私は、患者の利益と医療の進歩のため私の医学的知識を共有する。
私は、最高水準の医療を提供するために、私自身の健康、安寧および能力に専心する。
私は、たとえ脅迫の下であっても、人権や国民の自由を犯すために、自分の医学的知識を利用することはしない。
私は、自由と名誉にかけてこれらのことを厳粛に誓う。

資料

「WMA医の国際倫理綱領」（日本医師会訳）

1949年10月、英国、ロンドンにおける第3回WMA総会で採択
1968年8月、オーストラリア、シドニーにおける第22回WMA総会で改訂
1983年10月、イタリア、ベニスにおける第35回WMA総会で改訂
2006年10月、南アフリカ、ピラネスバーグにおける第57回WMA総会で改訂
2022年10月、ドイツ、ベルリンにおける第73回WMA総会で改訂

序文

世界医師会（WMA）は、世界中のすべての医療専門家のための倫理原則の規範として、医の国際倫理綱領を策定した。WMAジュネーブ宣言：医師の誓いおよびWMAの政策文書全般に準拠し、本綱領は、患者、他の医師および医療専門家、自分自身ならびに社会全体に対する医師の職業上の義務を定義し、明らかにしている。

医師は、適用される国内の倫理的、法的、規制的規範および基準ならびに関連する国際的規範および基準を認識しなければならない。

このような規範や基準は、本綱領に定める倫理原則に対する医師の責任を軽減させるものであってはならない。

医の国際倫理綱領は全体として解釈されるべきであり、その構成段落のそれぞれは、他のすべての関連段落を考慮した上で適用されるべきである。WMAの使命に基づき、本綱領は医師を対象としている。WMAは、医療に参加する医師以外の人々に対しても、これらの倫理原則を採用するよう奨励する。

一般原則

1. 医師の第一の義務は、good medical practice と専門性に則り、十分で時宜に適った、かつ思いやりのあるケアを提供することにより、個々の患者の健康とwellbeingを増進することである。
   また、医師は、将来の世代を含め、医師が奉仕する集団と社会全体の健康とwellbeingに貢献する責任を有する。
   医師は、人間の生命と尊厳を最大限に尊重し、患者の自律性と権利を尊重した医療を提供しなければならない。
2. 医師は、年齢、疾病または障害、信条、民族的起源、ジェンダー、国籍、所属政治団体、人種、文化、性的指向、社会的地位またはそれ以外の要因に基づく偏見あるいは差別的行為に関わることなく、公正かつ公平に医療を実践し、かつ患者の健康ニーズに基づいたケアを提供しなければならない。
3. 医師は、委託された共有資源の公正、公平かつ慎重な管理を踏まえて、患者に最適な利益をもたらす方法で医療資源を使用するよう努めなければならない。
4. 医師は、良心、誠実さ、完全性、説明責任を持ち、常に独立した専門的判断を下し、最高水準の専門的行動を維持しながら、診療を行わなければならない。
5. 医師は、自分自身または所属機関に利益が生じる可能性によって職業上の個人的判断が左右されるようなことがあってはならない。医師は、現実または潜在的な利益相反を認識し、それを回避しなければならない。そのような利

益相反が避けられない場合は事前に申告し、適切に管理しなければならない。

6. 医師は、個々の医学的判断に責任を持たなければならず、医学的考察に反する指示に基づき、専門家としての健全な医学的判断を変えてはならない。

7. 医学的に適切な場合、医師は患者のケアに関与、あるいはケアの選択肢を評価または推奨する資格を有する他の医師および医療専門家と協力しなければならない。このコミュニケーションは、患者の秘密保持を尊重し、必要な情報に限定されなければならない。

8. 専門的な証明書を提供する場合、医師は個人的に確認したことに限り証明しなければならない。

9. 医師は、医師自身の安全と能力、および他の実行可能なケアの選択肢の有無を考慮しつつ、医療上の緊急事態に支援を提供すべきである。

10. 医師は、拷問、その他の残虐、非人道的または品位を傷つける行為ならびに処罰に加担、または助長してはならない。

11. 医師は、専門的な知識と技能を維持、発展させるために、職業生活を通じて継続的な学習を行わなければならない。

12. 医師は、現在および将来の世代に対する環境上の健康リスクを最小限に抑える観点から、環境的に持続可能な方法で医療を実践するよう努めるべきである。

患者に対する義務

13. 医療を提供するにあたり、医師は患者の尊厳、自律性、および権利を尊重しなければならない。医師は、患者の価値観や希望に合わせて、患者が自由にケアを受け入れる、または拒否する権利を尊重しなければならない。

14. 医師は、患者の健康とwellbeingを最優先することを約束し、患者の最善の利益のためにケアを提供しなければならない。その際、医師は患者に対する危害を防止、または最小化するよう努め、患者に対する意図された利益と潜在的な危害との間のポジティブバランスを追求しなければならない。

資料

15. 医師は、ケアの過程のあらゆる段階で患者の情報を得る権利を尊重しなければならない。医師は、提供する全ての医療に先立ち、患者の自発的なインフォームド・コンセントを得なければならず、提案されたケアについて、独立したインフォームド・デシジョン(十分な情報を得た上での意思決定)に必要な情報を、患者が受け取り、理解できるようにしなければならない。医師は、いつ、いかなる理由でも、患者が同意を留保、または撤回する決定を尊重しなければならない。

16. 患者の意思決定能力が実質的に制限されている、発達していない、障害がある、または変動している場合、医師は医療上の決定にできるだけ患者を参加させなければならない。さらに、医師は、患者の希望がわかっている場合、または合理的に推測できる場合には、患者の信頼できる代理人がいれば、その代理人と協力して、患者の希望に沿った意思決定を行わなければならない。患者の希望が特定できない場合、医師は患者の最善の利益のために意思決定を行わなければならない。すべての決定は、本綱領に定められた原則に則って行われなければならない。

17. 緊急事態において、患者が意思決定に参加できず、代理人も直ちに対応でき

ない場合、医師は、患者の最善の利益のために、また、患者の希望が明らかな場合にはそれを尊重した上で、事前のインフォームド・コンセントなしに侵襲的治療を開始することができる。

18.患者が意思決定能力を回復した場合、医師はさらなる侵襲的治療についてインフォームド・コンセントを得なければならない。

19.医師は、患者の希望と最善の利益に沿い、患者の秘密保持を十分に考慮した上で、可能であれば患者の近くの他者に配慮して、コミュニケーションをとるべきである。

20.患者のケアのいずれかの側面が医師の能力を超えている場合、医師は、必要な能力を有する、他の適切な資格を持つ医師または医療専門家に相談するか、あるいは患者を紹介しなければならない。

21.医師は正確かつ適時に医療文書を作成しなければならない。

22.医師は、患者が死亡した後も、患者のプライバシーおよび秘密保持の義務を尊重しなければならない。医師は、患者が自発的なインフォームド・コンセントを行った場合、または例外的に、他の全ての可能な解決策が尽くされた、重要かつ優先する倫理的義務を守るために開示が必要なときは、患者が同意しないか同意できない場合でも、秘密情報を開示することができる。この開示は、必要最小限の情報、受領者、および期間に限定されなければならない。

23.医師が患者のケアに関して、第三者に代わって行動、または第三者に報告する場合、医師は状況に応じて、最初の段階で、また適切な場合には、あらゆる会話の過程で、患者に通知しなければならない。医師は、それらの関与の性質と程度を患者に開示し、相互理解の下に同意を得なければならない。

24.医師は、強引な、あるいは不適切な広告やマーケティングを控え、医師が広告やマーケティングで使用するすべての情報は、事実に基づいており、誤解を招くものでないことを確認しなければならない。

25.医師は、商業的、財政的、またはその他の利益相反が、医師の専門的判断に影響を与えることを認めてはならない。

26.遠隔診療を行う場合、医師はこのコミュニケーションが医学的に正当であり、必要な医療が提供されることを確認しなければならない。また、医師は、遠隔診療の利点と限界を患者に伝え、患者の同意を得るとともに、患者の秘密保持を確実に守らなければならない。医学的に適切であれば、医師は、直接的な対面診療を通じて患者にケアを提供することを心掛けなければならない。

27.医師は、職業上の適切な境界を維持しなければならない。医師は、患者と虐待的、搾取的またはその他の不適切な関係または行動をとってはならず、現在の患者と性的関係をもってはならない。

28.最高水準の医療を提供するために、医師は自らの健康、wellbeing、および能力に留意しなければならない。これには、安全に診療を行うことができるよう、適切なケアを受けることも含まれる。

29.本綱領は、医師の倫理的な義務を表している。しかし、いくつかの問題については、医師と患者が熟慮しながらも良心的な信念が相反するという、深刻な道徳的ジレンマが存在する。

医師には、患者のケアの中断を最小限に抑える倫理的義務がある。合法的な

医療行為の提供に対する医師の良心的診療拒否は、個々の患者に危害や差別がなく、患者の健康が脅かされない場合に限り行使することができる。

医師は、この診療拒否および、患者が他の資格を有する医師に相談する権利を有することを、直ちにかつ丁重に患者に告知し、患者が適時にそのような相談を開始できるよう十分な情報を提供しなければならない。

他の医師、医療従事者、学生およびその他の人員に対する義務

30.医師は、偏見、ハラスメント、差別的な行為を行うことなく、他の医師、医療専門家および、その他の人員と丁重かつ協力的な態度で関わらなければならない。また、医師はチームで仕事をするときは、倫理原則が守られるようにしなければならない。

31.医師は同僚の患者と医師の関係を尊重し、どちらかの当事者から要求された場合、または患者を危害から守るために必要な場合を除き、介入すべきでない。このことは、医師が患者の最善の利益になると考えられる代替的な行動方針を推奨することを妨げるべきでない。

32.医師は、医師または医師以外の医療従事者が最高水準のケアを提供すること、あるいは、本綱領の原則を守ることを妨げる条件または状況を、適切な当局に報告すべきである。これには、医師および医師以外の医療従事者に対するあらゆる形態の虐待や暴力、不適切な労働条件、または過度かつ持続的なレベルのストレスを生み出すそれ以外の状況が含まれる。

33.医師は、教師および学生に対して十分な敬意を払わなければならない。

社会に対する義務

34.医師は、公平かつ公正な医療の提供を支持しなければならない。これには、健康とケアにおける不公平、その決定要因、ならびに患者および医療従事者双方の権利侵害に対処することが含まれる。

35.医師は、健康、健康教育、およびヘルスリテラシーに関連する事項において重要な役割を担っている。この責任を果たすために、医師は、ソーシャルメディアを含む専門家以外の公共の場で、新しい発見、技術、または治療法について慎重に議論しなければならず、自身の発言が科学的に正確で理解できるものであることを確認する必要がある。

医師は、自らの意見がエビデンスに基づく科学的情報に反している場合は、その旨を示さなければならない。

36.医師は、WMAヘルシンキ宣言およびWMA台北宣言を踏まえて、健全な医科学的研究を支持しなければならない。

37.医師は、医療専門職に対する社会の信頼を弱めるような行動を避けるべきである。その信頼を維持するために、個々の医師は、自分自身と同僚の医師に最高水準の職業上の行動をとり、本綱領の原則に反する行為を適切な当局に報告する用意がなければならない。

38.医師は、患者の利益および医療の進歩、同じく公衆衛生および国際保健のために、医学的知識および専門知識を共有しなければならない。

資料

医療専門職の一員としての義務

39.医師は、本綱領の倫理原則を遵守し、保護し、促進すべきである。医師は、本綱領に定められた義務のいずれかを損なう国内または国際的な倫理的、法的、組織的、または規制上の要件を防止することに協力すべきである。

40.医師は、同僚医師が本綱領に定められた責任を守ることを支援し、不当な影響、虐待、搾取、暴力、抑圧から同僚を保護するための措置を講じるべきである。

「患者の権利に関するWMAリスボン宣言」（日本医師会訳）

1981年9月/10月、ポルトガル、リスボンにおける第34回WMA総会で採択
1995年9月、インドネシア、バリ島における第47回WMA総会で修正
2005年10月、チリ、サンティアゴにおける第171回WMA理事会で編集上修正
2015年4月、ノルウェー、オスローにおける第200回WMA理事会で再確認

序文

　医師、患者およびより広い意味での社会との関係は、近年著しく変化してきた。医師は、常に自らの良心に従い、また常に患者の最善の利益のために行動すべきであると同時に、それと同等の努力を患者の自律性と正義を保証するために払わねばならない。以下に掲げる宣言は、医師が是認し推進する患者の主要な権利のいくつかを述べたものである。医師および医療従事者、または医療組織は、この権利を認識し、擁護していくうえで共同の責任を担っている。法律、政府の措置、あるいは他のいかなる行政や慣例であろうとも、患者の権利を否定する場合には、医師はこの権利を保障ないし回復させる適切な手段を講じるべきである。

原則

1. 良質の医療を受ける権利

a. すべての人は、差別なしに適切な医療を受ける権利を有する。

b. すべての患者は、いかなる外部干渉も受けずに自由に臨床上および倫理上の判断を行うことを認識している医師から治療を受ける権利を有する。

c. 患者は、常にその最善の利益に即して治療を受けるものとする。患者が受ける治療は、一般的に受け入れられた医学的原則に沿って行われるものとする。

d. 質の保証は、常に医療のひとつの要素でなければならない。特に医師は、医療の質の擁護者たる責任を担うべきである。

e. 供給を限られた特定の治療に関して、それを必要とする患者間で選定を行わなければならない場合は、そのような患者はすべて治療を受けるための公平な選択手続きを受ける権利がある。その選択は、医学的基準に基づき、かつ差別なく行われなければならない。

f. 患者は、医療を継続して受ける権利を有する。医師は、医学的に必要とされる治療を行うにあたり、同じ患者の治療にあたっている他の医療提供者と協力する責務を有する。医師は、現在と異なる治療を行うために患者に対して適切な援助と十分な機会を与えることができないならば、今までの治療が医学的に引き続き必要とされる限り、患者の治療を中断してはならない。

2. 選択の自由の権利

a. 患者は、民間、公的部門を問わず、担当の医師、病院、あるいは保健サービス機関を自由に選択し、また変更する権利を有する。

b. 患者はいかなる治療段階においても、他の医師の意見を求める権利を有する。

3. 自己決定の権利

a. 患者は、自分自身に関わる自由な決定を行うための自己決定の権利を有する。医師は、患者に対してその決定のもたらす結果を知らせるものとする。

b. 精神的に判断能力のある成人患者は、いかなる診断上の手続きないし治療に対しても、同意を与えるかまたは差し控える権利を有する。患者は自分自身の決定を行ううえで必要とされる情報を得る権利を有する。患者は、検査ないし治療の目的、その結果が意味すること、そして同意を差し控えることの意味について明確に理解するべきである。

c. 患者は医学研究あるいは医学教育に参加することを拒絶する権利を有する。

4. 意識のない患者

a. 患者が意識不明かその他の理由で意思を表明できない場合は、法律上の権限を有する代理人から、可能な限りインフォームド・コンセントを得なければならない。

b. 法律上の権限を有する代理人がおらず、患者に対する医学的侵襲が緊急に必要とされる場合は、患者の同意があるものと推定する。ただし、その患者の事前の確固たる意思表示あるいは信念に基づいて、その状況における医学的侵襲に対し同意を拒絶することが明白かつ疑いのない場合を除く。

c. しかしながら、医師は自殺企図により意識を失っている患者の生命を救うよう常に努力すべきである。

資料

5. 法的無能力の患者

a. 患者が未成年者あるいは法的無能力者の場合、法域によっては、法律上の権限を有する代理人の同意が必要とされる。それでもなお、患者の能力が許す限り、患者は意思決定に関与しなければならない。

b. 法的無能力の患者が合理的な判断をしうる場合、その意思決定は尊重されねばならず、かつ患者は法律上の権限を有する代理人に対する情報の開示を禁止する権利を有する。

c. 患者の代理人で法律上の権限を有する者、あるいは患者から権限を与えられた者が、医師の立場から見て、患者の最善の利益となる治療を禁止する場合、医師はその決定に対して、関係する法的あるいはその他慣例に基づき、異議を申し立てるべきである。救急を要する場合、医師は患者の最善の利益に即して行動することを要する。

6. 患者の意思に反する処置

患者の意思に反する診断上の処置あるいは治療は、特別に法律が認めるか医の

倫理の諸原則に合致する場合には、例外的な事例としてのみ行うことができる。

7. 情報に対する権利

a. 患者は、いかなる医療上の記録であろうと、そこに記載されている自己の情報を受ける権利を有し、また症状についての医学的事実を含む健康状態に関して十分な説明を受ける権利を有する。しかしながら、患者の記録に含まれる第三者についての機密情報は、その者の同意なくしては患者に与えてはならない。

b. 例外的に、情報が患者自身の生命あるいは健康に著しい危険をもたらす恐れがあると信ずるべき十分な理由がある場合は、その情報を患者に対して与えなくともよい。

c. 情報は、その患者の文化に適した方法で、かつ患者が理解できる方法で与えられなければならない。

d. 患者は、他人の生命の保護に必要とされていない場合に限り、その明確な要求に基づき情報を知らされない権利を有する。

e. 患者は、必要があれば自分に代わって情報を受ける人を選択する権利を有する。

8. 守秘義務に対する権利

a. 患者の健康状態、症状、診断、予後および治療について個人を特定しうるあらゆる情報、ならびにその他個人のすべての情報は、患者の死後も秘密が守られなければならない。ただし、患者の子孫には、自らの健康上のリスクに関わる情報を得る権利もありうる。

b. 秘密情報は、患者が明確な同意を与えるか、あるいは法律に明確に規定されている場合に限り開示することができる。情報は、患者が明らかに同意を与えていない場合は、厳密に「知る必要性」に基づいてのみ、他の医療提供者に開示することができる。

c. 個人を特定しうるあらゆる患者のデータは保護されねばならない。データの保護のために、その保管形態は適切になされなければならない。個人を特定しうるデータが導き出せるようなその人の人体を形成する物質も同様に保護されねばならない。

9. 健康教育を受ける権利

すべての人は、個人の健康と保健サービスの利用について、情報を与えられたうえでの選択が可能となるような健康教育を受ける権利がある。この教育には、健康的なライフスタイルや、疾病の予防および早期発見についての手法に関する情報が含まれていなければならない。健康に対するすべての人の自己責任が強調されるべきである。医師は教育的努力に積極的に関わっていく義務がある。

10.尊厳に対する権利

a. 患者は、その文化および価値観を尊重されるように、その尊厳とプライバシーを守る権利は、医療と医学教育の場において常に尊重されるものとする。

b. 患者は、最新の医学知識に基づき苦痛を緩和される権利を有する。

c. 患者は、人間的な終末期ケアを受ける権利を有し、またできる限り尊厳を保ち、かつ安楽に死を迎えるためのあらゆる可能な助力を与えられる権利を有する。

11.宗教的支援に対する権利

患者は、信仰する宗教の聖職者による支援を含む、精神的、道徳的慰問を受けるか受けないかを決める権利を有する。

「WMAヘルシンキ宣言 人間を対象とする医学研究の倫理的原則」（日本医師会訳）

1964年6月、フィンランド、ヘルシンキにおける第18回WMA総会で採択

1975年10月、日本、東京における第29回WMA総会で改訂

1983年10月、イタリア、ベニスにおける第35回WMA総会で改訂

1989年9月、香港、九龍における第41回WMA総会で改訂

1996年10月、南アフリカ、サマーセットウェストにおける第48回WMA総会で改訂

2000年10月、スコットランド、エジンバラにおける第52回WMA総会で改訂

2002年10月、米国、ワシントンDCにおける第53回WMA総会で改訂（第29項目明確化のため注釈追加）

2004年10月、日本、東京における第55回WMA総会で改訂（第30項目明確化のため注釈追加）

2008年10月、韓国、ソウルにおける第59回WMA総会で改訂

2013年10月、ブラジル、フォルタレザにおける第64回WMA総会で改訂

序文

1. 世界医師会（WMA）は、特定できる人間由来の試料およびデータの研究を含む、人間を対象とする医学研究の倫理的原則の文書としてヘルシンキ宣言を改訂してきた。
   本宣言は全体として解釈されることを意図したものであり、各項目は他のすべての関連項目を考慮に入れて適用されるべきである。

2. WMAの使命の一環として、本宣言は主に医師に対して表明されたものである。WMAは人間を対象とする医学研究に関与する医師以外の人々に対してもこれらの諸原則の採用を推奨する。

資料

一般原則

3. WMAジュネーブ宣言は、「私の患者の健康を私の第一の関心事とする」ことを医師に義務づけ、また医の国際倫理綱領は、「医師は、医療の提供に際して、患者の最善の利益のために行動すべきである」と宣言している。

4. 医学研究の対象とされる人々を含め、患者の健康、福利、権利を向上させ守ることは医師の責務である。医師の知識と良心はこの責務達成のために捧げられる。

5. 医学の進歩は人間を対象とする諸試験を要する研究に根本的に基づくものである。

6. 人間を対象とする医学研究の第一の目的は、疾病の原因、発症および影響を理解し、予防、診断ならびに治療（手法、手順、処置）を改善することである。最善と証明された治療であっても、安全性、有効性、効率性、利用可能性および

質に関する研究を通じて継続的に評価されなければならない。

7. 医学研究はすべての被験者に対する配慮を推進かつ保証し、その健康と権利を擁護するための倫理基準に従わなければならない。

8. 医学研究の主な目的は新しい知識を得ることであるが、この目標は個々の被験者の権利および利益に優先することがあってはならない。

9. 被験者の生命、健康、尊厳、全体性、自己決定権、プライバシーおよび個人情報の秘密を守ることは医学研究に関与する医師の責務である。被験者の保護責任は常に医師またはその他の医療専門職にあり、被験者が同意を与えた場合でも、決してその被験者に移ることはない。

10. 医師は、適用される国際的規範および基準はもとより人間を対象とする研究に関する自国の倫理、法律、規制上の規範ならびに基準を考慮しなければならない。国内的または国際的倫理、法律、規制上の要請がこの宣言に示されている被験者の保護を減じあるいは排除してはならない。

11. 医学研究は、環境に害を及ぼす可能性を最小限にするよう実施されなければならない。

12. 人間を対象とする医学研究は、適切な倫理的および科学的な教育と訓練を受けた有資格者によってのみ行われなければならない。患者あるいは健康なボランティアを対象とする研究は、能力と十分な資格を有する医師またはその他の医療専門職の監督を必要とする。

13. 医学研究から除外されたグループには研究参加への機会が適切に提供されるべきである。

14. 臨床研究を行う医師は、研究が予防、診断または治療する価値があるとして正当化できる範囲内にあり、かつその研究への参加が被験者としての患者の健康に悪影響を及ぼさないことを確信する十分な理由がある場合に限り、その患者を研究に参加させるべきである。

15. 研究参加の結果として損害を受けた被験者に対する適切な補償と治療が保証されなければならない。

リスク、負担、利益

16. 医療および医学研究においてはほとんどの治療にリスクと負担が伴う。
   人間を対象とする医学研究は、その目的の重要性が被験者のリスクおよび負担を上まわる場合に限り行うことができる。

17. 人間を対象とするすべての医学研究は、研究の対象となる個人とグループに対する予想し得るリスクおよび負担と被験者およびその研究によって影響を受けるその他の個人またはグループに対する予見可能な利益とを比較して、慎重な評価を先行させなければならない。
   リスクを最小化させるための措置が講じられなければならない。リスクは研究者によって継続的に監視、評価、文書化されるべきである。

18. リスクが適切に評価されかつそのリスクを十分に管理できるとの確信を持てない限り、医師は人間を対象とする研究に関与してはならない。
   潜在的な利益よりもリスクが高いと判断される場合または明確な成果の確証

が得られた場合、医師は研究を継続、変更あるいは直ちに中止すべきかを判断しなければならない。

社会的弱者グループおよび個人

19.あるグループおよび個人は特に社会的な弱者であり不適切な扱いを受けたり副次的な被害を受けやすい。

すべての社会的弱者グループおよび個人は個別の状況を考慮したうえで保護を受けるべきである。

20.研究がそのグループの健康上の必要性または優先事項に応えるものであり、かつその研究が社会的弱者でないグループを対象として実施できない場合に限り、社会的弱者グループを対象とする医学研究は正当化される。さらに、そのグループは研究から得られた知識、実践または治療からの恩恵を受けるべきである。

科学的要件と研究計画書

21.人間を対象とする医学研究は、科学的文献の十分な知識、その他関連する情報源および適切な研究室での実験ならびに必要に応じた動物実験に基づき、一般に認知された科学的諸原則に従わなければならない。研究に使用される動物の福祉は尊重されなければならない。

22.人間を対象とする各研究の計画と実施内容は、研究計画書に明示され正当化されていなければならない。

研究計画書には関連する倫理的配慮について明記され、また本宣言の原則がどのように取り入れられてきたかを示すべきである。計画書は、資金提供、スポンサー、研究組織との関わり、起こり得る利益相反、被験者に対する報奨ならびに研究参加の結果として損害を受けた被験者の治療および／または補償の条項に関する情報を含むべきである。

臨床試験の場合、この計画書には研究終了後条項についての必要な取り決めも記載されなければならない。

研究倫理委員会

23.研究計画書は、検討、意見、指導および承認を得るため研究開始前に関連する研究倫理委員会に提出されなければならない。この委員会は、その機能において透明性がなければならず、研究者、スポンサーおよびその他いかなる不適切な影響も受けず適切に運営されなければならない。委員会は、適用される国際的規範および基準はもとより、研究が実施される国または複数の国の法律と規制も考慮しなければならない。しかし、そのために本宣言が示す被験者に対する保護を減じあるいは排除することを許してはならない。

研究倫理委員会は、進行中の研究をモニターする権利を持たなければならない。研究者は、委員会に対してモニタリング情報とくに重篤な有害事象に関する情報を提供しなければならない。委員会の審議と承認を得ずに計画書を修正してはならない。研究終了後、研究者は研究知見と結論の要約を含む最終報告書を委員会に提出しなければならない。

プライバシーと秘密保持

24.被験者のプライバシーおよび個人情報の秘密保持を厳守するためあらゆる予防策を講じなければならない。

インフォームド・コンセント

25.医学研究の被験者としてインフォームド・コンセントを与える能力がある個人の参加は自発的でなければならない。家族または地域社会のリーダーに助言を求めることが適切な場合もあるが、インフォームド・コンセントを与える能力がある個人を本人の自主的な承諾なしに研究に参加させてはならない。

26.インフォームド・コンセントを与える能力がある人間を対象とする医学研究において、それぞれの被験者候補は、目的、方法、資金源、起こり得る利益相反、研究者の施設内での所属、研究から期待される利益と予測されるリスクならびに起こり得る不快感、研究終了後条項、その他研究に関するすべての面について十分に説明されなければならない。被験者候補は、いつでも不利益を受けることなしに研究参加を拒否する権利または参加の同意を撤回する権利があることを知らされなければならない。個々の被験者候補の具体的情報の必要性のみならずその情報の伝達方法についても特別な配慮をしなければならない。被験者候補がその情報を理解したことを確認したうえで、医師またはその他ふさわしい有資格者は被験者候補の自主的なインフォームド・コンセントをできれば書面で求めなければならない。同意が書面で表明されない場合、その書面によらない同意は立会人のもとで正式に文書化されなければならない。医学研究のすべての被験者は、研究の全体的成果について報告を受ける権利を与えられるべきである。

27.研究参加へのインフォームド・コンセントを求める場合、医師は、被験者候補が医師に依存した関係にあるかまたは同意を強要されているおそれがあるかについて特別な注意を払わなければならない。そのような状況下では、インフォームド・コンセントはこうした関係とは完全に独立したふさわしい有資格者によって求められなければならない。

28.インフォームド・コンセントを与える能力がない被験者候補のために、医師は、法的代理人からインフォームド・コンセントを求めなければならない。これらの人々は、被験者候補に代表されるグループの健康増進を試みるための研究、インフォームド・コンセントを与える能力がある人々では代替して行うことができない研究、そして最小限のリスクと負担のみ伴う研究以外には、被験者候補の利益になる可能性のないような研究対象に含まれてはならない。

29.インフォームド・コンセントを与える能力がないと思われる被験者候補が研究参加についての決定に賛意を表することができる場合、医師は法的代理人からの同意に加えて本人の賛意を求めなければならない。被験者候補の不賛意は、尊重されるべきである。

30.例えば、意識不明の患者のように、肉体的、精神的にインフォームド・コンセントを与える能力がない被験者を対象とした研究は、インフォームド・コンセントを与えることを妨げる肉体的・精神的状態がその研究対象グループに固有の

症状となっている場合に限って行うことができる。このような状況では、医師は法的代理人からインフォームド・コンセントを求めなければならない。そのような代理人が得られず研究延期もできない場合、この研究はインフォームド・コンセントを与えられない状態にある被験者を対象とする特別な理由が研究計画書で述べられ、研究倫理委員会で承認されていることを条件として、インフォームド・コンセントなしに開始することができる。研究に引き続き留まる同意はできるかぎり早く被験者または法的代理人から取得しなければならない。

31. 医師は、治療のどの部分が研究に関連しているかを患者に十分に説明しなければならない。患者の研究への参加拒否または研究離脱の決定が患者・医師関係に決して悪影響を及ぼしてはならない。

32. バイオバンクまたは類似の貯蔵場所に保管されている試料やデータに関する研究など、個人の特定が可能な人間由来の試料またはデータを使用する医学研究のためには、医師は収集・保存および／または再利用に対するインフォームド・コンセントを求めなければならない。このような研究に関しては、同意を得ることが不可能か実行できない例外的な場合があり得る。このような状況では研究倫理委員会の審議と承認を得た後に限り研究が行われ得る。

プラセボの使用

33. 新しい治療の利益、リスク、負担および有効性は、以下の場合を除き、最善と証明されている治療と比較考量されなければならない：

証明された治療が存在しない場合、プラセボの使用または無治療が認められる；あるいは、

説得力があり科学的に健全な方法論的理由に基づき、最善と証明されたものより効果が劣る治療、プラセボの使用または無治療が、その治療の有効性あるいは安全性を決定するために必要な場合、

そして、最善と証明されたものより効果が劣る治療、プラセボの使用または無治療の患者が、最善と証明された治療を受けなかった結果として重篤または回復不能な障害の付加的リスクを被ることがないと予想される場合。

この選択肢の乱用を避けるため徹底した配慮がなされなければならない。

資料

研究終了後条項

34. 臨床試験の前に、スポンサー、研究者および主催国政府は、試験の中で有益であると証明された治療を未だ必要とするあらゆる研究参加者のために試験終了後のアクセスに関する条項を策定すべきである。また、この情報はインフォームド・コンセントの手続きの間に研究参加者に開示されなければならない。

研究登録と結果の刊行および普及

35. 人間を対象とするすべての研究は、最初の被験者を募集する前に一般的にアクセス可能なデータベースに登録されなければならない。

36. すべての研究者、著者、スポンサー、編集者および発行者は、研究結果の刊行と普及に倫理的責務を負っている。研究者は、人間を対象とする研究の結

果を一般的に公表する義務を有し報告書の完全性と正確性に説明責任を負う。すべての当事者は、倫理的報告に関する容認されたガイドラインを遵守すべきである。否定的結果および結論に達しない結果も肯定的結果と同様に、刊行または他の方法で公表されなければならない。資金源、組織との関わりおよび利益相反が、刊行物の中には明示されなければならない。この宣言の原則に反する研究報告は、刊行のために受理されるべきではない。

臨床における未実証の治療

37. 個々の患者の処置において証明された治療が存在しないかまたはその他の既知の治療が有効でなかった場合、患者または法的代理人からのインフォームド・コンセントがあり、専門家の助言を求めたうえ、医師の判断において、その治療で生命を救う、健康を回復するまたは苦痛を緩和する望みがあるのであれば、証明されていない治療を実施することができる。この治療は、引き続き安全性と有効性を評価するために計画された研究の対象とされるべきである。すべての事例において新しい情報は記録され、適切な場合には公表されなければならない。

「プロフェッショナル・オートノミーと臨床上の独立性に関するWMAソウル宣言」

(日本医師会訳)

 2008年10月、韓国、ソウルにおける第59回WMA総会で採択
 2018年10月、アイスランド、レイキャビクにおける第69回WMA総会で修正

 世界医師会（WMA）は「医師主導の職業規範に関するマドリード宣言」を再確認する。
 WMAは、医師のプロフェッショナル・オートノミーと臨床上の独立性の根本的性格を認識し以下のとおり述べる。

1. プロフェッショナル・オートノミーと臨床上の独立性は、すべての患者と人々に対して質の高い医療を提供するための必須の要素である。プロフェッショナル・オートノミーと独立性は、質の高い医療の提供に不可欠であり、したがって患者と社会に利益をもたらすものである。

2. プロフェッショナル・オートノミーと臨床上の独立性とは、個々の医師が診療に際して、外部の第三者ないし個人から不当あるいは不適切な影響を受けることなく、自らの専門的判断を自由に行使するプロセスを表したものである。

3. 医学とは非常に複雑なものである。医師は、長年の研修と経験を通して、エビデンスを考察し患者へのアドバイスを行う医療の専門家となる。患者は、自分が受ける医学的介入を一定の制約内で決定する自己決定の権利を有している一方で、医師が自由に臨床上の適切な助言を行ってくれることも期待している。

4. 医師は、治療上の決定をする際に、医療制度の構造と利用可能な資源を考慮しなければならないことを認識している。政府や行政機関が課す臨床上の独立性への不合理な制約は、エビデンスに基づくものではないこともあり、また患者医師関係に不可欠な要素である信頼性を損なうリスクがあるため、患者の最善の利益にはならない。

5. 医師のプロフェッショナル・オートノミーは、医師の守るべき規則、基準とエビデンス・ベースの遵守によって制限を受ける。

6. 資源が限られるため、医療保険の適用範囲に関する優先順位と制限設定は不可欠である。政府、医療資金提供者（第三者支払機関）、行政官、および管理医療組織が、規則や制限を課すために臨床上のオートノミーを侵害することがある。これらは、エビデンスに基づく医療の原則、費用対効果、患者にとっての最善の利益などを反映していないかもしれない。経済評価調査は、利用者ではなく資金提供者の視点で行われ、健康上のアウトカムよりもコスト節約を重視して行われることがある。

7. 優先度の設定、資金調達の意思決定、資源の割り当て／制限などのプロセスには、透明性がないことが頻繁にある。透明性の欠如が、さらに健康の不平等を永続化させることになる。

8. 一部の病院経営者や第三者支払機関は、医師のプロフェッショナル・オートノミーは医療費の慎重な運用とは両立しないと考えている。プロフェッショナル・オートノミーは、提供された情報に基づいた患者の選択を医師が助けることを可能にし、また患者や家族から不適切な治療やサービスを利用したいという要求があった際、医師がそれを拒否する上での支えとなる。

9. ケアは医療従事者による複数のチームで提供するものであり、通常医師が主導する。ケアにあたるチームのメンバーは、患者のケアにあたって最終的責任を負う医師のプロフェッショナル・オートノミーと臨床上の独立性を妨げるべきではない。他のチーム・メンバーが提案された治療方法について臨床上の懸念をもつ状況において、報復を恐れずに懸念を表明できる仕組みがあるべきである。

10. 医師による医療の提供は、倫理規則、医師としての規範、および適用法によって管理される。医師は、それが医師としての職務を規制するものであると同時に国民に安心を与えるものと認識しつつ、規範的な基準の策定に貢献する。

資料

11. 倫理委員会、資格審査委員会およびその他の形式のピアレビューは、医師の職業上の行為を精査し、適切な場合には医師の絶対的な職業上の自由を合理的に制限し得る方法として長い間確立され、認められ、受け入れられてきた。

12. WMAは、医師のプロフェッショナル・オートノミーと臨床上の独立性は、質の高い医療と患者−医師関係にとって不可欠の要素であり維持されていかねばならないことを再確認する。WMAはまた、プロフェッショナル・オートノミーと臨床上の独立性は医師のプロフェッショナリズムの中核的要素であると認識する。

「医師主導の職業規範に関するWMAマドリード宣言」（日本医師会訳）
　　　2009年10月、インド、ニューデリーにおける第60回WMA総会で採択
　　　2019年10月、ジョージア、トビリシにおける第70回WMA総会で修正

　世界医師会（WMA）は、医師のプロフェッショナル・オートノミーと臨床上の独立性に関する「WMAソウル宣言」を再確認する。
　医療専門職は、会員の品行と職務上の活動を規制する上で中心的役割を果たし、

会員の職務上の実践が市民の利益を最優先したものであることを保証しなければならない。

医療専門職の職業規範は、国民が医療専門家に対して期待できるケアと行動の基準への信用を保証し維持する上で不可欠な役割を果たしている。その職業規範には、非常に強力で独立性のある専門的関与が必要となる。

医師は、すべての患者に対して可能な限り最高水準のケアを最大限保護する職業規範制度の開発または維持を目指す。医師主導のモデルは、個々の医師が何人からも干渉を受けずに自らの判断で診療する権利を強化し保証する環境を提供することができる。したがって、WMAは、各国医師会とすべての医師に対し、効果的な制度の設置を確保するため規制当局と協力し適切な活動を行うよう要請する。これらの活動は、以下の原則の下で周知されるべきである。

1. 医師は高度なプロフェッショナル・オートノミーと臨床上の独立性を認められており、それによって、外部からの不当ないし不適切な干渉を受けることなく、自らの知識と経験、臨床エビデンス、および患者にとっての最善の利益を含めた患者の包括的理解に基づいて忠告を行うことができる。これは、ソウル宣言でより詳細に解説されている。

2. 医師の職業規範は、つり合いが取れ、促進的で、負担が少ないものでなければならず、またどの医師にも等しく適用され、患者を守り患者に利益をもたらすモデルに基づき、かつ倫理規範に基づいていなければならない。あらゆる種類の医療計画や提供は、すべての医師を統治する倫理モデルと現在のエビデンスに基づく医学知識に基づいている。これは医師のプロフェッショナリズムの中核要素であり、患者を保護するものである。医師は、関連する現場の状況を念頭におき、そのような規範的基準に照らして、同僚の行動を判断するのに最も相応しい立場にある。

3. 医療専門職は、規範に強く関与すること、つまり自主的規制に対して継続的責任を負う。最終的な管理や意思決定の権限には医師が含まれていなければならず、医師に特有の医学的訓練・知識・経験・専門性に基づいていなければならない。医師主導の職業規範が設けられている国では、医師は、それが国民の信用を保持していることを確保しなければならない。混在型の職業規範制度を有する国では、医師は、それが医師と国民の信用を保持していることを確保するよう努めなければならない。

4. 各国の医師は、つり合いが取れ、公正で厳格かつ透明性のある医師主導の職業規範制度を確立させ、それを維持し、かつ積極的に関与することを検討するよう強く求められる。そうした制度は、医療上の判断を自由に行う医師の権利と、それを賢明かつ節度を持って行使する義務とのバランスを保つよう意図されている。

5. 各国医師会（NMAs）は、十分な情報提供と効果的な規範の概念を会員および国民の間で促進・支援すべく、最善を尽くさなければならない。NMAsは、その代表的役割と規制的役割との間におけるいかなる潜在的利益相反も回避されるよう、そのふたつのプロセスを分離し、国民に職業規範の独立性と公平性を

保証できるような、透明性があり公平な職業規範制度に厳重な注意を払わなければならない。

6. いかなる医師主導の職業規範制度も、以下の事項を強化し保証しなければならない。
- 患者への質の高い安全かつ要求にかなった医療の提供
- その医療を提供する医師の能力
- すべての医師の、倫理面も含めた職業上の品行
- 社会と患者の権利の保護
- 患者とその家族と国民の信頼と信用の促進
- 職業規範制度の質の保証
- 患者と社会による信頼の維持
- 潜在的な利益相反に対する解決策の開発
- 幅広い職務責任へのコミットメント

7. 患者への良質で継続的な医療提供を保証するためには、医師は、その臨床知識・技術・能力を更新し維持するため、内省的実践も含めた継続的専門能力開発プロセスに積極的に参加すべきである。雇用者と管理職には、医師がこの要件を満たすことを可能にする責任がある。

8. 医師の職業上の品行は、各国で医師を統括する倫理規定の範囲内にあるものでなければならない。NMAsは、患者の利益のため医師同士の職業・倫理上の品行を促進しなければならず、倫理違反は速やかに認めて関連規制当局に報告し対処しなければならない。医師は、能力に問題がある同僚が患者や同僚をリスクにさらすことなく、医師の健康プログラムまたは適切な訓練からの適切な支援を受けて現場に復帰できるよう、適時に介入する義務がある。

9. 規制当局は、司法あるいは準司法的手続きが完了した時、かつ医師に不利な判断がされた場合には、調査結果を公表し、改善措置の詳細も盛り込むべきである。あらゆる事例から学んだ教訓は、可能な限り、内容を抽出して医学教育課程で利用されるべきである。

資料

10. 職業規範プロセスでは、そのような教訓を組み入れることが、できる限り滞りなく行われるようにすべきである。

11. NMAsは、医師主導の職業規範に対する潜在的な脅威を含め、新しい課題や進展中の課題に対処するため、相互に助け合うことが強く求められる。患者の利益のためには、NMAs間で情報と経験を継続的に交換することが不可欠である。

12. 国が確立している司法や規制プロセスが何であれ、ある医師の職業上の品行や業績を判断するには、訓練、知識と経験によって関連する医療問題の複雑さを理解している同僚医師による評価が組み込まれなければならない。

13. 医師主導の職業規範の効果的かつ責任ある制度は、医師にとって私利的または内部保護的であってはならない。NMAsは、医師主導の職業規範とは、そのシステムが存在する国では、国民の健康に関連した権利を含め、国民の安全と支持と信用はもちろん、医師という職の名誉を維持するものでなければならないことを会員が理解するよう支援すべきである。

*〈キーワード〉および該当頁は太字で示した。

索引

英語表現

*索引で取り上げた語句のうち、英語表現も
おさえておきたいものを以下に示した。参照
してほしい。

索引

医系小論文 入試頻出 17 テーマ
これからの医療をめぐる論点

編　著　者	奥村　清　次
	河田　喜誉　博史
	橋立　孝　子
	松本

発　行　者　　山　﨑　良　子

印刷・製本　　日経印刷株式会社

発　行　所　　駿台文庫株式会社

〒101－0062　東京都千代田区神田駿河台1－7－4
小畑ビル内
TEL. 編集 03(5259)3302
販売 03(5259)3301
《①－272pp.》

ISBN978－4－7961－1574－2　Printed in Japan

駿台文庫 WEB サイト
https://www.sundaibunko.jp

医系小論文
入試頻出17テーマ
これからの医療をめぐる論点

― 課題文の要旨要約 ―

医師の適性と心構え

1－a　医療倫理概論

　意思決定は専門家である医師に任せて患者は養生に専念するというパターナリズムから、患者の意思を尊重し、自己決定の権利を守るという考え方があらわれ、インフォームド・コンセントという考え方が定着し始めた。さらに、医療者が患者とコミュニケーションをとり、患者の意思決定を支援していくシェアード・ディシジョン・メイキングの考え方が生まれた。医療においては、倫理の視点や考え方が必要不可欠であり、人間尊重、与益、無危害、正義が原則となる。(213字)

1－b　医療の目的

　「身体的・心理的・社会的に完全に良い状態」というWHOの健康定義は、完全な自立を表す自律状態であり、ケアや介護を必要としない状態でもあり、この定義ではこれからの医療を展望できない。「適応力」として動的にとらえられた健康の概念は、慢性疾患や難病、高齢者のケア、緩和ケア、人生の最終段階の医療などのとらえ直しを迫り、医療そのものの概念を変える。「病気→治療→完治」とは別のモデルで「健康」をとらえ、医療の目標設定と使命をとらえ直す必要がある。(219字)

テーマ2 近代医学の限界

2－a　近代科学の特質

　デカルトは、生体は部品の集まりであり、ひとつひとつの部品が与えられた役割を正しく演じている限り、生体は「健康」な状態にあると言えるという「生体機械論」という考え方を導き出した。しかし、人間も動物の一種であるから、生体機械論は人間にも当てはまるが、デカルトは、人間は「もの」として存在すると同時に、「こころ」としてもあるという「心身二元論」を説いた。「こころ」は、根源的な意味で「非客観的」な性格の概念であり、科学は客観的であることを標ぼうしたために、「こころ」を排除することになった。(242字)

2－b　科学と生命

　生物も無生物も本質的には同一であり、機械が一定の仕掛けに基

づいて自動的に動く如く、生物の生命も機械仕掛けによって発生するという機械論が科学的生命観の主流を形成している。機械を解体して、それを構成している個々の部品に還元し、その部品それぞれの構造と機能を突き止める分析的な研究が主流を占めることになった。分析的研究の発達は、一方で生体に関するおびただしい個別的認識が集積される反面、生命像の全体は把握できていない。機械論的分析だけが生命科学の唯一の手段かどうか再検討の必要があるのではないか。(246字)

テーマ3 正当な医療行為

3-a　インフォームド・コンセント

　インフォームド・コンセントは、64年の「ヘルシンキ宣言」に初めて登場し、70年代のバイオエシックス運動を象徴する言葉となった。インフォームド・コンセントで問われているのは、医療における患者と医師との関係であり、また研究における被験者と研究者との関係である。インフォームド・コンセントは、医療の専門家が患者の善を一方的に配慮するパターナリズムに対抗する「患者中心」の関係を目指すものであり、必要な情報を患者が「知る権利」と個人に関わることに関する「自己決定する権利」に基づいている。(238字)

3-b　医療目的と自己決定権・SOL・QOL

　医療の目的は、単に病を治すだけではなく、それによって患者の生活を患者にとってよりよいものにすることである。QOLとは患者が処置を受けたあとに送る生活の質のことであり、患者の幸福感や満足度を意味する。一方、「生命の神聖さ」は、「人の命はそれ自体で尊く、何ものにも代えがたい」と考えるものである。しかし、尊厳死や安楽死のように、患者自身が判断するQOLのほうを延命よりも優先させるなら、人が人を死なせてはならないという「生命の神聖さ」の第一の倫理原則は必ずしも絶対的ではないことになる。(241字)

4 − a　エンド・オブ・ライフケア概論

　近代ホスピス運動の背景には人口構造と疾病構造の変化、ヘルスケアに関する国民の意識の変化、医療の質的な変化がある。平均寿命がのび、感染症ではなく慢性疾患で病院で亡くなる人が増え、医療に対する期待感が醸成される一方で、過度な「医療化」への不安が引き起こされた。ホスピス運動は死の過程への不安を解消し、あらゆる局面にわたる患者の全人的痛みに対して、チームケアによる全人的なケアを提供し人間らしい死に方の実現を目指す。(204 字)

4 − b　死の受容

　「死にゆく過程」の発見は患者と周囲の人々が共に死に近いという事実を知り、それを前提に行動する際の認識が前提となって成立している。「死にゆく過程」では、医療スタッフや家族だけでなく、患者自身が重要な役割を果たすようになり、死にゆく人々自身の経験が注目されるようになってきた。しかし、国内では「死にゆく過程」の研究自体がほとんど存在しておらず、最近になって初めて「自らの死を意識して生きること」への接近が可能になった。(207 字)

5 − a　安楽死

　横浜地裁は積極的安楽死の許容要件として4要件を掲げ、東海大病院事件の積極的安楽死行為について、「死が避けられず、かつ、死が迫っている」ものの、「耐えがたい激しい肉体苦痛が存在する」「肉体的苦痛の除去・緩和方法を尽くし代替手段がない」「生命の短縮を承諾する明示の意思表示がある」という3要件を満たしていないとした。治療中止についても、患者の意思表示（家族の意思表示からの推定を含む）も認められず、医師の一連の行為は違法性が少ないとか、違法性がないということはないと判断した。(236 字)

5 − b　尊厳死

　事前指示とは本人が意思決定能力を失った場合の治療に関する希望を表明する口頭または書面による意思表示である。生命維持治療の中止に関する問題を考えるとき、事前指示書とその法制化が一つ

の焦点となる。判断能力のある人格の自由と自律を、判断能力のない状況に拡張することを前提とする事前指示書やリビング・ウィルは、元気なとき、あるいはまだ重症化していないときの患者の価値観が反映され、同時に、代行解釈を委ねられた家族や医療者の生命の質についての評価も入り込みやすい。(227字)

テーマ6　先端医療の現在

6-a　先端医療概論

　先端医療はほとんどが実験段階の医療技術であるから、通常医療よりも厳しい管理が必要である。人を生命科学・医学の実験対象にする際には、被験者保護のために求められる倫理原則の第一として、適正なインフォームド・コンセントの取得と、研究実施者から独立した倫理委員会による事前の審査が行われなければならない。人体も人権の対象になるとすると、人体の一部を用いる生命科学・医学の研究と臨床応用に対して、人体の何をどこまで保護し利用を規制しなければならないかを決めるための、土台となる人権概念が必要である。(244字)

6-b　医療とビジネス

　生殖補助医療は、他者の身体の道具化や優生思想などの倫理的な問題が生じるため、欧米では国ごとに異なった規制がかけられている。ところが、体外受精が経済発展著しい新興国などへ導入されていくに従い、生殖補助医療をめぐる規制格差を商業的契機として利用する生殖ツーリズムが出現した。生殖ツーリズムは規制格差と経済格差によって生じたものである。また、生殖ツーリズムによる妊娠出産の外部化や商品化の進行は、女性のセクシュアリティや家庭内労働の市場化・商品化がもたらした必然的な流れである。(236字)

7－a　遺伝子診断

　女性の妊娠・出産に関する選択の権利の尊重は、着床前遺伝学的検査／出生前遺伝学的検査の諾否においても、生殖における自律性として個人に委ねられている。一方、胚／胎児の生存する権利は、罹患胚は生まれる権利そのものが剥奪されるため、「最大の児童虐待」とする意見もある。また、女性の選択権は、健常児を産む／罹患児を産まないというものではない。自律性に基づく自己選択の前には、中立的な情報提供、検査を強いる同調圧力の排除、検査・情報へのフリーアクセス、障がいをもつ児への適切な養育環境の提供などが必要である。（248字）

7－b　遺伝子治療とゲノム編集

　遺伝子治療は、病気を根本から治せる究極の医療だと期待された反面、人間の生命の元を操作することに対し批判や懸念が大きく、厳しい規制が敷かれた。従来の遺伝子組換えよりもはるかに高い効率と精度で多くの遺伝子を改変できる、ゲノム編集が登場したが、最大の問題は、受精卵や受精胚への適用である。優生思想の実現の懸念や、種としてヒトの人為的改変にもつながり、人間の尊厳を侵す恐れがある。内外からの信頼を得てヒトの受精胚のゲノム編集研究を適正に進めるためには、社会の合意をていねいにつくりあげる議論をすべきだ。（247字）

8－a　生殖補助医療技術

　生殖補助医療には、排卵誘発剤、卵子提供、代理出産、子宮移植などの安全性の問題がある。また、「生命の萌芽」とも表現される受精卵や受精胚の取り扱いをめぐる倫理的な議論がある。多胎妊娠に伴う減胎手術では、母子の生命に関わるリスクや優生思想の問題がある。体外受精では、子の出自を知る権利と提供者や代理母のプライバシーが対立する問題がある。子の福祉の問題では、代理出産によって子の福祉が犠牲になる事例が多発している。死後生殖の問題では、自己決定が死後にも有効なのかを考えていく必要がある。（242字）

8－b　再生医療（ES細胞・iPS細胞）

　再生医療の研究および臨床応用に関する原則適用に際しては立場・意見の相違・対立が生じるため、ルールの策定や運用において、合意が得られないこともある。胚の操作・破壊に関する問題では、人の生命の始まりや、尊厳や権利の担い手の始まりをめぐる合意不可能な生命についての価値観の対立がある。また、個人の自己決定権および幸福追求権は、科学的妥当性の客観的判断が困難な場合でも臨床応用への正当化の根拠になりうるのかという問題もある。iPS 細胞の生殖補助への利用については、不妊治療研究に限定した研究が容認されるようになった。（248字）

テーマ9 │ 医療資源の配分

9－a　災害時医療・トリアージ

　通常、医師には、患者を救うために、どのような患者に対してもわけへだてなく医療を行うことが求められる。トリアージは、大震災や大規模災害の際に、多くの傷病者を重症度によって分類し、その分類をもとに、治療の優先順位や患者の搬送順位を決定することを指す。すべての患者を救うように全力を尽くすという医療の大原則に外れる事態を認めるのがトリアージだが、医療者はこの方法があくまで人的資源を含めた医療資源の絶対的な不足と救命の緊急性が前提となっていることを肝に銘じておくべきだ。（228字）

9－b　人工呼吸器の再配分の是非

　「COVID-19 の感染爆発時における人工呼吸器の配分を判断するプロセスについての提言」は感染爆発によって人工呼吸器が不足し、「一人ひとりの患者に最善をつくす医療から、できるだけ多くの生命を助ける医療への転換が迫られる」「非常時」を想定して出されたものだという。この「提言」は救命の可能性が残っていても、「人工呼吸器が払底した状況下」ではそれを外して、他の患者に装着していいという。問題は再配分であり、患者の年齢や障がいが人工呼吸器の取り外しの基準とされる恐れは十分にある。（233字）

10 - a 高齢社会と医療

　政府・厚生労働省は、医療機関を機能別に類型化し医療提供体制の再編を進めてきた。入院病床の担う役割と機能を分けることで、地域包括ケア病床のように円滑に退院し在宅等へ戻れるようにする仕組みが設けられた。患者の平均在院日数の短縮化が進められる一方で、退院した患者が再び入院を余儀なくされる割合が上昇した事態の反省から、政府・厚生労働省は、医学的管理や医療ケアの必要な状態で退院していく人の受け皿を地域のなかで整備することを目標とした地域包括ケアシステムの構築を政策課題として掲げた。（238字）

10 - b 医の偏在

　医師の増加スピードが鈍ることに加え、働き方改革や女性医師の更なる増加などを考えると、地域、診療科によって深刻な医師不足が予想される。全国の医師数は大都市医療圏や地方都市医療圏では大幅増である一方、過疎地では微増にとどまり、しかも若手医師が急減している。深刻なのは外科であり、外科医の大幅な減少と更なる高齢化の進行により、外科手術を行える外科医がいなくなる地域が、今後は続出することが想定され、外科医の減少に早急な対応が必要である。（215字）

11 - a 生活習慣病

　生活習慣病は、体質を決める遺伝性素因に加え、ライフスタイルによる環境要因が発病の原因と病気の進行に重要である。生活習慣病は、あまりにもありふれているため危機感が少なくなりがちで、初期にほとんど自覚症状がないまま病気が進行していくが、最終的には動脈硬化の進展に密接に関係し、日本人の三大死因にもつながる。生活習慣病は、意識的な生活習慣の修正・改善という一次予防で防ぐことができるので、この病気の特徴を正しく理解して対策に取り組むことは個人的にも社会的にも重要な課題である。（235字）

11 － b　心の健康

　日本の労働者が感じる３大ストレス要因は、「職場の人間関係」「仕事の質」「仕事の量」である。ストレッサーにさらされた時、心理的ストレス反応や身体的ストレス反応が現れる。その場合、ストレッサーから離れて適切な処置を行えば回復するが、そうでないと適応限界を超え、心身症や精神疾患に発展する。ストレスから疾患に進展する過程において、遺伝的素因に加え様々な修飾要因が相互に緩衝し合っている。修飾要因に働きかけ疾病を未然予防するため、職場では周囲の支援が特に重要である。（229字）

テーマ12　格差社会と医療

12 － a　健康格差

　健康ではなかったが病院に行かなかった理由について、「自己負担の割合が高い」などの経済的理由を挙げる人の比率が高いことからわかるように、経済格差は受診率にかなりの影響力がある。日本の公的医療保険制度は、組合健保、協会けんぽ、公務員共済、国民健保を四つの柱としているが、職業や所得階級別に保険制度をつくると、恵まれない制度の中にいる人の方が多くなる。このことは医療保険制度に加入している人の間での健康格差と称すべきものであり、制度の乱立が健康格差を生んでいる。（228字）

12 － b　子どもの健康

　厚生労働省の国民生活基礎調査によると、相対的貧困状態にある17歳以下の子どもは７人に１人であり、OECD 加盟国の中では最低水準にある。口腔の健康は子どもの心身の成長・発達に大きな影響をもつが、貧困家庭の子どもの食生活は偏りがちで、また、何らかの家庭の問題を抱えていることも伺える。学校歯科治療調査によると、学校歯科検診で「要受診」と診断された子どもは３割にのぼり、そのうち未受診率は６割を超える。口腔崩壊の子どもたちの家庭状況についての調査では、厳しい家庭状況が浮き彫りとなってきた。（239字）

13 － a　医療と AI

　AI は人類の識別能力を大きく上回る機能をもつが、万能ではない。AI を活用できる医療領域は、疾患の発症を防ぐ「予防」、既に疾患に罹患している人を見分ける「診断」、診断名を持つ人の転機を改善する「治療」の 3 つである。医療画像から疾患診断を行うプロセスは、医療 AI 活用の最たるものであるが、現状で正規の医療機器として承認を受けたものは限定的である。診療録からの疾患診断 AI は非常に精度を高めているが、AI アルゴリズムの有効性については、従来の医学的エビデンス構築に基づいた精緻な検証が求められている。(242 字)

13 － b　インターネットの利用

　オンライン診療は、通院が困難な寝たきりの人や、自覚症状が乏しく、治療を中断してしまう糖尿病や高血圧などの生活習慣病患者に対して有用であるが、医療現場に普及する際には、①高齢患者や高齢の医師はパソコンやスマートフォンを使いにくい、②医療現場は忙しい、③現在の医療制度では、対面診療をしたときに比べ、オンライン診療は診療報酬が低くなるなどの課題がある。技術革新とともに制度も変わり、医師が対面診療と同等の質でオンライン診療を提供できることが示されれば、診療のオンライン化はさらに進むであろう。(244 字)

14 － a　SDGs（エスディージーズ）

　ユニバーサル・ヘルス・カバレッジ（UHC）は持続可能な開発目標（SDGs）の達成に不可欠である。貧困の病に対する新規医療技術へのアクセスと提供を加速するべく、低中所得国の政策的整合性向上と保健システム強化を支援する。UHC の公正性を向上させるためにはすべての人が安全、有効で安価な医療技術へ持続的にアクセスできることが必須である。SDGs は貧困の病のための医療技術開発投資を増進させ、官民の医薬品開発パートナーシップを促し、健康における不公正な格差の修正に寄与している。(235 字)

14 − b　気候変動と感染症

　気候変動に起因する気温上昇や降水パターンの変化が生態系に大きな影響を与えた結果、熱帯感染症の媒介生物・宿主の発生量増加や地理的分布の拡大をもたらす可能性がある。その中で、罹患数が多く治療薬開発などに課題があるものは「顧みられない熱帯病」と呼ばれる。先進国に罹患数が少なく、医薬品開発に投入した資本の回収が難しい。熱帯感染症が気候変動の影響で拡大する可能性は排除できず、治療法の確立が急がれる。日本で予想される事象として、既存の感染症の拡大、熱帯感染症の発生が考えられる。(235 字)

テーマ 15　感染症と人類

15 − a　パンデミック

　スペインインフルエンザは、20 世紀に発生したパンデミックのなかで最も大きな被害をもたらした。WHO などによれば、全世界で約 5 億人がかかり、4000 万人が死亡した。2005 年にウイルスの遺伝子情報がすべて解読され、スペイン風邪ウイルスは鳥インフルエンザウイルスがヒト型インフルエンザウイルスに変異したものと判明した。2008 年にスペイン風邪ウイルスの人工合成に成功し、サルに感染させた実験が行われた。大量の死者を出したのは、感染者に異常な免疫反応を引き起こし、呼吸器組織を破壊したからと考えられる。(238 字)

15 − b　多剤耐性菌

　1940 年代にペニシリン G の工業的生産が開始されたが、ペニシリン耐性を獲得した黄色ブドウ球菌が出現し、メチシリン耐性黄色ブドウ球菌（MRSA 株）が分離された。薬剤耐性感染症のほとんどは MRSA に起因し、そのリスクファクターとして高齢、免疫不全患者、術後患者、気管内挿管患者、未熟児・新生児などがあげられる。細胞壁合成酵素の遺伝子を取り込むことで薬剤耐性を獲得する MRSA 株では、例外なく *SCCmec* を有しており、その上に他の薬剤耐性遺伝子もコードされるので、他の抗菌薬にも耐性を獲得する。(241 字)

16 － a　医療保険制度

医療制度は各国固有の形態をとり、日本の医療制度の際立った特徴として、職域保険と地域保健の二本建てにより国民皆保健を実現していること、ファイナンスは「公」、デリバリーは「私」中心に組み立てられていること、フリーアクセスが尊重されていることがある。他方、ある国で採られた医療政策が他国の制度に多大な影響を及ぼすことがあり、医療制度や医療政策には普遍性もある。固有性と普遍性のいずれに偏るのも適当ではないが、どちらかといえば固有性を重視する。（218字）

16 － b　医療政策

近未来の日本の人口構造は未曾有の「超高齢社会・人口減少社会」が出現し、医療供給体制・医療保健制度の改革が必要となる。将来の備えを早急に行うことの重要性と将来世代に政策選択の余地を残すことの必要性が課題となり、医療政策を国民の自律的な意思決定プロセスに載せていくためには、専門家が医療制度の構造を解きほぐし、将来の医療のあるべき姿の全体像を示す必要がある。また、国民保険制度の将来は日本の民主主義の成熟にかかっている。（208字）

17 － a　相関関係と因果関係

データの二つの変数の関係の強さは相関係数によって定量化される。データだけから因果関係を結論づけることは難しい。相関関係があっても、分析に含まれない変数の影響によって見かけの因果関係が生じる場合や、さらに完全な偶然による場合などがあるからである。因果関係があってそれが特定できている場合は、原因となる変数を操作すること（介入）によって結果を変化させられる。また、因果関係がない場合でも、二つの変数の間に強い相関関係がある場合は予測が可能になる。だが、完全な偶然による見せかけの相関関係の場合は何もできない。（252字）

17 - b 仮説と検証

　疫学は、明確に規定された人間集団の中で出現する事象の頻度と分布および要因を明らかにし、有効な対策樹立を目的とする科学である。疫学研究のデザインには様々なものがあるが、因果関係を明らかにできる点で一般にコホート研究や介入研究ほど信頼性が高いとされる。ただし、因果関係を明らかにする上で、偶然、バイアス、交絡のそれぞれの要因が研究結果に影響を及ぼすことを十分に考慮しなければならない。(190字)

memo

memo